西方管理思想史概述

陈克清　张　磊　编著

云南大学出版社
YUNNAN UNIVERSITY PRESS

图书在版编目（CIP）数据

西方管理思想史概述 / 陈克清，张磊编著. — 昆明：云南大学出版社，2023
ISBN 978-7-5482-4873-6

Ⅰ. ①西… Ⅱ. ①陈… ②张… Ⅲ. ①管理学－思想史－西方国家 Ⅳ. ①C93-095

中国国家版本馆CIP数据核字(2023)第083519号

策划编辑：徐　曼
责任编辑：陶燕燕
封面设计：刘　雨

西方管理思想史概述
XIFANG GUANLI SIXIANGSHI GAISHU

陈克清　张　磊　编著

出版发行：云南大学出版社
印　　装：昆明理煌印务有限公司
开　　本：787mm×1092mm　1/16
印　　张：14.25
字　　数：250千字
版　　次：2023年6月第1版
印　　次：2023年6月第1次印刷
书　　号：ISBN 978-7-5482-4873-6
定　　价：59.00元

社　　址：云南省昆明市一二一大街182号（云南大学东陆校区英华园内）
邮　　编：650091
电　　话：（0871）65033244　65031071
网　　址：http://www.ynup.com
E-mail：market@ynup.com

若发现本书有印装质量问题，请与印厂联系调换，联系电话：0871-64167045。

序

就某种意义而言，管理可被视作人类社会进步的决定性因素。它之所以有如此的力量，是因为人们在实现自我目标的过程中，没有其他可以替代的方法。管理是一种人类实现合作的有效机制，是秩序与效率的保证，是我们公共活动与个人活动中最具价值的核心。人类文明的发展可以视为管理进步的产物，特别是管理思想进入科学化时代之后，管理实践深刻改变着人类的组织形态、生产方式以及交互行为，极大地解放与发展了生产力，推动了经济进步与社会变迁，由此才造就了这样一个繁荣发展的世界。

但与此同时，面对如此重要的课题，我们的知识准备和实践能力显然是不足的。直到最近之前，无论是专职从事管理工作的人员或是一般的社会成员，对此并无深入认识。造成这一现象的原因，一方面与管理的高度复杂性和专业性有关，另一方面也在于管理教育与科学普及的不足。因此，以科学的精神来开展专业化的管理学研究，普及管理学知识，增强全社会的管理知识素养，提高社会公私领域管理的科学化水平，对于回答好以中国式现代化推进中华民族伟大复兴这一历史命题具有重要的意义。

"凡学不考其源流，莫能通古今之变；不别其得失，无以获从入之途。"系统梳理和总结学科知识的发展路径及其内在规律，是开展专业科学研究的基础和前提；对特定学科史的研究与整理，对于该学科的创新发展和人才培养亦具有重要的意义。从这一角度来看，陈克清研究员和张磊博士的新作《西方管理思想史概述》一书就具有了不言自明的价值。

《西方管理思想史概述》一书是两位作者长期教学实践和专业思考的结晶，对上起古巴比伦下至本世纪初西方管理思想的发展历程进行了点面结合、详略得当、线索明晰，时代背景与人物思想融合的论述。通读全书，西方世界绵延几千年的管理思想的大略及其流变情况便得悉知。全书内容丰富、重点突出、材料新颖、论述流畅，其中，对古罗马和文艺复兴等前科学化时期的管理思想的整理与总结，实为同类著作中所不多见，可谓本书特色之一。另外，书的附录部分对于我国管理学科发展沿革的介绍亦颇有特色，对于了解与认识我国管理学发展的历程有相当的价值，值得一读。透过两位作者对全书观点和材料的处理，可见两位作者在管理学领域的深厚功力和驾驭材料的娴熟能力。想必凡读到此书的读者，一定亦有同感。

云南大学的管理学科，特别是公共管理学科，在学界素有盛名。《西方管理思想史概述》的告竣，相信可为教化莘莘学子、裨益学界同道、增智社会力量再助新力，贡献云南大学乃至国内管理学科的发展！

作为本书作者的学界好友，欣逢此书付梓之际，有幸先睹为快并为之序。

章文光

北京师范大学政府管理学院院长

北京师范大学农村治理研究中心主任

前　言

马克思主义认为，精神产物对于推动实践、深化认识有着巨大的能动作用。继西方科学革命和工业革命而起的管理突破（Management Breakthrough），将管理思想演变的历史进程推向了科学化发展的阶段，从而为现代工业化大生产的管理实践提供了科学的理论指导，保证了这种新的生产模式的有序化和高效化，使社会生产力实现了突破性的巨大发展。在这一历史进程中，科学化的管理思想，即管理理论，也随着管理实践而不断演化进步。从这一角度而言，管理理论对于现代社会的形成以及发展具有重要的意义，是我们认识、理解与把握现代社会的一个尺度。

我们目前所讨论的管理理论，从科学化的角度而言是 20 世纪的产物。但是，它之所以是 20 世纪的产物以及能在产生之后迸发出如此巨大的理论力量，却是在漫长历史时期中不断积累的结果。回溯与探寻这一产物之所由来的历史图景和时代原因，有助于我们加深对管理理论及其管理实践相互作用的认识，以及对其未来发展可能性的理解。正是基于对管理思想史这一重要性的理解，使我们产生了编写本书的初心。

管理思想史是随着管理实践的发展而演变的，因此，在漫长的时间跨度里，积累了庞大杂芜的内容，如何收集、整理和选择材料，使之条理化、逻辑化，并从中归纳和总结出某种规律性的结论或者一鳞半爪的新见地，是编写管理思想史的困难所在。幸而，对管理思想史的研究并非学术界的未垦新地，诸多先驱大量极具启发性的研究成果，为本书的编写提供了研究范式和写作框架，这在很大程度上减轻了本书的编写难度。

在汲取大量前人研究成果的基础上，遵循西方管理思想史传统的书写范式，编写者根据长期研究和教学所得，在编写本书过程中，着力对以下方面有所突破和贡献：第一，延伸了西方管理思想史讨论的时间跨度，将古巴比伦时期的管理思想作为本书内容的起点，以期实现尽可能对西方管理思想"溯源"的学术目标。在此之上，增加了对古罗马、中世纪和文艺复兴时期相关管理思想内容的介绍，试图弥补之前同类著作对这一部分内容介绍的不足。第二，本书试图对诸如管理学之父的泰勒对于管理学发展的具体贡献，梅奥的人际关系理论与行为科学的关系，孔茨"丛林时代"表述的具体意涵等之前有关著作阐述不够明确的内容进行详细论述。第三，本书在附录部分，对中国管理思想的演变进行了简要介绍，以期读者能中西参合，对中西管理学发展历程的经纬有所了解，在求同存异的基础上，坚定推进管理学中国化发展的自觉心与行动力。

作为一本面向广大管理学研究者与爱好者的科普性读物，本书不仅可作为管理类相关专业研究者的参考书以及本科、硕士研究生有关课程的教材使用，也可作为普及管理学基本知识的通俗读物供广大爱好者阅读。本书的编写，借鉴和吸收了前人大量的研究成果，相关内容、图表在书中都已尽可能按规范和要求进行了注释或说明。借此机会，向各位同行专家表示由衷的谢意。

由于编写者学识所限，本书的错漏之处在所难免，敬请各位专家、同行与读者批评指正！

编著者
2023 年 3 月于云南大学东陆园

目 录

第一章 前科学时代的西方管理思想 / 1
 第一节 西方古代社会的管理思想 / 1
  一、古巴比伦时期的管理思想 / 1
  二、古埃及的管理思想 / 2
  三、古希腊的管理思想 / 3
  四、古罗马的管理思想 / 6
 第二节 西方中世纪的管理思想 / 10
  一、中世纪管理思想的背景 / 10
  二、欧洲封建制中的管理思想 / 12
  三、基督教哲学中的管理思想 / 13
  四、中世纪的商业与城市管理思想 / 16
 第三节 文艺复兴时期的管理思想 / 19
  一、文艺复兴运动及其对管理思想发展的影响 / 19
  二、马基雅维利的管理思想 / 21
  三、莫尔和康帕内拉的管理思想 / 23

第二章 古典管理理论的产生与发展 / 26
 第一节 古典管理理论产生的基础 / 26
  一、古典管理理论产生的社会基础 / 26
  二、古典管理理论产生的实践基础 / 28
  三、古典管理理论产生的思想基础 / 31
 第二节 泰勒的科学管理理论 / 34
  一、科学管理理论的主要内容 / 34
  二、泰勒的理论贡献 / 37

第三节　泰勒科学管理理论的发展 / 41
　　一、科学管理理论的信徒：亨利·甘特 / 41
　　二、科学管理树冠上的比翼鸟：吉尔布雷斯伉俪 / 43
　　三、效率主教：哈林顿·埃默森 / 45

第四节　法约尔的管理职能理论 / 48
　　一、管理的界定 / 49
　　二、管理能力与管理理论 / 50
　　三、管理原则 / 51

第五节　马克斯·韦伯的管理组织理论 / 56
　　一、理性与权威 / 56
　　二、管理的类型 / 58
　　三、官僚制理论 / 60

第六节　古典管理理论的系统化与分支发展 / 62
　　一、林德尔·F. 厄威克对古典管理理论的系统化 / 63
　　二、卢瑟·H. 古利克的管理职能理论 / 64
　　三、威尔逊的行政管理思想 / 66

第七节　对古典管理理论的总结 / 71
　　一、古典管理理论的总体特征 / 71
　　二、古典管理理论的不足 / 72

第三章　行为科学管理理论的超越 / 74
　第一节　行为科学的界定与内容 / 74
　　一、行为科学的含义 / 75
　　二、行为科学的主要内容 / 76

　第二节　梅奥的人际关系理论 / 77
　　一、社会人的假设 / 78
　　二、组织中的"非正式组织" / 79
　　三、激励"士气" / 79

　第三节　需要层次与激励理论 / 80
　　一、需要层次理论 / 81

二、需要层次理论的拓展 / 84
三、赫茨伯格的激励理论 / 86
四、麦克利兰的激励理论 / 89

第四节 管理的人性论 / 92
一、麦格雷戈的"X–Y"理论 / 92
二、沙因的"复杂人"假设 / 96
三、超Y理论 / 98

第五节 群体动力理论 / 98
一、早期群体分析研究的回顾 / 99
二、玛丽·帕克·福莱特的管理思想 / 100
三、勒温的群体动力理论 / 104

第六节 领导行为理论 / 109
一、布莱克与莫顿的管理方格理论 / 109
二、利克特的领导风格理论 / 115
三、领导行为连续统一体理论 / 119

第七节 行为科学管理理论的总结 / 121
一、行为科学管理理论的发展 / 122
二、行为科学管理理论的不足 / 123

第四章 "丛林时代"的管理思想 / 125
第一节 "丛林时代"管理思想概述 / 125
一、哈罗德·孔茨"管理丛林"的思想 / 126
二、海因茨·韦里克对孔茨"管理丛林"思想的发展 / 130

第二节 管理科学学派 / 133
一、从系统的角度看待管理 / 134
二、运用多学科知识进行管理研究 / 134
三、注重运用量化模型进行管理研究 / 134

第三节 经验主义学派 / 135
一、管理的界定 / 137
二、管理者的任务与职责 / 138

三、目标管理 / 140

第四节 系统管理学派 / 142

一、一般系统理论 / 143

二、系统管理理论 / 145

第五节 "丛林时代"管理思想的总结 / 147

一、现代管理学的贡献 / 147

二、现代管理学的不足 / 148

第五章 西方管理思想的最新进展 / 149

第一节 战略管理思想 / 150

一、战略管理的发展沿革 / 150

二、战略管理的流派分野 / 158

三、战略管理思想的发展趋势 / 169

第二节 全面质量管理思想 / 169

一、全面质量管理思想的发展沿革 / 170

二、全面质量管理理论的特点 / 172

第三节 管理思想最新发展的总结 / 174

一、当代管理思想的总体特征 / 174

二、当代管理思想的贡献 / 175

三、当代管理思想的不足 / 176

主要参考书目 / 177

附录 中国管理思想发展的回顾与展望 / 181

第一章　前科学时代的西方管理思想

管理活动与人类的组织化行为相伴而生，其源久远。在现代科学产生之前的漫长时间内，中西不同文化背景中的人们对管理实践进行了探索，对管理经验进行了总结，形成了大量宝贵的管理思想供当下管理实践与研究参考借鉴。本章将对科学管理理论产生之前的西方管理思想相关内容进行回顾，以勾勒科学管理理论产生之前西方管理思想发展的大致情况。正如雷恩所言，"有关管理思想演变的研究，能够向我们展现各种理念和方法的起源，能够使我们追溯它们的发展历程，能够给我们提供文化环境方面的观察时间，所以，它能提供一个加快整合过程的理论框架。"[①] 只有深入理解管理思想与理论的历史，才能更好地把握现实中的管理及其理论。

第一节　西方古代社会的管理思想

正如美国管理思想史学者雷恩所言，管理是一种实施特定职能的活动，其目的是有效地获得、配置和利用人类的努力和物质资源，以实现组织目标和为组织成员谋求积极利益。就此而言，管理实践古已有之，对如何有效管理的思想探索也其源自远，在早期西方文明之中就蕴含着丰富、朴素但却分散的管理思想。这些管理思想或是对某一具体管理实践的经验总结，或是哲学家们理性思辨的结果，是科学革命和工业革命之前思想家们对管理实践进行思考与探索的成果总结，对科学管理理论的产生与发展提供了早期经验与启示。

一、古巴比伦时期的管理思想

"最早出现文明之光的是烈日蒸晒、底格里斯河和幼发拉底河养育的一片荒野"[②]，即美索不达米亚文明。公元前3500年时，一些已改进生产技术，从事

---

① [美] 丹尼尔·A. 雷恩：《管理思想史》（第5版），孙健敏、黄小勇、李原译，中国人民大学出版社，2009年版，第4页。
② [美] 斯塔夫里阿诺斯：《全球通史》（上卷），吴象婴等译，上海社会科学院出版社，1999年版，第105页。

于耕种的农业公社，成功完成了从新石器时代的部落文化到文明的过渡。以城市和商业文明为标志的古代美索不达米亚文明，在阿莫里特人建立的巴比伦帝国时期达到了顶峰。当时，城市出现了最初的分工，占有土地的国王、祭司和一些富人将土地划分成小块，连同种子、农具和耕畜一起分配给为他们服务的农人，农人则提供劳动，自行生产。作为报答，农人需要将劳动成果缴纳给寺院、宫廷和地主。为了有效经营与管理土地，简单的记账方法得以发明，用于记录土地的日常生产情况。与此同时，为了有效管理城市与国家，减轻和消除人们的不安全感，巴比伦帝国的统治者选择了以编纂法典的方式来维持与巩固统治，《汉谟拉比法典》是其中最为杰出的一部。法典由282条法条构成，内容涉及财产、借贷、租赁、遗产、奴隶等城市经济生活的各个方面，对各种职业、各个层面上人员的责、权、利关系给予了明确的规定，体现出了经济管理法制化思想的萌芽。

二、古埃及的管理思想

大约公元前3100年左右，上埃及国王美尼斯统一了上下埃及，埃及历史进入了"王朝时期"。这时的埃及，不仅出现了社会分工，有专职的公务人员、士兵、艺人、手工业者，而且还出现了用于记录和传播信息的文字，使它具备了文明的基本特征。王权对国家强有力的控制是古埃及文明的显著特征。为了防御尼罗河周期性泛滥引发的洪灾，在国家的统一安排下，埃及人修建了大量的灌溉工程；与此同时，为了安顿逝世法老的魂灵，大量堪称奇迹的巨大金字塔被建造在尼罗河沿岸。为了能保证各项庞大工程的物资供给和国家正常的经济生活，国家不仅控制了农业和手工业的大部分生产，而且还负责产品的分配。"巨大的国库和政府的粮仓里装满了征收来的实物税：谷物、牲畜、布匹和各种金属；用来支付国家的耗费，也作为荒年时用的储备物。"[①] 古埃及朴素的管理思想在确保王权对国家有效控制的实践过程中得以萌发和不断发展。首先，古埃及意识到管理过程中分工的重要性，王权通过以宰相（维齐尔，vizier）为首的官僚机构得到保障与强化。在宰相之下，国家设置了掌玺大臣（掌管尼罗河的交通运输），赏赐大臣（负责所有的牲畜），财政大臣（掌管全国的财政分署）。"这是一种（至少在当时如此）相当负责、精巧的管理方法，它通过预测、规划，给不同的人和部门分配工作，以及确定一位'专业的'全职管理者

---

① ［美］斯塔夫里阿诺斯：《全球通史》（上卷），吴象婴等译，上海社会科学院出版社，1999年版，第130页。

来协调和控制国家事务。"[1] 其次，古埃及人较早意识到了"管理幅度"的问题，通过对法老墓葬中陪葬奴仆与管理者雕像的考古，发现两者的数量比基本维持在10∶1之间。这一发现，或许可以作为管理幅度以10人为限的最早实践证据。最后，朴素的工程管理、资源管理的思想，为古埃及金字塔、尼罗河运河系统以及农业防洪与灌溉系统的建设、运行提供了必要的智力支持。

三、古希腊的管理思想

古希腊文明是现代欧洲文明滥觞之一，"没有希腊文化和罗马帝国所奠定的基础，也就没有现代的欧洲"[2]。孕育古希腊文明的古希腊实际上并不是一个统一的国家，特定的地理与历史条件形成了古希腊特殊的国家形态——城邦。从公元前8世纪至公元前6世纪，伴随着原始公社的逐步解体，阶级分化开始出现，少数氏族贵族转化为奴隶主并成为统治阶级，由公民、奴隶和自由民组成的城邦开始出现。直到公元前146年，罗马帝国吞并古希腊，在以爱琴海为中心，包括希腊半岛、爱琴海各岛屿和小亚细亚沿海地区以及黑海沿岸和意大利南部、西西里岛等的部分区域的广大范围内，曾经存在过数以百计的城邦，其中斯巴达和雅典是两个最大、最具影响力的城邦。对城邦政治与公共事务管理问题的思考与探索是古希腊管理思想的主要内容，其代表人物是雅典的苏格拉底、色诺芬、柏拉图和亚里士多德师徒。

（一）苏格拉底（Socrates，公元前469—前399）

古希腊著名的哲学家，出生在雅典阿罗卑克郊区的一个普通公民家庭，父亲索佛隆尼斯库是位雕刻师，母亲菲娜瑞特是位助产婆。苏格拉底本人并无著作传世，其思想和学说主要依靠弟子色诺芬和柏拉图的回忆录及对话集得以为后人所知。苏格拉底一生最为关注的是伦理学的问题。正是从苏格拉底开始，古希腊思想家的研究对象才从对自然的研究转向了对人类认识和道德问题的研究。正如罗马哲学家西塞罗所说，苏格拉底把哲学从天上带到了人间。在此过程中，苏格拉底对管理提出了自己的观点。他首先认为，管理者是一种专门的职业，应该由掌握管理技能的人而非由有权力或者由民众选举产生的人担任。其次，苏格拉底对公共管理与私人管理的关系进行了论述，认为管理具有超越私人管理与公共管理的普遍性。他指出，对私人关系的管理和对公共关系的管理之间只存在着数量上的差异，它们都不能在没有人的情况下得以完成；那些

---

[1] ［美］丹尼尔·A. 雷恩：《管理思想史》（第5版），孙健敏、黄小勇、李原译，中国人民大学出版社，2009年版，第19页。

[2] 《马克思恩格斯选集》（第3卷），人民出版社，1995年版，第220页。

懂得如何雇佣人的人是管理私人关系和公共关系的成功领导者，而那些不懂的人则会在管理二者时犯错误。再次，苏格拉底对管理者的素质与能力问题进行了探讨。苏格拉底认为"美德即知识"，管理者不仅需要具备健康、有力、财富、荣誉等善，而且还需要具备节制、正义、勇敢、敏悟等所谓"灵魂的善"。同时，"守法即正义"。在苏格拉底看来，管理者也需要维护法律权威，自觉守法。最后，苏格拉底也对管理知识的教育与传授问题进行了思考，他认为，在管理知识的教育与传授方面，自己并不像智者派一般，拿一些现成的知识、道德去传授给别人，而只是把别人先天有的、潜在的知识（美德）诱发出来，启发、引导他人走向知识和美德。运用"问答法"授徒传智，是苏格拉底教育他人，传播思想的主要方法和鲜明特征。

（二）色诺芬（Xenophon，约公元前430—前350）

出生于雅典土地贵族家庭，苏格拉底的学生，古希腊著名的经济学家、思想家、作家，传世的主要代表作为《经济论》（又称为《家庭管理》）和《雅典的收入》。《经济论》是色诺芬根据自己的亲身经历和实践经验以对话体形式写成的专门讨论土地和房产管理规则的著作。在该书中，色诺芬首次对经济管理问题进行了讨论，他认为，家庭管理，即奴隶主阶级对生产资料和劳动力的各种组织与管理问题是经济管理研究的对象，应该成为一门专门的学问。他强调管理的中心是加强对人的管理，因此应当加强对奴隶的管理，更加严厉地对待那些不太顺从的奴隶，而给予顺从奴隶较好的待遇，并把训练好家人、管家和奴隶看作是管理好财产的重要因素；财富是否得到增加是检验管理水平高低的标准，而管理的中心任务就是尽可能多的实现财富的增加。其次，色诺芬在该书中还强调了社会分工对社会的丰腴和生活质量改善的重要性，认为一个人只要从事一种职业，就足以谋生而且会无条件地把工作做得更好。《雅典的收入》是色诺芬撰写的一份关于如何增加雅典财政的咨询报告，它针对雅典当时财政收入不足的状况，集中讨论了国家如何增加岁入的问题，核心是国家如何通过增加财政收入以推动国家的繁荣，特别强调了国家的财政管理职能对于增加岁入的重要性。

（三）柏拉图（Plato，公元前427—前347）

出生于雅典贵族家庭，父亲是雅典末代国王的后裔，母亲为名门望族之后，继父是雅典政治家、民主派领袖伯里克利的好友和追随者。显赫的家庭背景和早年的家庭生活经历，对柏拉图思想的形成与变化产生了极其深远的影响。老师苏格拉底逝世后，柏拉图开始了前往埃及、南意大利、西西里等地长达12年的游学生涯，游学中的耳闻目睹与切身经历直接刺激了柏拉图思想的日趋成熟。回到雅典后，在朋友的资助下，柏拉图创建了集学术研讨、知识传授和人才培养功能于一体的"学园"（该学园一直存续到公元529年罗马皇帝下令关闭为止，前后共约900年），使之成为研究与传播古希腊哲学和政治思想的中心，在古希腊文化赓续与流布过程中发挥了巨大作用。对理想城邦问题的不断求索是柏拉图一生的学术旨趣所在，他的管理思想也紧扣这一主题展开，集中体现在传世的《理想国》《政治家篇》和《法律篇》等著作中。社会分工在柏拉图管理思想中居于重要位置，他强调，由于人的天赋才能各有差别，每个人只有从事一种自己最适合的工作，才能做得最好。但人们的需要又是多样化的，这就产生了个人禀赋的片面性与个人需求的多样性之间的矛盾，因此需要通过社会化的公共生活来克服这一矛盾。在柏拉图看来，社会分工既是公共生活出现的原因，又是维系公共生活的条件。对于一个城邦而言，应该有统治、保卫和生产三种分工。同时，柏拉图认为，个人品性与美德是与分工相对应的。其中，哲学家最智慧，代表着理性；护卫者处于其他两个阶级之间，具备勇敢的美德，代表激情；生产者以节制的美德约束自己，代表欲望。因此，最适合的统治者就是哲学家。哲学家掌握权力，管理城邦是柏拉图试图挽救城邦危机的根本措施。"哲学家成为我们这些国家的国王，或者我们目前称之为国王和统治者的那些人物，能严肃认真地追求智慧，使政治权力与聪明才智合而为一，否则的话，正义的理想国家永远只能是空中楼阁。"[①] "哲学王（管理者）"的思想，是柏拉图以社会分工为中心管理思想的另一个主要内容。丹尼尔·A.雷恩在总结柏拉图管理思想时指出，"这种观点，即劳动分工将使生产力最优化的观点，一直持续了近2000年，并且为组织工作和决定如何最好地利用人们的不同能力奠定了基础。"[②]

（四）亚里士多德（Aristotle，公元前384—前322）

古希腊百科全书式的学者和思想家，古希腊思想的集大成者。亚里士多德出生于希腊北部斯塔吉拉城的一个医生家庭，由于父亲尼格马科是当时马斯顿王阿明塔斯三世的御用医生和朋友，亚里士多德得以跟随父亲在马其顿宫廷度过童年，接受良好教育。公元前367年，17岁的亚里士多德进入柏拉图的雅典学园，开始了长达20年师从柏拉图的求学生涯。柏拉图逝世后，亚里士多德被迫离开雅典，漫游各地，在此期间做了马其顿亚历山大王子8年的家庭教师。

---

① [古希腊] 柏拉图：《理想国》，张竹明译，译林出版社，2009年版，第192页。
② [美] 丹尼尔·A.雷恩：《管理思想史》（第5版），孙健敏、黄小勇、李原译，中国人民大学出版社，2009年版，第21页。

在亚历山大登基为王的次年（公元前335年），亚里士多德返回雅典，创建"吕克昂学园"，在那里从事教学与研究。亚里士多德的几种主要传世著作——《政治学》《雅典政制》《尼各马可伦理学》《修辞学》，基本是在学园时期整理和完成的。同柏拉图一样，亚里士多德也是将挽救城邦作为自己毕生的学术追求，但他的观察视角与解决方案相比柏拉图更为现实有效，这是因为他使用了与柏拉图不同的方法论，亚里士多德始终认为，理论产生于对经验事实的分析与归纳。凭借这一方法论，亚里士多德展开了对与城邦有关问题的研究，其管理思想蕴含在对城邦问题的研究中。首先，亚里士多德在采用溯源法探讨城邦起源与本质的过程中，对社会分工进行探讨。在他看来，因为人有各种不同的需求，这就决定了人类必须通过社会分工以满足不同需求。同时，人类又有语言功能，可以进行相互交流；有道德分辨能力，可以组织社会、共同生活。因此，"人是天生的政治动物"。人类社会组织从家庭到村社到部落最后到城邦，由低级向高级逐步演进的过程，也是人的本性不断趋于完善的过程——城邦实现人的善业，具有善业的人组成了城邦。其次，亚里士多德强调法治在城邦管理中的重要性，他宣称，法律是抵抗常人的偏私、情欲或兽欲的"神祇和理智的体现"。谁让法律来统治，谁就是让神和理智来统治。法治的实质就是为城邦制定良好的法律，同时确保已制定的法律能获得普遍的遵守。再次，亚里士多德对管理伦理问题进行了讨论，提出了管理伦理的"黄金规则"——"己所不欲勿施于人"，即要像对待自己一样对待别人。最后，亚里士多德对管理中的所有制问题也进行了探讨，他反对柏拉图所设计的公有制，认为公有制无补于对人类罪恶本性的匡正，提出了"产业私有而财物共用"的有限私有制的设计[①]。

四、古罗马的管理思想

古罗马文明是一个与古希腊文明并行发展的文明体系。罗马的文明史可以追溯到公元前753年，正是在那一年，罗慕洛兄弟在台伯河岸边肇建罗马城。"它位于台伯河左岸一些低矮的小山丘上，距离大海约15英里。在历史的早期，拉丁同盟的领导权就掌握在这座城市手里。"[②] 从公元前753年罗马进入历史学家所谓的王政时期（公元前753—前510）开始，在随后长达近1000多年的时

[①] 所谓"产业私有而财物公用"，即城邦的土地一部分划归私人，产权归各公民。这部分归公民私有的土地，需要分置在边疆和近郊，这样既有利于公民日常劳作，也有利于在敌人犯境时激发公民自愿保卫。划归公产的那部分城邦土地，则用于供应祭祀和公共食堂的开支。

[②] ［美］菲利普·范·内斯·迈尔斯：《罗马史》，卢东民、宋雪莹译，天地出版社，2019年版，第7页。

间里，罗马先后经历了王政时期、共和时期（公元前510—27）和帝国时期（27—476）三个不同的历史发展阶段。王政时期，又称为传说时代。这一时期的罗马政府是君主制的，传说中的7位国王①曾先后统治着罗马。在国王之下，是一个由公社"长老"或古老氏族的首领所组成的"元老院"，该机构负责向国王提供建议和对经由公民大会通过的议案进行决定性投票。由于塔克文·苏佩布的暴政，"人民感到自己处于被奴役状态，因而采取极端行动"②，塔克文·苏佩布及其家族在公元前509年被罗马人逐出了罗马城。"罗马人驱逐了国王之后，建立了一年一任的执政官制度，这种政制把罗马的实力提升到了一个新的高度。"③ 罗马由此进入了共和时期。在这一时期，罗马通过战争，实现了对外扩张，成为地中海的霸主。在这一过程中，古希腊文明对罗马产生了深刻的影响，"罗马社会看起来正在以一种平和的方式希腊化了。在某种程度上，这的确发生了：被俘获的希腊吸引住了她的俘获者"④，一种新的，被后来历史学者称之为希腊—罗马文明的文明形态开始出现。在共和制的后期，罗马陷入了长期的混乱与分裂，盖乌斯·屋大维（Gaius Octavian）在公元前31年亚克兴（Actium）海战中彻底击败了竞争对手马克·安东尼（Mark Antony），在成为罗马混乱的终结者的同时，获得元首（Imperator）和奥古斯都（Augustus）头衔的屋大维也成为罗马帝国时代的开创者，被废除了500多年的君主制正逐渐地在共和国旧有的形式中复苏。在戴克里先统治时期（284—305），君主制度达到了顶峰，元老院被完全架空，成了只能管理罗马城公共事务的一个地方机构。在帝国时期，另外一个影响深远的事件就是君士坦丁皇帝通过颁布"米兰敕令"（公元313年）承认基督教罗马国教地位之后，于公元330年在博斯普鲁斯（Bosporus）海峡营造帝国新的都城——君士坦丁堡（Constantinople）。当帝国西部（戴克里先时代，第一次将帝国分为东西两个行政区域，并于公元395年彻底分裂）最后一任皇帝——可怜的罗慕路斯·奥古斯图卢斯（Romulus Augustulus）于公元476被日耳曼部落首领奥多维克（Odovacar）废黜，西罗马帝国由此覆灭之后，君士坦丁堡（Constantinople）作为东罗马帝国，也被称为拜

---

① 这7位国王分别是罗马的创立者罗慕路斯（Romulus）、立法者努马（Numa）、征服者托里斯·奥斯蒂吕斯（Tullus Hostilius）和安库斯·马尔西乌斯（Ancus Martius）、伟大的建设者塔克文·普里斯库斯（Tarquinius Priscus）、国家的再造者塞尔维乌斯·图利乌斯（Servius Tullius）以及傲慢的暴君塔克文·苏佩布（Tarquinius Superbus）。
② ［法］孟德斯鸠：《罗马盛衰原因论》，许明东译，商务印书馆，2016年版，第3页。
③ ［法］孟德斯鸠：《罗马盛衰原因论》，许明东译，商务印书馆，2016年版，第4页。
④ ［美］菲利普·范·内斯·迈尔斯：《罗马史》，卢东民、宋雪莹译，天地出版社，2019年版，第58页。

占庭帝国（Byzantine Empire）的都城一直存在到了 1453 年。"西罗马帝国灭亡后，在君士坦丁堡，统治着东罗马的皇帝们便自称'罗马人'，声称自己统治的是'罗马帝国'；只是，他们通常只向东眺望博斯普鲁斯海峡的另一侧，而不会回首西望罗马。"① 古罗马在 1000 多年的时间中，凭借其强大的军事实力、管理能力和文化影响力，深刻改变了地中海沿岸的政治格局，影响了欧洲文明的发展方向，改变了世界历史的进程。

古罗马在城市管理、军事管理、经济管理和管理法治化等方面的成功实践和思想总结，丰富了西方管理思想的知识宝库，为管理思想的发展做出了积极的贡献。其中，最为重要的一项就是关于如何对广阔疆域进行有效管理的思想与实践——行省制度。"罗马人能够建立起这样一个庞大的政府和军事机构并成功地维持多年，正应归功于他们高超而先进的管理能力。"② 共和时期，罗马通过第一次布匿战争（公元前 264—前 241）从迦太基手上获得了西西里岛，成为罗马共和国的第一个行省。从那时起，行省（Province）制度便随着罗马的持续性对外扩张，在不断增加的新占领土地上实施。行省中的居民被承认为是罗马人，这些人到了罗马能享受同罗马公民同等的待遇，这一类似于今天所谓的"国民待遇"原则，有效地强化了帝国的向心力和凝聚力。一个个新的行省，在成为维系庞大罗马帝国运转的基础，向帝国中心不断输送资源与财富的同时，也将罗马文明传播到了帝国实力所及的地方，文明因而得到振兴。"无数宏伟的建筑遗迹如今散落在曾经的罗马帝国各行省的大地上，这些遗址不仅代表了当时人口稠密、文化繁荣以及城市的兴盛，也佐证了帝国早期开明仁慈的统治和休养生息的政策。"③ 罗马这种建立在分权和自治思想上，以分省建制、中央统合、地方自治为特征的行省制度，有效保障了罗马帝国的政治稳定。随着之后东西文化交流日渐频繁，这一制度设计启示了后来东方国家行政制度的设计，影响深远，至今犹在。

罗马的法治思想也是罗马留个后世重要的思想遗产。"罗马人在这一领域不是学生，而是老师。每一个民族都有它们的使命，罗马的使命就是给世界以法律。"④ 古罗马的法治思想是基于理性而不是习俗。最早的成文法是公元前 450

---

① ［美］朱迪斯·M. 本内特：《欧洲中世纪史》，杨宁等译，上海社会科学院出版社，2007 年版，第 75 页。

② ［美］克劳德·小乔治：《管理思想史》，孙耀君译，商务印书馆，1985 年版，第 31 页。

③ ［美］菲利普·范·内斯·迈尔斯：《罗马史》，卢东民、宋雪莹译，天地出版社，2019 年版，第 58 页。

④ ［美］菲利普·范·内斯·迈尔斯：《罗马史》，卢东民、宋雪莹译，天地出版社，2019 年版，第 150 页。

年左右制定的《十二铜表法》，那是一部简单、保守，代表农耕精神的成文法。该法由一个10人组成的立法委员会（Decemvirs）起草制定后，镌刻在十二个固定在广场演讲台的铜制牌子上，供人们阅读和熟悉。但罗马人真正留给后人的法治思想遗产，是以自然法观念为最终法律观念的罗马法。自然法不是起源于司法实践，而是从当时罗马盛行的斯多葛哲学关于理性之神统治宇宙的思想中产生的。罗马共和国晚期的思想家马尔库斯·图里乌斯·西塞罗（Marcus Tullius Cicero，公元前106年—前43年）认为，所谓的自然法"是正当的理性，与自然相吻合，适用于所有的人，稳定、恒常，以命令的方式召唤履行义务，以禁止的方式阻止犯罪行为……对于所有的民族、所有的时代，它是唯一的法律，永恒的、不变的法律……谁不服从它，谁就是逃避自我，蔑视人的本性，从而将会受到严厉的惩罚，尽管他可能躲过被人们视为惩罚本身的其他惩罚。"[1] 这里，西塞罗强调了自然法的普遍性、永恒性和至上性。罗马法中的法治思想，特别强调法律对公民权利的保护以及不同情况下平等原则的使用，强调法律的基本原则是给予每个人他应得的部分，承认根据自然法，一切人生而自由。同时，罗马法明确区分了公法和私法，强调权力受法律制约，高级管理者只在自己被授权的地域之内，同时必须在规定的期限当中，才能实施权力；公共职责必须根据法律来实施，掌权者在接受权力的同时，也必须受到法律的制约。罗马法在东罗马皇帝查士丁尼时代所编撰的《民法大全》一书中实现了系统化。该书由《法典》《法学汇编》和《法学概要》三部分组成。《法典》是对自哈良德皇帝以来所颁布的罗马法律、告示等资料的汇编与整理；《法理汇编》是对古罗马法学家的作品与观点的摘录与汇编；《法学概要》是《法学汇编》的缩减版，是罗马帝国法律学校学生所使用的初级教科书。历史学家在评价罗马法治的意义时指出："虽然法律专家们并不认为自然法无形中对罗马法起到了限制作用，但是他们确实把它看作是人类立法应当顺从的楷模。这一基本原则是罗马的一个伟大贡献，至今仍在起作用。"[2]

罗马还在军事、工商业和农业管理等方面留下了重要的思想遗产。首先，在军事管理方面，罗马军队遵循"管理10人"的组织原则，强化了军队的秩序化，极大提升了战斗力。其次，在工商业管理方面，为顺应国际贸易不断扩大的趋势，罗马人制定了一套度量衡保证体系；自由工人组织了行会，以便能更好实现公共利益；为筹集战争物资而以类似股份制公司形式设立的组织也在罗

---

[1] ［古罗马］西塞罗：《西塞罗文集》（政治学卷），王焕生译，中央编译出版社，2010年版，第105页。

[2] ［美］斯塔夫里阿诺斯：《全球通史》（上卷），吴象婴等译，上海社会科学院出版社，1999年版，第242页。

马出现；国家对经济生活的各方面实施了有效的管控，以确保经济服务于对外战争。最后，在农业生产管理方面，马库斯·贾图（Marcus Poreius Cato，公元前235—前149）和马库斯·铁轮提乌斯·瓦罗（Marcus Terentius Varro，公元前116—前28）在各自以《论农业》为名的书中，对罗马当时兴盛的奴隶农业经济的管理问题进行了讨论。贾图认为，奴隶主要重视对管家的选用，以此加强对奴隶的控制与管理，提高奴隶的生产效率，因此提出了选用管家的9条原则。瓦罗提出了管理奴隶的一些柔性方法，提倡用语言而不是鞭子，建议避免对奴隶太过苛刻，也不要使奴隶太为集中，以避免骚动的发生。当然，正如雷恩指出的：“罗马对人类遗产的其他贡献主要在于法律和政府，这些都是对于秩序考量的具体表现。"①

第二节　西方中世纪的管理思想

一、中世纪管理思想的背景

中世纪（The Middle Ages）一般是指西罗马帝国灭亡（公元476年）到14世纪文艺复兴兴起这一阶段，横跨了整整1000年的时间。通常认为，中世纪是所谓的"黑暗时代"，是楔入古罗马与文艺复兴之间的一幕巨大的悲剧，笼罩在一重重铅灰色的迷烟巨雾之中。然而，如果对中世纪做更为细致与近距离的观察与了解的话，我们对中世纪阴暗、压抑、沉闷乃至于恐怖的固有映像将得到改变。历史并非静止的死水潭，而是在众多因素和条件推动下不断向着某个方向流淌的河流；河流有曲折，但百川终到海总是一定的。"当每一个人都根据自己的心意并且往往是彼此互相冲突地在追求着自己的目标时，他们却不知不觉地朝着他们自己所不认识的自然目标作为一个引导而在前进着，是为了推进它而在努力着；而且这个自然的目标即使是为了他们所认识，也对他们会是无足轻重的。"② 三个具有鲜明阶段特征的不同历史时期共同组成了中世纪的1000年：中世纪早期（Early Middle Ages，500—1000）。由于西罗马帝国的覆灭和蛮族的南下与西进，这段时间的西欧经历了在动荡不安中的转变，稳定、自信的西欧文明开始在罗马帝国的废墟中出现。中世纪中期（Central Middle Ages，1000—1300）。在这300年的时间里，城市经济得到繁荣，教育得到振兴，人口实现了增长，疆域获得拓展，宗教得到了改革，一种欣欣向荣的气氛笼罩在西

---

① ［美］丹尼尔·A.雷恩：《管理思想史》（第5版），孙健敏、黄小勇、李原译，中国人民大学出版社，2009年版，第23页。
② ［德］康德：《历史理性批判文集》，何兆武译，商务印书馆，1990年版，第2页。

欧的上空。中世纪晚期（Later Middle Ages，1300—1500）。虽然在这一时期西欧经历了空前的饥荒与瘟疫的肆虐，但当 1500 年到来的时候，"欧洲的生产技术、政治结构和经济组织的发达却使之与世界上的其他文明相比具有绝对优势"[①]。欧洲在告别中世纪的时候，由于已经或多或少拥有了某种程度和形式的现代性[②]，或者已经知晓了获得现代性的路径与方法，站在了"现代"的大门口。因此，无论如何，中世纪都不是一个死寂沉沉，充满恐怖与压抑的时代，而是一个充满变化的时代，是一个对现代毫无认识与自觉却最终促成现代欧洲的时代。"在漫长的中世纪，欧洲从贫困而极不安定的农业社会发展成强盛而别具一格的文明社会，对当代世界的成形有着深远的影响。"[③] 中世纪孕育了现代欧洲，并改变了世界的历史。

中世纪在管理思想方面留给后世的重要资源大概体现在三个方面：首先，在西罗马帝国轰然崩塌之后的废墟上，入侵者（日耳曼）的传统制度和古罗马的制度在漫长的时间里不断融合发展，一种兼容了两种制度的新的行政管理制度——封建制度出现，欧洲的罗马及日耳曼故地先后完成了封建化，这一过程中的管理思想与管理制度对后世的管理实践产生了许多重要的影响。其次，古罗马虽然崩溃了，但罗马国教基督教却在废墟上兴旺发达，基督教教义与宗教实践中所蕴含与展示的管理思想，不仅对中世纪的西方世界而言具有重要的意义，对于当代的管理实践也具有重要的价值。最后，古罗马是城市的帝国，帝国覆灭，城市文明的火种在浩劫中却得以保存，11 世纪开始，随着手工业与商业的复兴，城市也逐步复兴，中世纪城市的商业管理与市政管理思想与实践，深刻影响着近现代这些领域的管理思想与实践。下面我们将分别阐述这三个方面的内容。

---

① ［美］朱迪斯·M. 本内特：《欧洲中世纪史》，杨宁等译，上海社会科学院出版社，2007 年版，第 2 页。

② 现代性（Modernity），简单地说就是现代社会的内在规定性，或者说就是现代化这一过程的目标。金耀基先生认为，现代性不是一个单一的或一些不相连的社会文化的现象，而是一个"综协的整体"，他认为，这一综协的整体由工业化、都市化、普遍参与、世俗化、高度的结构分殊性、高度的"普遍的成就取向" 6 个要素构成。关于现代性的深刻内涵与相关规定性，可详阅金耀基《从传统到现代》（法律出版社，2010 年版）、秦晓《当代中国问题：现代化还是现代性》（社会科学文献出版社，2009 年版）以及罗荣渠《现代化新论》（华东师范大学出版社，2013 年版）等文献中的相关论述。

③ ［美］朱迪斯·M. 本内特：《欧洲中世纪史》，杨宁等译，上海社会科学院出版社，2007 年版，第 3 页。

二、欧洲封建制中的管理思想

从罗马帝国的灭亡到欧洲封建制的完全建立，中间经历了一个以北方蛮族（barbarian）大迁徙和大混乱为标志的过渡阶段。"这个阶段，武力征服与文明同化相交错，制度否定与制度创新相结合，形成了一种新的文明。"① 在此过程中，罗马文明与日耳曼民族传统相融合，封建制这一对于欧洲至关重要、影响深远的新制度得以形成。"封建制度的辽远的根源在于，教会和日耳曼人所采用并继续的过去罗马世袭的所有权制度以及日耳曼个人忠诚的古老概念，就是最初战争队伍的全体成员对他们首领的忠诚概念。所以，罗马人贡献了财产关系，日耳曼人贡献了人身关系，他们的结合形成了封建制度的主要性质。这两种制度成为同一东西的正反面。"② 回溯历史，近现代欧洲一切有关于政治、经济、文化和社会的思想、制度和组织都萌芽于封建制度时期。也就是说，没有封建制度，就没有近现代欧洲。

"封建制度是一种政府的形式，一种社会的结构，一种以土地占有制为基础的经济制度。"③ 文明程度相较罗马而言低很多，尚处于氏族公社阶段的日耳曼民族，当他们成为罗马故地新的主人之后，原有的社会组织方式已然无法满足新的需要，亟须一种制度创新以实现对所征服地区的组织。"他们既不能把大量的罗马人吸收到氏族团体来，又不能通过氏族团体去统治他们。必须设置一种替代物来代替罗马国家，以领导起初大都还继续存在的罗马地方行政机关，而这种替代物只能是另一种国家。因此，氏族制度的机关必须转化为国家机关，并且为时势所迫，这种转化还非常迅速。但是，征服者民族的最近的代表人是军事首长，被征服地区对内对外的安全，要求增大他的权力。于是军事首长的权力转变为王权的时机来到了，这一转变就发生了。"④ 征服者，通常称为"王"，将新占领土地以采邑的方式分封给作战有功的将领、家臣，将领和家臣又将自己的受封土地再分封给自己的下属和家臣。随着土地的层层分封，封君和封臣之间的权利与义务关系也得以建立：封君授予封臣土地和耕作土地所需的劳动力，并提供保护；封臣对封君宣誓效忠，奉命为其服军役，并贡献财物。根据封建原则，任何一个封臣都可以将受自封君的土地再转封出去，而且还可

---

① 陈乐民、周弘：《欧洲文明扩张史》，东方出版中心，1999 年版，第 22 页。
② ［美］汤普逊：《中世纪经济社会史》（上册），耿淡如译，商务印书馆，1963 年版，第 325 页。
③ ［美］汤普逊：《中世纪经济社会史》（上册），耿淡如译，商务印书馆，1963 年版，第 303 页。
④ 《马克思恩格斯选集》（第 4 卷），人民出版社，1972 年版，第 148 页。

以自行设定领有条件。因此在当时，一个封臣通常向多位封君领受土地，他可以有不止一位封君。同时，他也把受封土地再转手分封出去，因此也有多位封臣，从而使实际中的封建关系十分复杂。

这种"分封建制"的本质是一种以土地等级制为基础的等级制度，以逐级授权的方式实现了分权。在实行豁免制度的情况下，这种逐级分权化得到了进一步强化。在豁免制度下，各封建诸侯得到了治理自己封地所需的相对完整的权力，诸侯可以自由地贯彻自己的治理意图和意愿。这一点，和现代管理具有较强的可比性，从而具有了某种程度上的借鉴价值——"封建主义代表着一种大规模的分权化事业，其条件和问题同当代政府组织和工商组织所面临的是一样的。"① 其次，封建制度是一种关于集权和分权的制度设计，和罗马那种以强制力为基础的权力划分不同，封建制的权力划分是建立在封君与封臣对责任关系或者称为契约关系的互相尊重与信守的基础上。这是一种柔性的，以共同利益或者说是以责任为基础的权力划分机制。这一机制对于现代管理的启示在于：一方面它证明了通过有效分权所建立的等级制可以增强组织整体的控制力；另一方面，它也强调了契约和共同责任在分权中的重要性，一旦共同责任消失或者契约关系无法得到双方的尊重和维护，组织的坍塌将是必然和迅速的。最后，封建制向当代管理者表明，授权并非是权力的让与而是权力的授予，授权者始终有将其所授权力收回的权力。如果管理者想在分权的基础上完成一项组织职能，那么就应该在权力授予而非让与的基础上来完成，"否则的话，所追求的分权化就会变成组织的瓦解"②。

三、基督教哲学中的管理思想

作为宗教的基督教和作为一种思想的基督教哲学既有联系又相互区别，两者不是同一的。基督教哲学是希伯来文明和希腊文明交汇融合的产物。中世纪早期的基督教哲学有两大来源：一是作为它思想根源的古希腊哲学遗产，重点是新柏拉图主义和斯多葛主义；二是包括新旧约全书在内的《圣经》以及对《圣经》的理论诠释。随着欧洲经济社会的发展和东西交流的频繁化，伊斯兰思想、犹太思想以及那些被重新翻译成拉丁文的古希腊科学与自然哲学思想为基督教哲学注入了新的养分，成为中世纪中期经院哲学（Scholasticism）的基础性要素。基督教哲学一直在信仰和理性的平衡问题上进行努力，从早期的安布罗姆（Ambrose，339—397）、哲罗姆（Jerome，340—420）和奥古斯丁（Au-

---

① [美]克劳德·小乔治：《管理思想史》，孙耀君译，商务印书馆，1985年版，第37页。
② [美]克劳德·小乔治：《管理思想史》，孙耀君译，商务印书馆，1985年版，第37页。

gustine，354—430）开始，基督教的理论家们就在为基督教提供一个坚实牢固的哲学基础而努力，早期的代表人物首推奥古斯丁。随着基督教哲学发展到经院哲学阶段，理论家们试图构建一个逻辑清晰的分析性框架，以调和化解基督教理论体系中那些具有矛盾性的观点与看法。"经院哲学家试图将一切知识——宗教的、世俗的、过去的、现在的、古典的、基督教的——囊括在一个大全式的体系中。经院哲学家坚信，某些知识虽然看起来是相互矛盾的，但一定能用逻辑的方法加以调和，一定可以证明它们其实是彼此兼容的。"[①] 托马斯·阿奎那（Thomas Aquinas）是经院哲学的集大成者。下面，我们将通过对这两位代表人物哲学思想中所蕴含的管理元素的介绍，以窥基督教哲学中管理思想之一斑。

（一）奥古斯丁的管理思想

奥古斯丁（Augustine，354—430）出生于北非塔加斯特的奥古斯丁，他的神学理论是基督教教父时代理论的巅峰。正是通过他，基督教教义才成为一个完整的、逻辑清晰的体系。"奥古斯丁实际上是将神学和哲学融为一体的大师，他的那种希腊式的缜密哲学思维和严整的逻辑推理成为中世纪基督教神学理论的规范。"[②] 奥古斯丁在反驳帕拉纠派人性论时，提出了基督教"原罪"人性论。他认为，每个人天生都是罪人，罪孽来自亚当的血统，亚当和夏娃触犯上帝被逐出伊甸园并被施以"死亡"的惩罚，他们所犯的罪就是"原罪"，他们的子孙都带有原罪；人自身没有办法摆脱原罪，只有通过上帝的恩典才能得到拯救。奥古斯丁关于人"原罪"的人性假设，对作为管理对象的人的性质做出了明确的规定，对受其学说影响的组织和个人的管理行为的选择产生了重要的影响，也直接启发了后世管理学者对管理对象人性假设的继续深入思考。奥古斯丁在其最重要的著作《上帝之城》中提出"上帝之城"（Civitas Dei）和"世人之城"（Civitas Terrena）的"双城论"。他认为，上帝不曾允诺给予在此岸人民以幸福和保护，上帝应许的是彼岸的幸福。"上帝之城"的概念集中表达了基督教对彼岸的追求；与之相对应，"世人之城"的概念则集中表达了基督教对此岸、世俗、现世的鄙视。两座城是对立的，对上帝不同的爱，造就了两座城。"爱自己而轻视上帝，造就了地上之城；爱上帝而轻视自己，造就了天上之

---

① ［美］朱迪斯·M. 本内特：《欧洲中世纪史》，杨宁等译，上海社会科学院出版社，2007年版，第338页。

② 陈乐民、周弘：《欧洲文明扩张史》，东方出版中心，1999年版，第56页。

城。"① 因此，奥古斯丁对两座城的区分实质是按照基督教伦理对人进行的区分，从而突出了虔诚、勤奋、节约、友善、诚信等基督教伦理及其人们遵守这些伦理的重要性。在一个基督教无所不在的社会，通过对基督教伦理的强调，深刻地影响与规范了人们包括管理行为在内的各种行为，乃至于整个社会的发展进程。

（二）托马斯·阿奎那的管理思想

托马斯·阿奎那（Thomas Aquinas，1225—1274）出生于意大利南部那不勒斯附近的一个富裕的基督教贵族家庭，1256年毕业于巴黎大学神学院并在教皇的保护下获得最高学位（当时的最高学位是硕士）。阿奎那的主要贡献就是成功地用亚里士多德哲学来诠释基督教教义，调和了两者的冲突，将哲学和神学进行了明确的区分，肯定了人类的理性，为理性的进一步发展留下了空间。阿奎那思想中的管理元素可以总结为以下几点：首先，阿奎那借用亚里士多德国家起源的理论，在神学中给予国家和政治以积极的、肯定的地位，论述了国家的管理职能，强调国家是建立在人的社会性基础之上的公共机构，目的是保护和促进人的公共幸福。在阿奎那看来，所谓的幸福并不单纯是世俗的幸福，在基督教信仰之下，幸福还意味着按照基督教教义过符合道德的生活，因此，国家的重要目的就是促成人类过上有道德的生活，为此国家需要确保道德生活的三个基本前提条件：一是社会的和谐融洽、团结和睦；二是社会是以行善为目的的；三是必不可少的物质基础。阿奎那认为，确保这三个条件的实现和发展是国家的基本职能。其次，阿奎那从神学角度对法律的管理意义进行了论述。他指出："法是人们赖以导致某些行动和不作其他一些行动的行动准则或尺度。"② 这本质是上帝的旨意，必须以实现社会的整体福祉为其真正目标。任何能通过共同的政治行动来促进和维护社会福祉的公共力量，都是合乎法的和合乎正义的，法是实现国家意志的工具。阿奎那强调，由于罕有贤明的人士，人治不可避免地会带来权力的滥用，因此，为确保政治的稳定和功效，法治是最可行的治理方式。在实践中，管理者（统治者）应该通过法律的力量而不是其他别的力量来促进公民的正义与善。在阿奎那看来，道德之善的获得正是重复那些由法律所规定的行为的结果，或者是在良法之下生活和教育的结果。最后，阿奎那在他的神学范式下，对他那个时代人们所关心的市场交换中的价格正义问题、私有财产问题和借贷关系中的正义问题等经济管理问题进行了论述。他

---

① ［古罗马］奥古斯丁：《上帝之城：驳异教徒》（中卷），吴飞译，上海三联书店，2007年版，第225–226页。

② ［意］阿奎那：《阿奎那政治著作选》，马清槐译，商务印书馆，1963年版，第104页。

提出"正义价格"理论，即认为一种商品的所值或价值就是该种商品的正义价格。阿奎那认为，正义价格不是某种确定的东西，而是一种估计的结果，是在特定地点和实践中占支配地位的现实价格，是必须由律师或神学家这类公正的人估计所决定的。这成为中世纪人们对市场上的交换价格实施管理的依据。

四、中世纪的商业与城市管理思想

随着10世纪晚期外族入侵和社会动荡趋于平和，欧洲的手工业和商业得到迅猛发展。为满足消费与交换范围不断扩大的需求，专门从事商品生产和交易的手工作坊和集市开始出现，商业活动的频繁化为古老市镇注入了新的活力，城市开始复兴并获得成长。在此背景下，专门用于规范生产活动、市场活动和城市生活的管理思想和活动开始出现，这些思想与活动的制度化表现就是行会制度、集市职员制度和城市宪章。

（一）行会制度

行会（guild），顾名思义就是行业从业者联合会或者协作会。最初，从事某一特定产品生产与买卖的商人和手工业者都大多集中在某一区域内，这样既有利于同行业的交流合作，又有利于相互监督，维持行业生产。久而久之，就形成了按不同行业进行划分的行会。在德国，最早的行会是形成于1106年的沃姆斯的鱼贩行会。为了维持本行业的正常发展，维护从业者的利益，行会形成了特定的行业管理制度，具体包括：

1. 行业从业资格。手工作坊一般由学徒、帮工和师傅三类人组成，他们之间是一种带有封建等级性质的师徒—雇佣关系。根据行会的规定，只有师傅才具有从业资格，可以独立开业经营。要成为某一行业中的一个师傅，就必须从学徒干起，经过2~7年的学徒期学习之后，升为帮工。与学徒从师学艺，无偿劳动不同，师傅要支付帮工工资。工资的形式多种多样，可以是货币工资也可以是实物工资，但工资标准却由行业规定，任何作坊不得突破。帮工升任师傅需得到行会的批准，行会对此有着严格的规定，需要举行特定的仪式。师傅是行会的正式成员，有权参加行会的大会。行会除了对本行业的师傅数量严格限制之外，还有其他的诸如财产等方面的限制。因此，要成为一名具有行业从业资格的师傅，显然不是一件容易的事情。

2. 对生产原材料的数量与质量做出规定。行会一般不集中采购各作坊生产所需的各种原材料，而是由各作坊自行处理，但是会对原材料的数量和质量进行严格的规定。如果某一作坊购买的原材料过多，那么其他的作坊可以分享这些原材料。

3. 规定作坊规模。行会对作坊的生产规模,包括作坊招收学徒与使用帮工的数量都做出了严格的规定。同时,行会还对作坊的生产时间也做出了规定:冬季最长工作时间不能超过 12 小时,夏天则不能超过 16 小时,无论冬夏,都严禁夜间生产。"这一方面是为了保证产品质量,而更重要的是限制生产者生产过多的产品造成生产者之间的不平衡。"[①]

4. 对产品的质量和数量做出规定。行会规定任何作坊不得生产质量低劣的产品,同时也不能生产过量的产品。如果产品质量低劣就得就地销毁,严禁销售;如果生产了过量的产品,则需要被处罚罚金。

(二) 集市职员制度

随着商品交易的频繁化和固定化,定期举行的集市开始出现。12 世纪以后,集市大量增加,许多欧洲城市诸如威尼斯、科隆、斯图尔桥等都有集市,国王和诸侯采取各种措施确保集市安全,并设立专门的法庭开展与集市交易有关案件的审理和各种纠纷的仲裁,同时,国王和诸侯也通过征收集市税、市场税、交易税等税金和收取租金、地皮费等费用来增加自己的经济收入。中世纪最著名的集市当属位于法国巴黎以东香槟(也译为香巴尼)伯爵封地上的香槟集市。香槟集市轮流在特鲁瓦、拉尼、普罗文斯和巴尔四座城市举行,每个集市持续一个半月,特鲁瓦和普罗文斯的集市则各举行两次。所以,除了非常短暂的间断之外,整个香槟地区可谓全年集市不断。

为了加强对集市各项活动的管理,香槟集市发展出了一种集市职员制度,具体包括:1. 集市监督员。一般为 2~3 人,负责集市的司法、维持秩序和公布管理法令。2. 集市书记员。又被称之为监督助理,起初只是在市场监督离职时暂时代替监督行使职权,以后逐渐成为集市的真正管理者。3. 集市监印官,也被称之为秘书。主要职责就是把香槟伯爵的印信加盖到集市期间所签订的一切重要契约上。4. 集市警卫官。职责是维持集市的秩序与安全并监督各种命令的执行。除此之外,香槟集市还设有集市法庭,用于调节各种纠纷,裁决相关案件。集市法庭是一种上诉法院,从这里可以上诉到国王的最高法庭。

(三) 市政管理思想

城市是古罗马文明的标志,被北方蛮族入侵所毁灭的城市,在 10~11 世纪时随着商业的兴起得以复苏,并被赋予了新的时代特征,成为欧洲新的政治、宗教或经济中心。"宗教、商业与城市政府并存在城墙以内,但是把城市改变为

---

① 高德步、王珏:《世界经济史》,中国人民大学出版社,2001 年版,第 156 页。

欧洲的经济中心，并让城市第一次只依靠商人和工匠的活动生存下来的，则是其商业活动。"① 因此，城市成为商人们的聚居地，商人是城市居民的构成主体。随着商业的发展和商人经济实力的壮大，城市居民逐渐掌握了更大的影响封建领主的力量，通过从封建领主那里获取"自由特许令"（freedom charters），又被称为"城市特许令"（urban charters）的方式，城市居民获得了能够在一定程度上保障商人利益，促进贸易发展的特权：蠲免税负，获得一定的行动自由，拥有城镇财产而无须履行相应职责，以及自治的自由。这一趋势的进一步强化，使城市开始向着"城市自治体"（commune）转变，拥有自己的政府、法庭、税务机关等。欧洲城市的这一转变，具有重要的意义。"城市的兴起，论过程，是演进的；但论结果，是革命的。长期的聚居、共同的利益和共同的经验终于在居民中间养成了一种强烈的共同意识，即反映在以和平方式要求领主，不论是男爵、主教或主持，承认城市为一个自治社会。如果这项要求被拒绝，就以暴力方式来反抗封建权力并要求宪章的自由。"② 一个自由的、自治的市民社会的城市，是早期中世纪欧洲未曾有过的一种新的政治和社会有机体，通过"城市宪章"实施着有效的市政管理。市政管理的思想在"城市宪章"中得到体现，具体包括③：

第一，人身自由。在欧洲许多城市的"自由特许令"中明确给予市民人身自由，免除封建性质的人身依附关系和作为农奴标志的结婚税等税负。有的城市虽然没有做出明确的规定，但严格遵循着惯例，给予从领主的领地逃到城市满一年零一天的农奴以人身自由并加以保护，领主不能强制逃亡农奴返回领地。

第二，土地自由。虽然城市的土地在法律上属于领主的财产，但城市居民可以通过缴纳一定货币地租的方式获得土地的使用权，而不负担沉重的劳役和其他封建义务。尽管城市土地的使用者在法律上并不具有所使用土地的所有权，但却拥有处分土地的自由，可以将土地出售、抵押、转让或者转租。

第三，司法独立。大部分城市的"自由特许令"都规定，市民只能由城市的司法机关审判，从而确保了城市的司法独立，使司法从封建的领主审判权下解放出来。在城市中通行的是从城市习惯逐渐演变而来的适应工商业的城市法。城市法庭的法官一般通过选举产生，大部分由商人或者其代表担任。

---

① ［美］朱迪斯·M. 本内特：《欧洲中世纪史》，杨宁等译，上海社会科学院出版社，2007年版，第181页。

② ［美］汤普逊：《中世纪经济社会史》（下册），耿淡如译，商务印书馆，1963年版，第501页。

③ 参见高德步、王珏的《世界经济史》，中国人民大学出版社，2001年版第163页的相关内容。

第四，财政自由。城市与封建领主约定，通过以每年向领主缴纳固定数额经费的方式，以取代领主所拥有的对城市征收市场税、法庭罚金、任意税以及地租等各种税费的权利。

第五，贸易自由。城市被允许定期举行市场或集市贸易，城市居民经商免交市场税。但这种税金的蠲免只针对本市居民，外来商人仍要缴纳各种税费。

第三节 文艺复兴时期的管理思想

一、文艺复兴运动及其对管理思想发展的影响

中世纪的西欧社会相对稳定，从 10 世纪到 14 世纪，经济稳步增长，新的社会因素不断孕育生长。到 14 世纪，在佛罗伦萨、威尼斯、热那亚等地中海沿岸城市，已经出现了欧洲最早的资本主义生产关系。"在十四和十五世纪，在地中海沿岸的某些城市已经稀疏地出现了资本主义生产的最初萌芽。"[①] 这些城市的资本主义经济主要是工场手工业，其组织和生产经营都达到了一定的规模，并且成立了行会组织。在同各级封建主贵族结盟共同反抗教会统治，争取各自利益的过程中，城市资产阶级逐渐壮大成为一股新的力量，登上历史舞台。拉开新兴城市资产阶级冲决罗网，反对教会的斗争帷幕的，是一场名为"文艺复兴"的思想解放运动。文艺复兴运动是西方社会从传统社会走向现代社会的转折点。

"文艺复兴"（Renaissance）一词源于意大利语"Rinascimento"，本意为再生或复兴，一般以 14 世纪比特拉克开创的人文主义作为文艺复兴运动的开端。由于 1453 年拜占庭帝国覆灭，大批熟稔古希腊文化的学者逃亡至西方各地，为正在进行中的思想解放运动带来了新的养料，将文艺复兴运动推向一个新的高度，波及欧洲各国，至 16 世纪时达于鼎盛。文艺复兴运动高举人文主义（humanism）旗帜，强调以人为本位，树立对人类尊严和创造力的信心，强调以人的本性作为判断是非的基本准绳，倡导人的意志自由和个人的自由发展，鼓励个人的命运由自己掌控，批评禁欲主义，肯定与赞美人的世俗生活与现实享受，反对蒙昧主义，提倡世俗教育与科学技术。文艺复兴撼动了教会对人们思想的控制，带来了人们思想的觉醒与解放，激发了人们发现自身能力、改善现实生活、探索宇宙奥秘的激情与创造力。解放、传承与创新成为时代的主题，在不同领域涌现出了一大批诸如哥白尼、伽利略、达·芬奇、但丁、马基雅维利、

---

① 马克思：《资本论》（第 1 卷），人民出版社，1975 年版，第 784 页。

莫尔等划时代的人物，推动着教育、文学、艺术、哲学、科学的全面革新与发展，形成了一股强大的社会思潮，为新兴资产阶级的经济进步、政治变革与社会发展廓清了思想的障碍，提供了强大的精神文化力量，深刻改变了欧洲乃至整个世界的面貌。恩格斯在评价文艺复兴的历史意义时指出，"这是一次人类从来没有经历过的最伟大的、进步的变革。这是一个需要巨人并且产生了巨人的时代，那是一些在思维能力、激情和性格方面，在多才多艺和学识渊博方面的巨人。"[①]

文艺复兴运动是西方社会发展到一定历史阶段，经济基础和上层建筑矛盾运动的结果，是资产阶级的一次思想运动，给整个西方思想界带来了全方位、多层次的深刻影响。文艺复兴运动对管理思想发展的影响，具体而言，表现在如下方面：

1. 文艺复兴高扬人文主义大旗，把理性、个人自由和追求个人幸福看作是人类普遍的、永恒的本性，强调人类无须再担忧与祈求上帝的裁判，只需要发展自己与生俱来的潜力，尤其是理性的能力，就能掌握自己的命运。文艺复兴运动为把人从匍匐在上帝和教会脚下的赎罪者解放和还原为独立自主的人提供了强大的精神力量，重新审视和肯定了人的地位和价值，在西方世界掀起了争取个人解放、实现个人独立的浪潮。从管理学的角度来看待这一人的解放过程，其意义十分重大。现代管理活动是以独立个人的理性为基础，没有人的人格独立和理性觉醒，管理活动无法有效开展，实现目标，管理学也缺少必要的研究对象。"文艺复兴中人文主义者对人类自身潜在的价值和尊严有着坚定的信念。显然，个人是用于分析和研究组织和管理的一个基本单位。"[②] 从这个意义上看，"如果没有人性的解放就不可能进入到科学管理和现代管理的时代"[③]，文艺复兴运动为现代管理实践的到来和科学管理思想的形成做了重要的准备。

2. 文艺复兴运动在尊重个人、解放个性的同时，也引发了学者对中世纪经院哲学所描述的世界的怀疑，激起了他们用新的方法和手段，探索现实世界的热情与创造力。学者们不再透过经院哲学和穆斯林哲学认识与改造世界，他们直接从古希腊第一手资料中获得认识与改造世界的武器，努力创造尽可能与古典时代生活方式相似的新的生活方式。柏拉图、亚里士多德的哲学，欧几里得（Euclid，公元前 330—前 275）和阿基米德（Archimedes，公元前 287 年—前 212）的数学和物理学，希波克拉底（Hippocrates，公元前 460—前 370）和加仑（Galen，129—199）的医学等古希腊的知识，为文艺复兴时代的学者们提供

---

① 恩格斯：《自然辩证法》，人民出版社，2018 年版，第 9 页。
② 于光等编：《西方管理史》，武汉理工大学出版社，2005 年版，第 52 页。
③ 郭咸纲：《西方管理思想史》，北京联合出版公司，2014 年版，第 24 页。

了源源不竭的精神养料，支持着学者们在古希腊先贤的肩膀上看得更高、走得更远。在此过程中，哥白尼（Copernicus，1473—1543）始终坚持透过现象把握事物本质的唯物主义认识论，通过天体观测与计算研究，提出了著名的太阳中心说，推翻了作为当时权威的托勒密（Claudius Ptolemaeus，90—168）地球中心说，这在从根本上动摇经院哲学世界观与方法论的同时，也开创了近代科学时代。科学，"通过实践和观察发展起来并引起进一步实践和观察的一系列互相联系的概念系统"[1]，从此逐步成为人们认识宇宙，改造世界，推动历史进步的有力工具。能否掌握和使用科学这一工具，实现认知与实践过程的科学化，就成为衡量人类文明程度与生产力水平的重要标志。从这个意义上而言，文艺复兴运动催生了科学时代的到来，科学在提升与改进管理实践效能的同时，也为探索管理规律，总结管理知识，形成管理的科学思想体系提出了要求，创造了可能。可以这样说，文艺复兴运动为管理思想开启了通向科学管理理论的大门。

3. 作为资产阶级思想解放运动的文艺复兴，为资本主义生产方式及其上层建筑在西方世界的最终确立，卸下了沉重的中世纪思想枷锁，奠定了新的以人文主义为核心的精神基础。欧洲社会以文艺复兴的思想解放为先导，开启了后续相继进行的经济、政治与社会革新与革命过程，最终使资本主义制度及其生产方式在同封建制度及其生产方式的较量中胜出，在解放与发展社会生产力的同时，促进了新的不同于封建制度下行会和家庭包工制（domestic system）的社会化程度更高，类似于今天公司形式的生产方式和生产关系。为满足资本主义制度下不断扩大的市场与产品需求，生产的规模也逐步扩大，如何对规模不断扩大的工厂中人、财、物进行分配与组织，确保生产的有序化和高效化就成了摆在各工厂主面前的新的管理问题。正是对这一问题的不断探索，推动着管理思想的进步与发展，并最终走向了科学管理的时代。因此，可以这样说，文艺复兴运动为管理思想的发展与进步提出了新的实践课题。

二、马基雅维利的管理思想

尼科洛·马基雅维利（Niccolò Machiavelli，1469—1527，又译为尼科洛·马基雅弗利）出生于文艺复兴时期意大利佛罗伦萨的一个贵族家庭，是意大利文艺复兴时期著名的思想家和政治家。马基雅维利的一生受梅迪奇家族在意大利政坛进退的牵引而跌宕起伏，生活中的挫折困顿与所闻所见的各种政治腐败、社会不公和道德沦丧，激发了马基雅维利不断思考振兴国家与挽救社会的方法

---

[1] [美]斯塔夫里阿诺斯：《全球通史》（下卷），吴象婴等译，上海社会科学院出版社，1999年版，第244页。

与途径。他不循前人旧辙,独辟蹊径,注重实际情况,坚持从人性与历史、现实的经验出发研究问题,使自己的研究带有了鲜明的经验主义特征,成果丰富。主要著作有:《君主论》《李维史论》《佛罗伦萨史》《战争的艺术》等。恩格斯赞誉马基雅维利是"政治家、历史编纂学家、诗人,同时又是第一个值得一提的近代军事著作者"[1]。马基雅维利在对现实政治生活与社会问题不断思考的过程中,逐渐形成了具有自身鲜明特点、对后世影响巨大的管理思想。其主要内容为:

(一) 人性论

马基雅维利的人性观,是他全部理论的根基,贯穿其学说的始终。他认为,人性本善的观点理论上虽然非常人道,但经由现实经验的观察,就显得荒谬。他认为人性本恶,人们自私自利,相互嫉妒,贪得无厌,背信弃义,彼此争夺,而且本恶的人性就如同天空、自然现象和太阳一样永恒不变。从人性本恶论出发,马基雅维利进一步论证了管理的必要性。他认为,追求财富和权力是人的基本欲望,是人性的自然流露;欲望是无止境的,但财富和权力却是有限的。人们为了满足自身的欲望,必然相互争夺有限的财富与权力。如果任凭人的本性发展,将会造成一个相互争夺、彼此伤害的混乱局面。因此,需要一个强有力的管理者采取强制手段来进行管控。他反对恃强凌弱,认为只有维护秩序才能避免这一局面的出现。马基雅维利的人性论对后世管理学的影响深远,以人性论为基础所衍生的"马基雅维利主义"成为后世管理学者研究与探讨"领导者特质"和管理心理等问题时绕不开的话题。

(二) 管理的原则

马基雅维利是在向当时佛罗伦萨的统治者小洛伦佐建议如何巩固其统治地位时,对管理原则进行了阐述说明。马基雅维利认为,管理是一门如同医生的技艺一般的艺术,有具体原则可以遵循。第一是实效原则。凡是有利于维持管理者地位以及巩固权力的事情都是可行的,为了达到目的可以不择手段,管理者要以道德为伪装,但不能受道德的束缚。马基雅维利指出,虽然一个遵从道德、完美正直、诚实守信的管理者值得称道,但现实中胜出的管理者往往是那些背信弃义、不守道德约束的人。因此,马基雅维利强调,管理者要保持自己的地位和权力,实施有效管理,就必须知道怎么做有违道德的事情,并必须知道在什么具体情况下从事非道德活动。第二是实力原则。马基雅维利主张管理

---

[1] 《马克思恩格斯文集》(第9卷),人民出版社,2009年版,第409页。

者应该注重实力，依靠强制力，以确保制度的有效实施。他认为，管理者应该利用制度进行管理，在制度的约束之下，被管理者将表现的坚定、文雅和精明。但马基雅维利同时也指出，由于人具有贪婪的本性，制度有时候在人的本性与欲望面前也会显得无力而失效，为此，制度的有效实施必须以强制力作为后盾。第三是畏惧原则。马基雅维利认为被管理者对管理者的认可与顺从，即所谓的"民心"对于管理来说至关重要。为了争取民心，管理者需要被管理者保持对自己的畏惧，极力避免被管理者对自己的憎恨。"最好不过的堡垒就是不要被人民憎恨。因为即使你拥有堡垒，如果人民憎恨你，任何堡垒都保护不了你。"[①]为了避免招致憎恨，马基雅维利认为，管理者应该亲自做那些有实惠于被管理者的事情，那些得罪被管理者、不得人心的事情则应该利用其他人去做。

（三）管理的方法

马基雅维利在阐述管理原则的基础上，也提出了一些具体的管理方法。一是暴力与欺骗相兼。马基雅维利认为，管理者在实际管理过程中应该同时效法凶猛的狮子和狡黠的狐狸，既要凶猛又要狡黠，善于采取暴力和欺骗相结合的方法。二是效法前人。马基雅维利充分肯定前人的智慧与经验，强调历史的现实价值，认为管理者要熟谙历史，向古代伟大人物虚心学习，古为今用，借鉴他们的作为与方法。三是善于选人用人。马基雅维利认为，管理者选人用人的能力与水平是体现管理者管理水平的重要标志，只有明智的管理者才能做到身边的人都是有能力并且忠诚的。他总结出管理者甄别下属的一条经验，即如果下属考虑自己甚于考虑集体，在一切行动中只顾个人利益，那么这个下属绝对不可能是一个称职的下属。四是虚听谏言。马基雅维利认为管理者应该广开言路，兼听则明，保持清醒的头脑和准确的判断，不致昏聩。因此他建议管理者应该选拔一批忠诚的有识之士，让他们享有言论的充分自由，使管理者能听到不同的声音与意见，避免谄媚与闭塞。

三、莫尔和康帕内拉的管理思想

在文艺复兴时期，当大多数学者正在为新兴资产阶级登上历史舞台扫清思想障碍做理论准备的时候，一些学者已将目光聚焦在刚刚出现的资本主义所暴露的种种弊端和引发的各种问题上，对新生的资本主义制度开展了初步的反思与批判，形成了代表早期无产阶级要求的空想社会主义思想。马克思和恩格斯

[①] [意]尼科洛·马基雅维利：《君王论》，潘汉典译，商务印书馆，1985年版，第104页。

认为这一思想"在无产阶级还很不发展、因而对本身的地位的认识还基于幻想的时候，同无产阶级对社会普遍改造的最初本能的渴望相适应"。① 这一时期的空想社会主义思想代表人物是英国的托马斯·莫尔（Thomas More 1478—1535）和意大利的托马斯·康帕内拉（Tommaso Campanella 1568—1639）。

（一）托马斯·莫尔的管理思想

托马斯·莫尔出身于英国伦敦一个富裕的知识分子家庭，父亲是一名律师。莫尔自幼受到良好教育，1492 年进入牛津大学学习，后遵父命，师从有经验的律师学习法律，成为一名有名的律师。莫尔一生担任过英国议会议员和大法官等职务。1535 年，莫尔因反对亨利八世的宗教改革，拒绝宣誓拥护亨利八世出任英国国教首领而被处死。莫尔在 1516 年一次出访荷兰时完成了其代表作《关于最完美的国家制度和乌托邦新岛既有利又有趣的金书》（简称《乌托邦》）。该书某种程度上受到柏拉图思想的影响，并模仿《理想国》的对话体裁，以游记的文学形式揭露了正在勃兴的资本主义社会的种种弊端，构想了一个美好未来社会（乌托邦）的蓝图。莫尔的管理思想正是在批判资本主义制度和设计未来理想社会的过程中展现出来的。莫尔深刻揭露了私有制给社会带来的各种问题与罪恶，认为私有制是造成社会不公的元凶。由于私有制的存在，社会分裂为食利者和生产者两个群体，而国家无非是"富有者的狼狈为奸"；只有废除私有制，财富才能得到公平的分配，人类也才有福利和幸福。莫尔构想了乌托邦以公有制和共同劳动为基础的经济与行政管理方式。在经济管理上，莫尔设想，在乌托邦的城市中，有若干个以户为单位的工场作坊，每一户由 10~16 个成年人组成，从事某一项专门的产品生产；国家按照按需分配的原则，对产品进行分配；国家统一调度劳动力资源，实行 6 小时工作制，其余的时间从事科学、艺术等活动。在行政管理方面，莫尔主张用民主的方式选举政府官员，按民主的方式治理国家：在乌托邦中，全体人民具有选举权和被选举权，一切权力机关都是选举产生的；除了最高执政官实行终身制外，所有公务人员由每年一次的选举产生。

（二）托马斯·康帕内拉的管理思想

托马斯·康帕内拉出生于意大利南部的喀拉布里亚斯提罗城，15 岁时进入多明我修会修道院学习神学。在修道院中，他接触到了古希腊自然哲学，对被经院哲学家歪曲了的亚里士多德哲学观点产生了质疑，并转而研究柏拉图的著

---

① 《马克思恩格斯选集》（第 1 卷）、人民出版社 2012 年版，第 432 页。

作和特勒肖的唯物主义哲学。因反对西班牙对南意大利的占领，1599年康帕内拉参与了反对西班牙占领当局的秘密起义。起义失败后，康帕内拉在狱中度过了27个春秋，并完成了大量著作，其中体现康帕内拉管理思想的《太阳城》就是其中之一。同《乌托邦》一样，《太阳城》也是一部体现空想社会主义思想的著作，康帕内拉的管理思想体现在其对太阳城经济、行政管理与社会管理的构想中。在经济管理方面，太阳城实行公有制，每个公民都是社会的公仆，在国家统一指挥和安排下从事劳动生产和其他工作，实行4小时工作制，其余时间用于科学研究和体育运动。国家在手工工场安排专门的监督人员，监督所生产的产品是否符合社会的需要。国家根据按需分配的原则进行产品的分配，并由政府监督以防止公民提出过量需要。在行政管理方面，太阳城最高的统治者由一名哲学王担任，并配有三名助手。哲学王和三名助手实行终身制，其他的政府成员则由选举产生。太阳城设有人民会议，用于监督政府工作，并可以提出罢免除哲学王和三名助手之外的所有政府工作人员的要求，并提出候选人。在社会管理方面，太阳城的居民共同生活在公有的建筑物中，在公共食堂集体就餐，没有家庭，居民的婚姻由政府安排，结婚所生的子女由社会统一教养。

第二章 古典管理理论的产生与发展

随着科学革命、工业革命和产业革命的相继到来，人类认识世界与改造世界的方式发生了根本性变革，生产力的提高，新的劳动组织方式的出现，组织间竞争的加剧以及科学的研究方法的日益成熟，这一切极大地促成了管理研究逐步走向科学化。泰勒的科学管理理论开启了管理思想科学化的新时代，标志着管理学的诞生。管理学学科史通常将由泰勒所开创的这个管理理论新阶段称之为古典管理理论时期或传统管理理论时期。这一时期的理论以弗雷德里克·泰勒（Frederick Winslow Taylor）的科学管理理论、亨利·法约尔（Henri Fayol）的管理职能理论和马克斯·韦伯（Max Weber）的管理组织理论为代表。

第一节 古典管理理论产生的基础

人类社会的思想很少有全新的，古典管理理论也一样；它是在总结和吸收前人管理思想的基础上，结合时代需要和条件产生和发展的。中世纪后期，西方社会所孕育的现代性基因，在宗教革命、文艺复兴、地理大发现、科学革命等一系列事件的交互影响下被彻底激活，欧洲社会逐步摆脱了中世纪的各种藩篱，走进了现代社会的大门。在这一过程中，一种新的生产组织方式——工厂制——现代社会化大生产的社会组织形式随着工业革命的发生而出现。正是工厂制的出现，为管理提出了时代之问：如何使社会化的大生产更加有序和有效？管理学百年的发展，正是围绕这一"时代之问"，按照不同的逻辑展开的。工业革命及其随后的时间里，人们为回答管理的"时代之问"所开展的早期探索与思考，为古典管理理论的产生奠定了坚实的社会基础、实践基础和思想基础。

一、古典管理理论产生的社会基础

历史学学家通常以1776年詹姆斯·瓦特（James Watt，1736—1819）发明的蒸汽机在生产领域（制铁厂）的应用为工业革命发生的标志。工业革命的本质是以机械力取代人力、畜力、风力、水力以及其他自然动力资源的过程。随着这一过程的展开，传统农业社会逐步向工业社会转型。"工业革命是否让英国人有了绝对或相对意义上更多更好的衣食住行，这自然是每个历史学家所感兴趣的。但假如他忘记，那不但是一个加减的过程，而且是一场根本性社会变革，那就会错失问题的要害。"① 从阶段特征上看，工业革命是由两个先后相续但各有重点的阶段所组成的。其中，第一阶段（1770—1870）是以英国为策源地，以蒸汽机的使用、生产机器的改进与发明以及工厂制度的出现为主要成就。恩格斯认为这一阶段的工业革命的成就与意义在于，"分工、动力特别是蒸汽机力的利用、机器的应用，这就是从18世纪中叶起工业用来撼动旧世界基础的三个伟大杠杆"②。第二阶段（1870—1914）是以美国为主要策源地，这一阶段，科学在推动生产进步中的作用日益重要，并且大量有助于实现大规模生产的技术被不断发明使用。"正是在1870年前后，出现了两个重要的发展——科学开始大大影响工业，大量生产的技术得到改善和应用。"③

不同阶段的工业革命对古典管理理论形成的影响是不同的。具体而言，第一阶段的工业革命的直接成果就是促成了工厂制度——更多的陌生人在更大的陌生劳动场所使用机器进行分工合作——的出现。正如现代管理学家所指出的："新兴的工厂体制提出了不同以往的管理问题。教会能够组织和管理其财产，是因为教义以及忠诚信徒的虔诚；军队能够通过一种严格的等级纪律和权威来控制大量人员；政府官僚机构能够在无须面对竞争或获取利润的情况下运转。但是，新工厂体制下的管理者无法使用上述任何一种办法来确保各种资源的合理使用和配置。"④ 总之，工厂体制的形成和发展一方面由于技术和资本的集聚，使得大规模生产成为可能，而且激烈的市场竞争使得建立更具竞争力的工厂成为紧迫的任务；另一方面，工厂体制下扩大化的生产规模对管理者提出了新的亟待解决的问题，其中最为现实与紧迫的问题就是如何使那些曾经习惯于传统农业生产条件下分散劳动的个体劳动力转化为能适应工厂体制下机械化集体分工合作的劳动力。这一问题既涉及如何招募、培训和激励工人，也涉及为工厂选择与培养合格管理者的问题。总之，第一阶段的工业革命给管理带来的最为直接与紧迫的任务就是如何使工厂中大量劳动力迅速地实现"工业化"，以适应社会化机器大生产的需要。

---

① ［英］埃里克·霍布斯鲍姆：《工业与帝国：英国现代化历程》，梅俊杰译，中央编译出版社，2016年版，第72页。

② 《马克思恩格斯选集》（第2卷），人民出版社，2012年版，第300页。

③ ［美］斯塔夫里阿诺斯：《全球通史》（下卷），吴象婴等译，上海社会科学院出版社，1999年版，第291页。

④ ［美］丹尼尔·A.雷恩：《管理思想史》（第5版），孙健敏、黄小勇、李原译，中国人民大学出版社，2009年版，第48页。

工业革命在美国转入到第二阶段之后，由于科学与新的生产技术在社会经济各方面各环节的大量应用，社会生产力极大提高，生产规模更加扩大，出现了像卡内基钢铁公司、洛克菲勒石油帝国以及横跨北美大陆的铁路网等的大型和超大型企业组织。在日益激烈的市场竞争下，工厂劳动力"工业化"的问题并没有得到有效解决，在组织规模日益大型化、组织结构日益复杂化、组织竞争日益加剧化的情况下，这个问题有时甚至超出工厂的范围，成为社会问题——尖锐的劳资冲突，经常发生的工人罢工以及广受社会诟病的童工使用等。因此，这个阶段最能引发人们关注与研究兴趣的问题就是大型组织的管理问题。

这是工业革命第二阶段后，人们第一次面临的亟待解决的全新问题。总之，工业革命创造了一种全新的社会环境，产生了与以往不同的管理问题，工厂需要在一种充满激烈竞争的条件下进行生产和创新，从而激发了对增长和只能从大规模生产和分配中获得经济性的强烈需求。虽然同期的管理者和学者对解决工业革命所带来的问题进行了理论和实践的初步探索与尝试，取得了一定的成绩，但只有当以科学管理理论为主要代表的古典管理理论产生之后，才能真正从科学的视角，以科学的方法对这些问题给出系统的答案，提出有效的解决方案。

二、古典管理理论产生的实践基础

为因应工业革命后新兴的工厂体制所带来的各种现实问题，一些具有远见的企业主利用自己的知识或聘请专业人才，在自己的企业开始了初步的管理改革与实践，为科学管理理论的产生积累了一定的实践经验。其中的杰出代表有瓦特和博尔顿在索霍工厂的管理实践，罗伯特·欧文在苏格兰新拉纳克工厂的改革实验以及丹尼尔·克雷格·麦卡伦在纽约—伊利铁路公司的改革实践。

（一）索霍工厂的管理实践

索霍工厂是由蒸汽机的发明者詹姆斯·瓦特和其商业伙伴马修·博尔顿（Matthew Boulton，1782—1809）于1796年在英国伯明翰合伙投资建立的蒸汽机制造工厂。瓦特天才的创造能力加上博尔顿敏锐稳健的商业头脑，让两人的合作不仅拉开了工业文明的序幕，而且他们在索霍工厂中进行的系统性管理探索实践，也远远走在了那个时代的前列，堪称现代管理实践的先驱。具体来看，瓦特和博尔顿在索霍工厂推行的管理举措由如下几个方面组成：一是以市场需求为导向，进行产品开发与生产；二是实施标准化生产，制定生产工艺流程、机器作业规范和产品部件要求的标准，严格按标准操作；三是以工作研究为基础，实行职务分类管理，将生产工种划分为钳工、车工和一般工人等不同类型，实施分类管理；四是完善会计制度，加强成本控制与利润管理；五是强化工厂内部控制，降低工厂生产运行成本；六是根据产品生产的不同情况，实行分类计件工资制；七是推行职工福利制度，改善职工的生产生活条件，缓和劳资冲突，提高工人生产的积极性。

从上述的管理措施可以看出，索霍工厂在工业革命之初所施行的某些管理措施与方法已经有了现代工厂管理的影子，甚至某些制度如成本核算制度比现代许多成功的企业所采用的制度更为先进。就此有学者指出："不论是泰勒、福特，还是当代众多管理专家所面对的任何管理事务，都能在1805年以前的索霍工厂的管理实践中发现。"[①] 之所以有如此情况，除了瓦特和博尔顿卓越的管理才能使然之外，也因为工业社会中的管理所具有的某些共性问题，其本质并不会因为时空的改变而发生变化。正因为如此，历史经验与价值在现代管理实践中才愈加重要。

（二）罗伯特·欧文的管理实践

作为一名成功企业主的罗伯特·欧文（Robert Owen，1771—1858），是工业革命后把人的因素视为管理过程的核心的第一人。他试图阻止工业资本主义的前进浪潮和他所看到的这次浪潮中的罪恶，并且号召在社会重组的基础上建立一种新的道德秩序。他坚持认为，人类是环境的产物，人类只要通过教育使道德得到新的武装，才能摆脱环境的影响，因此人只有在良好的物质和精神环境下，才能形成良好的品格。正是秉持着这一对道德的理解与认知，凭借早期在曼彻斯特工厂中所积累的管理经验，欧文于1795年在苏格兰同朋友合伙建立了新拉纳克（NewLanar）工厂，并在那里实施了以工人为中心的管理改革。欧文的管理举措主要包括以下三个方面：一是以具有社会救济性质的方式雇佣童工以缓解当时企业普遍面临的劳动短缺问题，与此同时，给予贫困儿童基本的生活保障。欧文先后从济贫局中雇用了400~500名乞丐儿童到工厂从事学徒工作。这些儿童每天在工厂中工作13个小时，包含75分钟的用餐时间，这些儿童的生活和工作条件得到了持续改善。二是以道德说服和劝告为主要方式，培养工人的自律意识，解决工厂监管与纪律维护问题。欧文发明了一种叫做"无声监控器"的特殊设备，用于维持工厂纪律。欧文在工人操作的每台机器旁边都悬挂一块四面分别涂成黑色、蓝色、黄色和白色，分别表示当天工作成绩由低到高四种状态的木头。每天下班后，管理者将计算和转换工人当天工作的分数，并将木头上涂着相应颜色的那一面对着走廊，以此形成良好的竞争氛围，

---

① 郭咸纲：《西方管理思想史》，北京联合出版公司，2014年版，第51页。

激励工人更好工作。"这的确是现代管理中公布销售和生产数据以树立部门自豪感或鼓励竞争的一种雏形。"① 三是重视对工厂劳动者的培训，提高劳动者技能。欧文对当时大多数企业主重视机器设备，进行大量投资而忽视劳动力投资的做法提出了质疑。他认为，"用于改善劳动力的金钱'不是使你的资本增加 5个、10 个或者 15 个百分点，而是经常增加 50 个百分点，而且在很多时候是增加一倍'。"② 新拉纳克工厂骄人的财务记录充分证实了欧文的论断。四是以工人社区建设为重点，改善工人福利待遇。欧文致力于以工厂为中心的社区社会改造，提高工人劳动素质，改善工人待遇，为工人子女创办幼儿园，建立公共食堂、医院，对新拉纳克的学校进行教育改革，为工人建立业余时间俱乐部，丰富工人业余文化生活。

（三）丹尼尔·克雷格·麦卡伦在纽约—伊利铁路公司的改革实践

丹尼尔·克雷格·麦卡伦（Daniel Craig Mccallum，1815—1878）出生于苏格兰，7 岁时随家人移民美国，在纽约州罗彻斯特接受了基本学校教育之后，靠着个人的自学和不断的努力，最终于 1854 年成为了纽约—伊利铁路公司的总管。在麦卡伦就任公司总管的那个时候，铁路已经成为美国的第一大行业，但当时的铁路管理技术和水平与这一全国第一大行业的地位极其不相称，秩序混乱、事故频发、效率低下是时人对铁路公司的固有印象，如何着手对铁路公司管理进行改革，更新人们的印象就成为摆在麦卡伦面前的当务之急。麦卡伦认为，铁路公司要实现系统化的高效管理，需要良好的纪律、详细具体的工作描述、定时准确的绩效报告制度、基于价值的报酬和晋升制度、一种权责明确的上下级权力结构以及整个组织中责任和义务的履行。为此，麦卡伦从四个方面对纽约—伊利铁路公司的管理进行了改革。首先是实施等级分类管理。麦卡伦根据工人承担任务的不同来划分和确定工人的等级，并要求不同等级的工人穿戴能标识其各自等级的特定制服，以便于管理。其次是建立全面的规章制度，以规范操作要求，落实岗位责任，使每一个公司成员都切实担负起各自的职责。再次是明确组织结构，强化权力运行的集中统一。麦卡伦用树状图的形式，形象地标识出了公司权力和责任的结构与层次、各个业务部门的劳动分工以及报告和控制的传达路径。以此直观的方法，使公司内部知晓公司各部门的职责及其权力运行方向，确保了公司内部的职责明晰与权力的高效统一运行。最后，

---

① [美] 丹尼尔·A. 雷恩：《管理思想史》（第 5 版），孙健敏、黄小勇、李原译，中国人民大学出版社，2009 年版，第 73 页。

② [美] 丹尼尔·A. 雷恩：《管理思想史》（第 5 版），孙健敏、黄小勇、李原译，中国人民大学出版社，2009 年版，第 74 页。

麦卡伦还利用当时先进的通信基础,对铁路运行实施信息化管理,确保铁路运行更加安全,内部控制更加精准,决策更加可靠和及时。尽管随着铁路公司的发展、活动地域的分散以及公司所有权和管理权分离等因素不断出现,铁路公司的管理面临新的系统化的现实挑战,但在卡麦伦及其追随者的不断努力下,铁路这一美国当时最大的行业还是为系统化管理的实践和理论做出了卓越的贡献,给予了美国乃至世界其他地方日后所出现的大型组织的管理极富借鉴价值的启示。不论是索霍工厂以秩序和生产效率为目标的管理探索,还是欧文以人为中心从而开创西方"人事管理"先河的管理实践,乃至麦卡伦为因应大型组织管理需要而构建的系统化管理方法与机制,都根据各自组织的实际情况,抓住了工业革命后不同阶段组织管理的关键问题,做出了符合那个时代实际情况的最先进的解答和应对,为之后的管理实践及理论探索积累了宝贵的实践经验。

三、古典管理理论产生的思想基础

面对工业革命后工厂体制下各种新的管理问题,查尔斯·巴贝奇、威廉·杰文斯、亨利·瓦农·普尔等一大批亦商亦学的学者,在充分学习吸收亚当·斯密、让·巴蒂斯特·萨伊、大卫·李嘉图等人的古典政治经济学思想的基础上,借助当时数学、物理学等自然科学和工业技术的最新成果,为解决工厂管理的现实问题,提出了大量富有价值的观点与思想,刺激和启发了之后的科学管理理论。

(一) 查尔斯·巴贝奇的管理思想

查尔斯·巴贝奇(Charles Babbage,1792—1871)是一位性格暴躁但颇具天赋的数学家、发明家,也是弗雷德里克·温斯洛·泰勒(Frederick Winslow Taylor)之前对科学管理理论的产生最具影响的先驱人物,泰勒科学管理理论的某些内容可以在巴贝奇的管理思想中找到源头。巴贝奇对管理思想发展贡献最大的地方在于,他将科学的研究方法引入管理问题的研究,提升了管理研究的科学化程度与水平。他发明了一种被他称为"观察制造厂的方法"的系统研究方法,用于观察、记录、分析和描述工厂中的各种机器的操作、所涉及的技能种类和每一道工序的成本等问题,并提出相应的改进意见和建议,从而第一次为管理的研究确立了科学的程序,增强了研究结论的可靠性。巴贝奇对管理所做出的贡献体现于以下几点。首先,巴贝奇在继承亚当·斯密等古典经济学家关于分工有利于提高工人劳动生产率的观点的同时,更进一步强调,按各种工序的技艺难度和费力程度雇用工人,可有效降低生产成本,突出了分工对节省生产成本的作用。其次,在人事管理方面,巴贝奇秉承着一种和泰勒 75 年之后所倡导的"雇主与雇员两者的真正利益是相同的也是一致的"[①] 相近似的观点。他认为,"工厂的繁荣和成功对工人的福利至关重要……毫无疑问,工人们,作为一个阶级,会因为雇主的富裕而获益"[②]。因此他提出了所谓的"利润分享计划",即工人们在获得一份基于他们所承担任务的性质的固定工作的基础上,还可以通过委员会的决定,以获得一份因为生产中的节约行为而获得的奖金。巴贝奇认为"利润分享计划"的好处在于可以使每个工人都有防止浪费和不当管理的强烈动机,使他们感受到自己的切实利益与工厂的繁荣密切关联,因此工厂的每个部门都会得到改进,工人之间也会形成一种自发氛围,对那些造成浪费或生产技术不佳的工人形成压力,促进其改变。而最为重要的是,"利润分享计划"使雇主与雇员的利益保持了一致,在一定程度上可以化解工人的反抗与罢工,有利于雇主和雇员走向共同合作。最后,巴贝奇较早地意识到创新、"独创性"对一个在充满竞争的市场上的企业的生存与发展的重要性。同时他还认为,系统化生产设计与安排对于制造业降低生产成本,增强市场竞争力具有积极作用。

(二) 威廉·杰文斯的管理思想

威廉·杰文斯(William Jevons,1835—1882),是开展工作疲劳和工作成绩相关性及其基本规律研究的第一人,他所开展的研究早于泰勒同类研究很长时间。在《政治经济学理论》一书中,杰文斯对他的"铲土实验"相关内容进行了详尽的介绍,对工人铲土时铲子的大小、土质的软硬等因素和工人疲劳之间的关系进行研究。他认为,要使工人获得最高的劳动生产率,就要"使一个工人每日或每周做的工作量为最大,但又能使其从疲劳中彻底恢复,重新以没有减少的力量来工作"。杰文斯的这一研究及其结论比泰勒在米德维尔钢铁公司所进行的类似铲装实验整整早了10年。在对雇主和雇员利益关系方面,杰文斯持有和泰勒相近似的观点,他极力主张工人和工厂管理者需要积极开展合作,通过利润分享、职工持股等具体措施来实现合作。这是解决劳资分歧,消除工会罢工的有效途径。

(三) 亨利·瓦农·普尔的管理思想

亨利·瓦农·普尔(Henry Varnum Poor,1812—1905)长期担任《美国铁

[①] [美] 弗利德里克·温斯洛·泰勒:《科学管理原理》,朱碧云译,北京大学出版社,2013年版,第4页。

[②] [美] 丹尼尔·A. 雷恩:《管理思想史》(第5版),孙健敏、黄小勇、李原译,中国人民大学出版社,2009年版,第79页。

路杂志》的主编,在美国南北战争之后又创办《美国铁路手册》杂志,毕生致力于美国铁路管理知识的研究与传播,"他的一生彻底见证了铁路公司从婴儿期走向成熟的关键时期,以及它们对开发美国西部和用铁轨网络将美国连接起来产生的惊人影响"[1]。普尔是麦卡伦在纽约—伊利铁路公司改革的忠实拥护者,普尔在麦卡伦身上看到了职业管理者在推动组织改革中的重要性,并从麦卡伦的改革实践中总结出了管理的三原则:组织、沟通和信息。他认为,组织是一切管理的基础,从组织的最高层到最基层的每一个人都必须有精心设计的劳动分工和与之相对应的特定任务和责任。沟通则是指一种被设计的报告方法,以确保关于组织运行的连续、准确的信息能在整个组织内有序逐层传递。信息则是被记录的沟通。除此之外,普尔对制度化缓和与克服工人对工厂严格的层级管理所带来的不适应与抵制进行了思考。普尔认为,严格的任务描述和僵化的管理方式会降低工人的良好动机与意愿,从而导致对管理以及制度的抗议。因此,普尔建议,管理者需要向组织灌输一种团队精神,以形成一种能克服迟钝和僵化的氛围,通过将热情、生命、智慧和服从注入和输送到组织的各个部门,从而引导、塑造和培养工人成为具有主动积极工作意愿的"自愿工人"。顺着此思路,普尔提出了他对组织高层管理者即所谓"领导者"的认识与观点。他认为,领导者不仅必须了解组织运行和管理的所有方面,而且必须能够妥善处理人际关系,了解和掌握整个系统的信息,以防止破坏目标一致性的部门间冲突的发生。他强调,领导进行人才选拔时不考虑人才的能力以及组织中缺乏甄别不合格管理者的特定信息制度,是导致领导失败的两个重要因素。上述三位学者的管理思想是他们那个时代众多管理思想的代表。尽管这些科学管理理论的早期启蒙者们的思想对科学管理理论的产生、发展贡献了重要的思想精华,但由于受社会条件的制约,这一时期的"管理"仍然只被视为"生产技术"的一个从属部分,缺乏对其进行单独研究的可能性。同时,仅有的管理思想也没有让"管理"走出以工厂、企业为主要研究对象的狭小空间,产生满足各种组织需要的一般化原理与方法。因此,那个时代的管理思想家们只是为科学管理理论的到来播下种子,还需静待科学管理理论破土而出。

---

[1] [美]丹尼尔·A. 雷恩:《管理思想史》(第5版),孙健敏、黄小勇、李原译,中国人民大学出版社,2009年版,第102页。

第二节　泰勒的科学管理理论

弗雷德里克·温斯洛·泰勒（Frederick Winslow Taylor，1856—1915）是科学管理理论的创立者。泰勒1856年出生于美国宾夕法尼亚州日耳曼敦的一个富裕家庭，父亲是律师，母亲出生于新英格兰古老的宗教家庭，是一位坚定的废奴活动宣传家与女权运动倡导者。泰勒早年接受了良好的教育，为让泰勒继承家业，成为一名律师，父母将泰勒送入菲利普斯·埃克塞特中学（Philips Exeter Academy）学习，为进入哈佛大学学习法律做准备。在以优异成绩入学哈佛大学之后不久，泰勒决定退学，在费城的恩特普里斯水压工厂当起了模具工和机工学徒，泰勒作为工程师、发明家和"科学管理之父"的辉煌人生之路就此开启。尽管出身于上流社会家庭，但1878年泰勒还是以一名最基层的普通工人身份进入位于费城的米德维尔钢铁公司工作。在米德维尔钢铁公司，泰勒凭借自己的勤奋努力，用了6年左右的时间，从一名普通工人开始，历经书记员、机工、班组长、机械车间工长、负责整个工厂维修和保养的总机械师等工作职务，最终成为工厂的总工程师。泰勒在米德维尔钢铁公司一共工作了12年，其间有两年半的时间，他报名参加了新泽西州霍波肯市史蒂文斯理工学院的一个在职自修课程，获得机械工程学位，以此弥补自身科学教育经历不足的缺憾。这一段工作经历，为泰勒积累了丰富的工作经验，为他日后系统提出科学管理理论奠定了基础。泰勒毕生致力于科学管理理论的研究，其大部分成就在1911年出版的《科学管理原理》一书中得到了呈现。该书的出版标志着科学管理理论的诞生，使关于管理的认知、观点与看法从"思想"的阶段进入了"理论"的阶段，管理学迎来了科学管理的新时代。

一、科学管理理论的主要内容

历史学家指出，科学管理理论"既是美国工业化的产物，又是美国工业化的特点。说它是美国工业化的产物，是因为它适应了美国大企业发展的需要；说它是美国工业化的特点，是因为它在美国比在其他国家更为突出。美国是现代科学管理的发祥地"[1]。美国工业化开始之后，有许多的企业主、工程师和学者就对工厂管理问题进行过改革实践与经验总结，但为什么是泰勒而不是巴贝奇也不是麦卡伦被后世誉为"科学管理之父"呢？透过对泰勒科学管理理论内容的了解，不仅可以为我们找寻这一问题的答案提供线索，也能帮助我们更好

---

[1] 何顺果：《美国历史十五讲》（第2版），北京大学出版社，2015年版，第156页。

地理解泰勒的科学管理理论在管理学发展史和世界文明进程中的地位与价值。泰勒的科学管理理论是以提高工人的劳动生产效率为目标，以科学的研究方法为基础的系统科学理论，其主要内容包括以下几个方面。

（一）科学管理的基础在于雇主与工人的互利关系

与当时对于劳资关系的一般看法不同，泰勒坚持认为："科学管理的基础正是在于坚信雇主和雇员两者的真正利益是相同也是一致的；没有雇员的财富最大化，雇主的财富最大化就不具有持续性，反之亦然；在工人得到他最想要的——高工资的同时，雇主得到他最想要的——工厂劳动成本的降低，这是非常可能的。"[1] 因此，泰勒认为在实际管理中，一方面，雇主不应该一味贪图降低成本，购买廉价的劳动力或是尽可能压低工人的工资，而应该向工作熟练、效率最高的"一流工人"（first-class workers）支付较高的报酬，引导他们在标准、高效的条件下生产更多的产品；另一方面，工人也应该努力改变自己的认识，放弃那种不切实际的多拿工资少干活的错误观念，积极投入工作，提高自己的工作能力。经过劳资双方共同的认知与行为转变，以此来提高生产力，使雇主的单位劳动成本降低，工人收入得到提高，达到一种"双赢"的结果。泰勒认为，这就是"意志努力将以某种方式改变管理制度，让工人和管理层的利益相同而非对立。"[2]

（二）以工时研究为基础，确定最有效率的工作方法与绩效标准

工时研究是泰勒科学管理理论的基础。泰勒指出，由于之前在各个行业中普遍使用的经验法则缺乏科学的检验，工人在这些经验法则指导下工作时浪费了大量的体力，效率低下，导致"磨洋工"。因此，需要以工时研究为基础，科学地确定最为高效的工作方法以及工人的最佳工作量标准，并使工人在实际生产过程中严格执行。通过这一环节，工人就能确切地知道管理者对他们最高产量的预期是多少，也能明确地知道如何工作以达到管理者所期望的产量；同时，也使得管理者所确定的计件工资率更为准确，所采取的激励与惩罚措施也更为精准。在泰勒的方案中，他以工时研究所确定的标准为基础，制订一个不再是以猜测或者经验为根据而是基于理性研究之后得到的以标准为依据的工资率，以此为根据实行差别计件工资制。具体就是，对达到或超额达到生产绩效

---

[1] [美] 弗利德里克·温斯洛·泰勒：《科学管理原理》，朱碧云译，北京大学出版社，2013年版，第4页。

[2] [英] 斯图尔特·克雷纳：《管理百年》，闫佳译，中国人民大学出版社，2017年版，第33页。

标准的工人，以较高的工资率计件支付酬金。反之，对没有达到生产绩效标准的工人，则以较低的工资率计件支付酬金。这种以工人劳动成果（绩效）本身而不是以工作等级为基础的报酬支付方式，能更好体现工作的个别化差异，有效调动工人工作的积极性。

（三）强化对工人的培训，尽可能让工人都成为"一等工人"

所谓的"一等工人"就是工作最娴熟、生产效率最高的工人，也就是"能够在长达数年的时间内按照这样的节奏工作，而不伤害身体健康。在这样的节奏下工作能使人心情愉快，积极进取"①。在泰勒看来，除去那些体力上或智力上不适合从事工作的人之外，任何有工作能力且具工作意愿的人都能成为"一等工人"。他强调，"每种类型的工人都能在某种工作中做到一流，除非那些完全能够胜任工作的人却不愿意那样做。"② 要使工人成为"一等工人"，最重要的方式就是对工人进行教育与培训，使他们知晓、习惯并能遵从科学工作的方法进行生产。"工人和管理者最重要的目标都应该是工厂中每一个个体的培训和能力的开发，这样他才能（以他最快的速度和最高的效率）胜任与他的本身能力相匹配的最高水平的工作。"③ 在泰勒看来，对工人开展教育与培训，是管理者重要的职责。"那些在管理中承担研发这门科学任务的人同时也应该指导和帮助在这个体系下工作的工人，对于结果，他们也应该承担比通常情况下更大的责任。"④

（四）实施职能分工，以提高管理和生产的效率

泰勒继承了之前学者们普遍认可的分工有利于效率提高的观点。在自己的方案中，泰勒首先通过设置体现工作专门化的"职能工长"来分担管理者的工作，以此来节约用于寻找与培养全面且合格管理者的时间与经济投入，并且使管理更加专业化。通过这样的分工，管理者就仅仅是个监督员、是记录员、是巡检员，从事着以专业知识为基础的专门性工作。"这就造就出了一个致力于监

---

① ［美］丹尼尔·A. 雷恩：《管理思想史》（第5版），孙健敏、黄小勇、李原译，中国人民大学出版社，2009年版，第145页。

② ［美］弗利德里克·温斯洛·泰勒：《科学管理原理》，朱碧云译，北京大学出版社，2013年版，第7页。

③ ［美］弗利德里克·温斯洛·泰勒：《科学管理原理》，朱碧云译，北京大学出版社，2013年版，第7页。

④ ［美］弗利德里克·温斯洛·泰勒：《科学管理原理》，朱碧云译，北京大学出版社，2013年版，第24页。

督、测量和观察的全新管理新品种。他们在企业层次结构中自成体系，也就是后来的中间管理层。"为了进一步明确职能工长和高层管理者（总经理）之间的职责划分，明确相应责任归属，泰勒提出了"例外原则"（exception principle），也就是，工厂一般的例行性事务由职能工长（中层及基层管理者）处理，高层管理者只负责处理事关全局的非例行性事务。除此之外，泰勒还明确了管理者和产生者之间的分工。他认为，管理在很大程度上可以划分为工作任务计划和工作任务执行两种职能，科学管理之前的管理方式则是将这两项职能不加分别地统统让工人来承担，然而，工人无法认识与理解每一个工艺与操作动作背后所蕴藏的深奥原理，因此也就根本不可能找到任何的规则或者规律来确保获得最大的日产量。"这是因为在过去的管理哲学中，把全部责任都推给了工人，而新的科学管理的哲学则要求管理层承担大部分的责任。"[1]所以在科学管理之下，管理者需要承担工作任务的计划职能，也就是提前对与实施科学管理有关的所有事项做好调查、计算、组织与方案制订等基础性准备工作，而工人则需要承担起按方案如实执行的职责。

二、泰勒的理论贡献

英国管理学家林德尔·厄威克（Lyndall F. Urwick，1891—1983）指出："历史学家在仔细分析各种资料后只能得出这样的结论：一种旨在增加工商业在经济和社会方面对民主生活方式的贡献的工商管理科学在 20 世纪的出现，泰勒的成就高于任何一个人。"[1] 泰勒对管理学发展的理论贡献集中体现在以下几个方面。

（一）明确了管理活动的目标

泰勒第一次明确提出了管理的"主题"或者说管理活动所应达到的目标。在泰勒之前，无论是企业主还是工程师乃至于学者都对"管理的目的究竟是什么"持有模糊的认识，他们始终不恰当地将管理当作某种在工人激励、培训与约束或者降低成本、提高利润等方面能够发挥积极作用的"技术"来加以认识，只有到了泰勒才第一次明白准确地赋予了管理新目的——提高生产率，即使每个人都能够从事与他自然能力相匹配的最高等级的工作。"泰勒的科学管理的根本目的是谋求最高的工作效率，而最高的效率是雇主和雇员达到共同富裕的基础。"[2] 泰勒在《科学管理原理》一书中开宗明义地指出："管理的主要目

---

[1] ［英］林德尔·厄威克：《管理备要》，孙耀君等译，中国社会科学出版社，1994年版，第70页。

[2] 方振邦、徐东华：《管理思想百年脉络》，中国人民大学出版社，2012年版，第5页。

标应该是，确保雇主的财富最大化，与此同时也要确保每一个雇员的财富最大化……也就是说，当每个工人和每台机器都达到最大产出的时候，才能达到财富的最大化……财富最大化只能是生产力最大化的结果。"① 泰勒把提高生产率视为管理的目的，为管理学确立了所谓的学科范式信念，使后来的学者能聚焦这一信念——以高效方式更大量地生产——展开相关问题的研究，持续拓展学科研究的深度与广度。如果根据托马斯·库（Thomas Samuel Kuhn, 1922—1996）历史主义科学哲学的观点——一个有关某类知识的信念的确立，就意味着一个与这类知识有关的学科的产生——来看，虽然管理学科在发展过程中，分支众多，乃至孔茨将后期管理学多学派共同发展、相互影响的现象形容为"管理理论丛林"，但管理学的焦点从未离开过对效率的关注。"效率"成为凝聚管理不同学派的"学术共识"，而泰勒是明确这一共识的第一人。

（二）将科学研究方法引入了管理学研究

泰勒第一次全面将科学的研究方法运用到如何解决生产率提升这一问题上来，使问题的发现与解决的对策更符合实际、更有成效。所谓的科学方法，就是使用特定的工具，经由观察、分析、综合、测定、对比等实验程序以获得关于某种事物的因果律或概率，以此对事物进行描述、解释与预测的过程。虽然在泰勒之前，巴贝奇就开展过用手表对工人生产大头针的操作动作和所用时间进行测量的实验。但是，巴贝奇所开展的试验，同泰勒后来所开展的生铁搬运实验、铲装作业实验和金属切削实验等三个著名的"工时研究"实验相比是不完整和不全面的。因为在泰勒自己看来，他开展的实验，"是细致地研究一定时间内应该完成的工作……（而不是）完成某项工作实际花费的时间。"② 也就是说，泰勒试验的原创性在于，他进行实验的目的并不是去描述已经发生过的事情，而是经由实验对未来应该发生的事情做出分析；他的研究是分析性的，而巴贝奇的试验则属于描述性研究。泰勒分析性的研究由分析和建设两个相连续的环节构成。在分析环节，泰勒将每项工作尽量多地分解为简单的基本动作，通过对技术最娴熟的工人工作的观察，甄别出完成每个基本动作用时最少的方法，然后记录下工作的过程和时间（时间的记录要按一定比例适当增加，以抵消工人工作中由于适应与熟悉工作以及休息等不可避免的耽误与中断所消耗的时间）。在建设环节，根据分析环节所获得的数据，建立一个关于基本动作与用

---

① ［美］弗利德里克·温斯洛·泰勒：《科学管理原理》，朱碧云译，北京大学出版社，2013年版，第6页。

② ［美］丹尼尔·A. 雷恩：《管理思想史》（第5版），孙健敏、黄小勇、李原译，中国人民大学出版社，2009年版，第145页。

时要求的规范，作为标准提供给其他工人参照。除此之外，在建设环节，研究者还需要对如何改进工具、机器、材料、方法以及使所有与工作相关的因素最终实现标准化的问题进行思考。总之，泰勒在使用科学方法开展管理问题研究方面超越前人的地方就在于，他不仅仅只是对工作各环节的用时进行记录汇总，而是在这一基础上，通过对动作的选择与重新组合，为最有效率的工作制订出了可行的方案。"从管理的角度看，泰勒最重要的贡献是发明了'管理'这门科学。泰勒把分析的力量带到了职场。泰勒之前，没有人科学地分析过工作的本质。"①

（三）明确了管理者的职责

泰勒第一次明确了管理者的职责与功能，赋予了管理者全新的职业意义。泰勒认为，工人中普遍存在的怠工或"磨洋工"，即"在工作中蓄意放慢工作速度以避免完成全体的工作"② 的行为是造成当时工厂效率低下的主要原因。工人怠工行为发生的原因很多，泰勒根据怠工行为产生的原因将怠工分为"自然性怠工"和"体制性怠工"。他认为，要消除工人的怠工行为，确保每个工人都能实现最高的劳动生产率，以获得企业主和自身收益最大化，就需要对旧有的管理方式进行改革，用科学管理方法逐步取代当时通行的"激励主动性"和依靠经验法则的管理方法。泰勒认为，科学管理方法的核心就是工人与管理者关系的重构；在新的关系结构中，管理者需要承担比过去更多的新任务以及新责任，发挥更为积极的作用。"科学管理方法是工人的主动性和由管理者承担的新型工作的结合，这就使科学管理方法比之前的管理方法更加有效……这种工人和管理者之间亲近、密切的彼此合作是现代科学管理或任务管理的精髓和实质。"③ 就此，泰勒将科学管理中管理者的职责与任务明确规定为：

1. 针对工人中的每一个工序，都研发出一门科学。这种科学代替了之前的经验法则——为开展科学的工时研究，以为每项工作制订体现最高生产效率的绩效标准。

2. 管理者科学地选择与训练工人，并为工人成长创造条件。这在过去是需要工人自行完成的事——工人自己选择自己的工作并尽其所能把自己培训得更

---

① ［英］斯图尔特·克雷纳：《管理百年》，闫佳译，中国人民大学出版社，2017年版，第27页。
② ［美］弗利德里克·温斯洛·泰勒：《科学管理原理》，朱碧云译，北京大学出版社，2013年版，第8页。
③ ［美］弗利德里克·温斯洛·泰勒：《科学管理原理》，朱碧云译，北京大学出版社，2013年版，第25－39页。

好，现在要转变为工人找到适合的工作，并帮助他们成为劳动生产效率最高的工作者。在这里，泰勒在此为现代人事管理奠定了基本的原则：工人的能力与工作要求相匹配。

3. 管理者衷心地与工人合作，以确保所有的工作都符合其研制的科学原理——对工人的工作进行现场的组织、指导与监督，确保工作高效执行。

4. 管理者和工人在工作以及责任分担方面要有一个大致的公平。现在，管理者要负责所有比工人更适合承担的工作。而在过去，几乎所有的工作和大部分责任都推给了工人。如今管理者要承担起制订工作任务计划的职责，而工人则是管理者所制订的计划的执行者。管理者制订的任务计划需要使胜任工作的工人可以"长时间保持这个工作速度工作，使他们得到好的发展，生活幸福，更加富有，而不是劳累过度"[①]。在为解决工厂生产率低下问题寻找对策的过程中，泰勒明确了管理者的作用和职责，完成了对管理职能化理论的阐述，赋予了管理者在组织生产过程中全新的地位与职责。

（四）进行了管理理论构建的尝试

泰勒第一次展现了构建一门具有普适性管理学科的学术自觉，拓宽了管理学发展的学术空间。泰勒与他之前那些亦商亦学的管理研究者们最为显著的不同之处在于，他的研究视野并非只限定在对工厂、铁路等组织的观察与研究中，也并非仅仅将管理视为某种技术、工艺或方法，他有着将把管理的研究打造成一门真正的且具有普适性理论的学术自觉。"科学管理本质上包括一些大的普遍原理，一种可以广泛运用于很多方面的基本哲学。"[②] 泰勒在阐述撰写《科学管理原理》一书的目的时明确指出："证明最优的管理是一门真正的科学，依靠清晰界定的法则、规则和原理作为基础，并进一步表明，从我们最简单的个人行为到大公司的运作（后者更需要精细的合作），科学管理的基本原理适用于所有人类活动……相同的原则可以应有于所有的社会行为中，而且都会有一样的效力，包括：对我们家庭的管理，对农场的管理，对商人经商行为的管理（不管规模大还是小），对教会的管理，对慈善机构的管理，对大学的管理，以及对政府机构的管理……笔者坚信，这些原则迟早会在文明世界普遍应用，它

---

① ［美］弗利德里克·温斯洛·泰勒：《科学管理原理》，朱碧云译，北京大学出版社，2013年版，第42页。

② ［美］弗利德里克·温斯洛·泰勒：《科学管理原理》，朱碧云译，北京大学出版社，2013年版，第27页。

们越早得到应用,人们得到的好处就越多。"[①] 正是秉持着这份坚定的学术自觉,泰勒借助科学试验的力量,在超越了前人的更为广阔的视野上为实现更有效率的管理活动奠定了普适性的哲学基础,提供了一般性的原理与方法,开辟了管理科学独立发展的广阔空间。正是从泰勒的科学管理理论开始,管理学才作为一门独立的学科,跻身科学的殿堂,在不断发展丰富的过程中,持续为提升社会组织化活动的效率提供指导与帮助。"泰勒的哲学影响波及世界各地。亨利·法约尔的思想没有能找到大规模的受众,但科学管理却成为了第一套国际化的管理理论。"[②]

第三节 泰勒科学管理理论的发展

泰勒是科学管理理论公认的开创者与奠基人,但科学管理理论在世界范围的广泛传播和随之产生的深远影响,离不开那些与泰勒同时代的秉持相同理念的同事与朋友们的积极贡献。正是这样的一批对科学管理理论有着坚定理想与信念的同道中人的持续努力,才使泰勒所创立的科学管理理论逐渐成为在某种程度上改变了世界文明进程的重要理论。

一、科学管理理论的信徒:亨利·甘特

亨利·甘特(Henry L. Gantt,1861—1919)出生于美国马里兰州一个富裕的农场主家庭。在1880年毕业于约翰·霍普金斯大学后的7年时间内,他先后从事过中学教师、机械公司制图员等工作。1887年,他进入米德维尔钢铁公司,成为工程部一名助手,因而与泰勒认识并成为同事,由此对泰勒的管理思想产生了浓厚的兴趣。在往后无论是同泰勒共事还是单独工作的时间里,甘特一直持续着对科学管理的实践与理论研究,是科学管理理论形成与发展的先驱人物之一。甘特对科学管理理论的贡献主要集中在如下方面。

(一)完善与改进工资制度

在雇主与工人利益具有一致性方面,甘特持有同泰勒相同的观点。他认为,"唯一健康的工作条件就是,雇主雇用了最优秀的工人,工人感觉自己的劳动卖

[①] [美]弗利德里克·温斯洛·泰勒:《科学管理原理》,朱碧云译,北京大学出版社,2013年版,第6-28页。
[②] [英]斯图尔特·克雷纳:《管理百年》,闫佳译,中国人民大学出版社,2017年版,第25页。

出了最高的市场价格。"① 在探索满足雇主与工人双方利益最大化的过程中，甘特发现了发展多种激励体系的可能性。他认为，泰勒的"差别计件工资制"在激励工人更好工作方面作用有限，因而他发明了所谓的"工作任务与奖金"制度。在最初，按照这一制度，当天完成任务的工人将获得日工资50%的奖金。但随后，甘特发现这一制度存在着仅限于激励工人达到当日生产任务的缺陷。他对制度做出了修改：如果工人在限定时间内完成任务，就按规定时间和规定时间的比例向工人支付工资，并因为工人达到生产标准，还同时给予一线工长相应比例的奖励。

（二）强调对工人的培训与教育

同泰勒一样，甘特也十分重视对工人的培训与教育。他认为，"过去总的策略是驱赶，但是为了所有人的利益，强迫的时代必须让位于知识的时代，未来的策略将是教育和引导。"② 但与泰勒强调教育与培训的重点在于使工人掌握科学管理原理与方法不同，甘特更加重视对工人"工业习惯"——勤劳与合作——的培养。甘特认为，通过教育，使工人养成良好的工业习惯，可以有助于工人工作技能的提高和收入的增加，也有利于雇主成本的降低，促成雇主与工人共同的利益增长。除此之外，工人还能享受到更多的乐趣、尊严与自豪感，有利于工人与管理层之间融洽关系的形成和相互合作的开展。

（三）发明"甘特图"，使科学管理具象化

正如孔茨所言，"甘特也许是由于他创造了绘制计划的图解方式从而更有可能更好地进行管理的控制而非常有名。"③ 甘特对科学管理的最大贡献在于提出用柱形图来进行计划和控制工作，展示如何通过各种操作来安排工作的程序和时间，以确保工作得以完成。甘特的这一做法，在当时是一种革命性的管理思想，为科学管理提供了一种直观、便捷与实用的工具。通过一张现成的图表，管理层就可以直观地看到计划的执行情况，从而采取必要的措施以确保工作能按计划如期完成，使科学管理更具操作性。

---

① ［美］丹尼尔·A. 雷恩：《管理思想史》（第5版），孙健敏、黄小勇、李原译，中国人民大学出版社，2009年版，第180页。

② ［美］丹尼尔·A. 雷恩：《管理思想史》（第5版），孙健敏、黄小勇、李原译，中国人民大学出版社，2009年版，第182页。

③ ［美］哈罗德·孔茨等：《管理学》（第9版），郝国华等译，经济科学出版社，1993年版，第33页。

（四）新型领导制度的思想

面对20世纪初美国工业产业"镀金时代"辉煌的谢幕，甘特认为，产业领导人是靠着个人的影响力而非品德掌握权力，正是这一错误的领导制度导致了美国工业产业的衰落，因而提出了"新型领导制度"的设想。他认为，新型领导制度要建立在事实而不是个人意见的基础上，要建立在能力而不是个人喜好的基础上。理想的新型领导应该是工程师而不是金融家或者工会领袖，因为只有工程师才能解决美国的生产问题，增加社会财富。到了晚年，甘特进一步强调，新型领导人不能忽视让商业体系为社会服务，承担社会责任，否则"社会最终会将他推翻，按自己的方式运转"①。

二、科学管理树冠上的比翼鸟：吉尔布雷斯伉俪

弗兰克·吉尔布雷斯（Frank Gilbreth 1868—1924）和莉莲·吉尔布雷斯（Lillian Gilbreth 1878—1972）伉俪的结合是管理学发展史上的一件幸事，通过他们志同道合的不懈努力，以及各自的学术兴趣和知识结构的互补，为科学管理的早期发展做出了突出贡献。弗兰克出生于美国缅因州一个信仰清教的五金商人家庭，三岁失怙之后，弗兰克举家迁往波士顿，弗兰克先后进入安多佛福利普斯中学（Phillips Academy, Andover）和赖斯语法学校（Rice Grammar School）学习。在完成中学教育之后，17岁的弗兰克选择进入建筑行业，成为一名砌砖学徒，之后再也没有接受过任何正式的学校教育，完全凭着自己的工作热诚和对科学管理近乎痴迷的执着，最终成为一名被历史铭记的著名科学管理学家。出生在炼糖厂主家庭的莉莲，自幼聪慧，受到良好的教育，在从加利福尼亚大学伯克利分校硕士毕业后的一次长途旅行中邂逅弗兰克，两人于1904年携手结为连理。在嫁给弗兰克之前，莉莲从未接触过管理的任何领域，但在同弗兰克成为一家人之后，莉莲不但积极协助弗兰克开展科学管理的实验与研究，而且自己也在科学管理理论研究方面成果斐然，独树一帜。在1924年弗兰克逝世之后，莉莲继承夫志，为科学管理理论的研究和传播积极贡献，被誉为"管理学第一夫人"。吉尔布雷斯伉俪为科学管理研究的拓展与传播所做出的贡献主要有：

（一）创新科学管理实验方法，开辟了微动作研究新领域

吉尔布雷斯的"动作研究"实验有着与泰勒"工时研究"实验相同的目

---

① ［美］丹尼尔·A.雷恩：《管理思想史》（第5版），孙健敏、黄小勇、李原译，中国人民大学出版社，2009年版，第186页。

的，即减少工人不必要的动作以减轻疲劳，提高生产效率。但吉尔布雷斯从以下两方面对"工时研究"进行了创新改进，从而克服了该研究先前存在的弊端。其一，进一步细化研究单位，把对动作的研究微观化到"动素"（therbligs）这一最基本的单位。例如，将吉尔布雷斯"取工具"这一动作再微观细分为找、选、卸、放、拿等17个动素，这些不能继续再细分的动素为研究提供了更加精确的方法，进而可分析每个工作中的确切要素。其二，是将当时最先进的电影摄像技术运用到实验中，大大增强了实验测量的精准度。吉尔布雷斯在建筑行业开展的动作研究，极大地改进了该行业的工作方法，降低了成本，提升了工作效率，提高了工人的工资水平。为此，泰勒在其名著《科学管理原理》一书中专门用了8页（91页-98页）的篇幅来介绍吉尔布雷斯在建筑行业开展的"动作研究"所取得的成绩。

（二）拓展科学管理研究范围，把"人"的因素注入科学管理研究中

莉莲认为，成功管理的关键在于"人"而不在于"工作"，她根据管理中对"人"的因素的关注程度与关注方式的不同，将管理分为传统型、过渡型和科学型。其中，传统型管理也称为驱使型管理，即遵循单一的命令，强调权力的集中。在管理过程中，管理层与工人之间就像参加拳击比赛的对手一样在进行着现实和心理的对抗。科学管理强调的则是通过加强和巩固个人特点、特殊才能和工作技能，使每个人的最大潜能都得到充分发挥。管理者在科学管理中关注如何使个人的发展符合互利原则，而不再是强调对工人的利用和剥削，因此科学管理提供了一种最大限度利用人力的方法。介乎于传统型管理与科学管理之间的就是过渡型管理。莉莲在题为《管理心理学》的博士论文中，无论是对工人心理变化与工作效率之间的关系所进行的深入研究，还是从"人"的因素来理解与认识科学管理，都极大地拓展了科学管理研究的范围，为工业心理学的诞生奠定了基础。她也因此成为管理心理学研究的先驱者之一。

（三）积极利用科学研究理论成果解决现实问题，拓宽科学管理研究的应用范围

吉尔布雷斯伉俪并非是躲进书斋、埋头理论研究、不问世事的学者，而是积极将科学研究成果应用于现实问题的解决，充分发挥理论价值，造福社会，在很多领域做出了突出贡献。他们将动作研究的测量与分析技术应用到对伤残人士康复训练的课程设计中，以降低伤残人士训练的疲劳度，提高康复训练效果。特别是，他们为截肢伤残士兵设计适合的工作和训练项目，以帮助这些士兵在退伍后能过上自食其力的有价值的生活。同时，他们还利用自身所掌握的

人体动作规律知识，设计与发明了适合残疾人使用的生产与生活用具，极大地改善了残疾人士的生存质量和生活水平。最后，吉尔布雷斯伉俪凭借自身的专业优势和社会影响力，积极参与社会立法工作，为提高全社会对残疾人士的关注与保护，承担起了学者应尽的责任与使命。他们参会游说美国国会所通过的《战争险保险法》（War Risk Insurance Act），成为之后美国为非战争中受伤但同样需要专业康复的人立法的滥觞。

三、效率主教：哈林顿·埃默森

哈林顿·埃默森（Harrington Emerson 1853—1931）是一位出生于基督教长老会牧师家庭的工程师，清教徒与生俱来的节俭、勤奋的美德与生活习惯，对埃默森成年之后在工作中执着于对效率的探究与追求产生了直接的影响。埃默森早年曾前往欧洲多地访师求学，通过在欧洲的学习，埃默森不仅掌握了当时尚未在美国普及的欧洲全新的工时测量与成本控制方法，而且也影响了他对科学管理的认识与理解，这或许正是他和泰勒在面对相同问题时往往会给出不同答案和对策的原因，但这并不影响他对科学原理的热诚与追求。由路易斯·布兰代斯创造的"科学管理"一词，正是因为被埃默森在东部铁路运费案听证会上使用而被人们熟知、热爱与使用。

同泰勒一样，埃默森也痛心疾首于美国当时各行业普遍存在的浪费与低效现象。他认为，丰富的自然资源和勤奋努力追求个人财产与社会地位的美国人，成就了美国世界第一工业强国的地位，但生产的低效率和对资源的浪费却正在蚕食着这一工业强国的根基。但同泰勒将低效与浪费的原因归结为科学管理的工作原理没有得到工人和管理者的普遍认知与遵循不同，埃默森认为最大的问题之一就是缺乏组织。"一开始选择有效率的组织机构便会一直产生较好的结果，而且，从长期来看，一旦选择了转好的组织形式，我们就可以避免浪费"[①]埃默森在《十二个效率原则》（Twelve Principles of Efficiency）一书中，对科学的组织化之于提升效率和减少浪费的重要性进行了阐述，并提出了12项具有针对性的指导原则。埃默森在书中指出，对于建立一个高效率的工业体系、减少工业浪费而言，思想的转变与革新是首要的条件。"创造现代的财富和现在正在创造创富的不是劳动力、资本或者土地，而是思想，这就是需要新思想的原因——人的天然思想库开发得越完全，单位生产所需要的劳动力、资本和土地就

---

① [美]哈林顿·埃默森：《效率的十二个原则》，张扬译，北京理工大学出版社，2015年版，第15页。

越少。"① 遵循效率原则则是达到目标的手段,而直线幕僚形式的组织又是所有效率原则的基础。埃默森的 12 项效率原则包括:

(一) 理念原则 (Clearly Definde Ideals)

埃默森用"理想"而非通常使用的"目标"一词来表示组织工作所需达到的目的,其意图在于凸显这一目的的确定性,从而减少人们对这一目的的误会和反对。为此,这一原则要求,"理想"的确定需要经过组织内部成员的一致同意,并在组织"直线"系统中得以贯彻。

(二) 常识原则 (Common Sense)

管理者需要具备追求知识并积极征询多方意见的常识,在实际管理中要视野开阔,善于把握与处理不同问题之间的相互关系,尊重与信赖专业知识和建议。

(三) 建议原则 (Competent Counsel)

管理者要建立一支有能力、能够胜任工作并高度专业化的咨询队伍。管理者要依靠与信赖有能力的人才,并在决策中听取他们的意见和建议。

(四) 纪律原则 (Discipline)

要求任何组织必须具有被人服从的纪律,这是避免组织混乱,保持组织成为一个有序系统的基础。

(五) 公平原则 (The Fair Deal)

管理者需要在涉及工人利益的事务中建立一个基于互利规则的公正体系,避免以单纯的恩赐关系或利他关系为基础的体系支配工人事务的处理,从而能平等、公正地对待工人。

(六) 记录原则 (Teliable, Immediate, Adequate and Permanent Records)

管理者要确保组织的信息和会计系统拥有可靠、迅速、精确和永久性的记录,尽可能利用文件和档案资料,作为决策和管理的依据。

---

① [美] 丹尼尔·A. 雷恩:《管理思想史》(第 5 版),孙健敏、黄小勇、李原译,中国人民大学出版社,2009 年版,第 201 页。

（七）分配原则（Despatching）

管理者要实行有效的调度，对生产进行统一的安排与控制，使部门的工作服从整体的要求，以便在最短的时间内完成任务。

（八）标准和时间原则（Standards and Schedules）

管理者要制定工作标准和工作进度表，以确定标准的工作时间、工作方法、工作日程和工作程序。

（九）标准化条件原则（Standardized Conditions）

管理者要实现工作环境的标准化，保持工作场地的一致性，减少人力与金钱的浪费。

（十）标准化操作原则（Standardized Operations）

管理者要制定操作的标准，实现工厂内各种生产操作的标准化，以提高生产效率。

（十一）书面指导原则（Written Standard – Practice Instructions）

管理者需要用书面形式进行操作指导，以迅速有效地完成企业的目标。

（十二）效率回报原则（Efficiency Reward）

管理者需要对企业中有助于提高生产效率的各种行为与举措进行奖励。

为解决效率问题，埃默森除了系统提出上述 12 项效率原则之外，他还对工资制度进行了改进与完善，以更好发挥工资对工人的激励作用。同时，他还对成本会计方法进行创新，运用霍利里思穿孔卡片来记录账目，并以此设定评价工人和车间效率的标准。因此，他成为采用制定标准的工程学理念来减少或消除标准中的变量的第一人。由于埃默森在提升效率、减少浪费方面的突出贡献，他赢得了"效率主教"的赞誉。他的许多观点和见解，直接或间接地启发和影响了后来管理学的发展。无论是在之后的彼得·德鲁克的"目标管理"思想还是彼得·圣吉的"学习型组织"思想中，都能发现埃默森思想的影子。

除了以上几位人士之外，我们还应该记住以下与泰勒并肩共事，为科学管理理论的创立与传播做出积极贡献的学者们的名字，他们是："科学管理"的命名者路易斯·布兰代斯（Louis Brandeis，1856—1941）；泰勒最正统的门徒卡尔·巴思（Carl Barth，1860—1939），一个凭借数学天赋，协助泰勒完成著名金属切割实验并毕生致力于维护与宣传泰勒思想正统地位的忠诚学生；科学管理的拓荒者莫里斯·库克（Morris Cook，1872—1960），他和甘特、巴思一起被视为泰勒的嫡传门生。当甘特和巴思两位同门还和师傅一起研究工厂内的科学管理问题时，库克已把效率真理和科学管理原理传播到了大学管理与市政管理领域，拓宽了科学管理的应用范围。正是这样一批与泰勒秉持同样理念的同事和朋友，在泰勒研究的基础上，不断继续和深化着对科学管理理论的探索。在他们共同的努力下，科学管理理论影响逐步波及世界。正如美国管理学家W. H. 纽曼（W. H. New Man）所认为的，科学管理学派的贡献在于，不仅是他们创造和发展了众多大幅度提高劳动生产率的技术，更重要的是，科学管理学派改变了人们对管理的看法。"我们不再依靠传统和个人的直观感觉，而是认为任何管理问题都应经受泰罗在他的车间内所采用的、类似的严格分析，创造性实验和客观的评价。"[①]

第四节　法约尔的管理职能理论

亨利·法约尔（Henri Fayol，1841—1925）是一位出生于君士坦丁堡（今土耳其伊斯坦布尔）的法国著名管理学家，管理职能理论或称为一般管理理论的创立者。1858 年从瓦伦斯的皇家高等学校（Lycee Imperial）毕业之后，法约尔子承父业，前往位于里昂的圣艾蒂安国立矿业学校（National School of Mines at Saint Etienne）学习，19 岁（1860）以矿业工程师身份毕业，进入法国科芒特里—富香博—迪卡兹维尔矿业公司工作，直到 1918 年退休。法约尔在 1916 年出版的《工业管理与一般管理》（General and Industrial Management）一书中完整地阐述了他的管理理论。在法约尔看来，之前那种通过制度设计和方法改进以提高生产效率（这正是泰勒科学管理所强调的）的做法并不是管理的全部内容，管理是要对组织的生产、销售、融资以及会计职能进行有序的安排与整合，管理并不等同于高效率的生产技术，但管理与技术活动的整合对于组织经济效益的取得至关重要。面对同样的问题，法约尔给出了与泰勒不同的答案。泰勒将管理视为一种旨在提高生产效率的科学生产方法，法约尔却提供了一种从"职能"的角度认识管理的新途径。他把管理视为一系列职能有序开展的过程，因此他的理论也被为"管理职能理论"。林德尔·厄威克指出，法约尔"对管理理论的独一无二的贡献就在于把管理作为一种独立的职能并加以分析。

[①] ［美］W. H. 纽曼等：《管理过程：概念、行为和实践》，李注流等译，中国社会科学出版社，1995 年版，第 13 页。

这样就为通过职能分析来研究高层管理的整个现代方法的演进铺平了道路。"①

一、管理的界定

法约尔在《工业管理与一般管理》一书的前言中写道："大千世界几乎所有的领域，大的、小的、工业、商业、政治以及宗教，管理都发挥着主导作用，且充当了非常重要的角色。"② 那么什么是管理（Adminisfration）呢？法约尔是通过对组织活动的整体性分析，从系统认识与把握管理活动的特殊性视角来界定管理的。他认为，任何组织都具有技术职能、商业职能、金融职能、安全职能、财务职能与管理职能6种活动，但除了管理职能之外，其他的职能都无法掌控组织行动的整体规划，建立组织结构，调配各种力量及协调各种职能行为。因此，管理职能与其他职能有着明显的区别，管理职能是社会组织的手段和工具。法约尔将管理职能界定为由计划、组织、指挥、协调和控制5种要素所组成的一种职能活动。其中，计划即预见未来和拟定行动计划；组织是建立一个既具有物质性又有社会性的双重性机构；指挥即是让人们去执行；协调即沟通、联合，并使所有行为和力量达到和谐统一；控制则是遵照已有规则和既定程序，监督事物的运行。法约尔强调，管理职能并非单独存在，而是分散和嵌入于组织的其他职能之中或职能与职能之间，从而与整个组织有机地联系在一起。在此过程中，管理职能依据复杂的相互作用机理，发挥对组织整体性的作用与功能，确保组织整体有序、高效运行。法约尔还认为，管理职能并非一种专有特权，也不是某个负责人或组织领导的个人责任，它是由组织领导和组织所有成员共同行使的职能。"它（指管理）是联系企业内每一个部分以及企业与外部世界的枢纽工具。"③

为了能更准确地理解与把握管理的本质，法约尔对管理职能与领导职能做出了明确的区分。他认为，所谓的领导，就是带领组织达到目标，利用组织所拥有的资源，尽可能地获取最大利益，保证组织6种基本职能的有序运转；管理则仅仅是6种基本职能之一，需要由领导来保证它的运转。但由于管理在组织高层领导心目中占据着重要位置，致使在很多时候，人们会误认为领导的角色就是单纯的管理。总之，在法约尔看来，领导与管理是两种不同的职能。相

---

① ［英］林德尔·厄威克：《管理备要》，孙耀君等译，中国社会科学出版社，1994年版，第27页。

② ［法］亨利·法约尔：《工业管理与一般管理》，迟力耕、张璇译，机械工业出版社，2007年版，第1页。

③ ［法］亨利·法约尔：《工业管理与一般管理》，迟力耕、张璇译，机械工业出版社，2007年版，第114页。

对管理而言，领导活动发生在组织的最高层和最核心部门，保证着包括管理职能在内的其他组织职能的正常运行。因此，两者的活动层次、工作目标与作用方式截然不同。

二、管理能力与管理理论

在西方众多的管理思想家中，法约尔首先意识到创建完整管理理论，加强管理教育的重要性，他是积极倡导与亲自践行这一认识的第一人。这与他长期工作在管理前线的经历分不开，同时也和他个人的禀赋与责任感有关。法约尔认为，组织的技术、商业、金融、安全、财务管理职能都有其相对应的专门能力，大致可以分为专业能力和管理能力，每种能力都建立在一系列素质和知识上，构成能力的每种因素的重要性同职能的重要性和性质有关。这些素质和知识具体包括以下方面[1]：

第一，生理素质。包含健康、精力、敏捷性等。

第二，智力素质。包含理解和学习能力、判断能力、脑力、头脑灵活性等。

第三，道德素质。包含毅力、承担责任的勇气、创新精神、献身精神、机智、自尊等。

第四，综合文化素质。指具备各种非专业领域内的知识。

第五，专业知识。它同专门职能有关，涉及技术、商业、金融、管理等职能的专业知识。

第六，经验。它是从实践中总结出的认识，是人们在实践中取得的经验教训。

法约尔根据自己的工作经验深切地感受到管理能力对于组织的重要性，并认识到越是高层的领导者就越需要具备管理能力。他指出，"技术能力对工业企业下层起支配作用，管理能力则在上层占主导地位"[2]，并认为管理能力同技术能力一样，可以在学校和组织中获得。但问题在于，"我们还没有一个经过大众讨论从而被确立认可的管理理论"，因此试图通过管理教育来提升管理能力的努力就显得心有余而力不足。"缺乏管理教育的真正原因是教育理论本身的缺乏。没有理论，就不可能有教育。"[3] 所以他极力提倡尽早建立一套管理理论。管理理论被法约尔视

---

[1] [法]亨利·法约尔：《工业管理与一般管理》，迟力耕、张璇译，机械工业出版社，2007年版，第7页。

[2] [法]亨利·法约尔：《工业管理与一般管理》，迟力耕、张璇译，机械工业出版社，2007年版，第13页。

[3] [法]亨利·法约尔：《工业管理与一般管理》，迟力耕、张璇译，机械工业出版社，2007年版，第16页。

为开展管理教育、提升管理能力的前提和基础。他将理论定义为:"被一般经验尝试和检验过的原则、规律、方法和程序的集成。"法约尔认为,当管理理论建立之后,就要着手推行管理教育,普及管理知识,提升管理能力。各级学校在管理教育中应当责无旁贷,发挥积极作用。"应该在一切可能的范围内,尽其所能地传播管理理论。学校显然义不容辞地承担着教育重任。"[①]

三、管理原则

法约尔根据自己丰富的工作经验,通过反复思考与验证,总结出了 14 条管理原则。他认为,原则是用来巩固社会组织,使之能简便易行运作的各种管理规律和方法。他强调:"没有原则,我们就要陷入黑暗和混沌;没有经验和尺度,即便有最好的原则,我们也会举步维艰。原则是为我们指明道路的灯塔:它只为知道大门开在哪里的人们服务。"[②] 这些管理原则包括以下 14 条:

(一)劳动分工(Division of Labor)

劳动分工属于一种自然规律。对于动物界而言,越高级的生物,它承担不同功能的器官分化程度越高。对于人类社会而言,社会组织越重要,机构和职能联系也就越紧密。随着社会的发展,那种承担全部职能的单一机构将被以劳动分工为基础的组织所取代。分工有利于促进劳动的专业化和技能的熟练化,从而使生产率得到提高,因此劳动分工可以在同样的付出下得到更多更好的产出。劳动分工既能应用到技术工作上,也适用于其他一切工作,只要这些工作需要多人合作或者需要多种类型的能力参与。劳动分工的结果是职能专业化和权力分离。

(二)权力与责任(Authority and Responsibility)

权力就是让他人服从的权利。权力与管理者的职能有关,表现为一种职权,或称为正式权力。除此之外,管理者还有另一种权力——源自管理者个人智慧、知识、经验、道德价值、领导天赋、奉献精神等的非正式权力,或称为个人权威。就管理者权力行使而言,非正式权力对正式权力有着不可或缺的补充作用。与权力相生相伴的是责任;权力所到之处,责任随之而生。一个组织最为理想的状况是有着明确的责任范围与奖惩标准,并通过权力的有效运行实施奖惩。但在实际管理中,存在着"级别越高,管理行为越复杂,参与人数越庞大,离

[①] [法]亨利·法约尔:《工业管理与一般管理》,迟力耕、张璇译,机械工业出版社,2007 年版,第 17 页。

[②] [法]亨利·法约尔:《工业管理与一般管理》,迟力耕、张璇译,机械工业出版社,2007 年版,第 43 页。

终极结果越远,就越难以在终极产品中显现最初权力的影响,也就越难建立领导的责任标准"[1] 的问题。管理层级越高,权力越大,管理责任越难明确,也更不容易追究责任,进行奖惩,这就是所谓的高层"权责悖论"。为了预防这一问题发生,就需要对领导者价值观问题加以重视,"防止高级领导人滥用权力的最有效保证是其个人的价值观,尤其是高尚的道德价值观"[2]。

（三）纪律（Discipline）

纪律本质上是组织与成员之间达成的协议。这种协议可以由双方自由协商达成,也可以由组织单独制定,在形式上可以是书面的,也可以是被默认的,正是这些协议决定了纪律的形态。纪律就是要求组织成员遵守协议,表现为服从、勤勉、行动、忍耐以及尊重,但前提条件是这些协议必须制定得清楚明白、条理分明,尽可能让双方满意。任何一个组织的纪律状况都取决于领导的才能和协议制定的质量。领导维护纪律方面的才能不仅表现在对惩罚方式和力度的选择上,还表现在对惩罚对象个人情况和环境因素的综合考虑上。总之,制定和维持纪律最有效的方式是：各级优秀的领导；协议既清楚又尽可能公平；合理应用惩罚。

（四）统一指挥（Unity of Command）

统一指挥是指不管在任何时候、任何行动中,下属都应该只听从唯一一位领导的命令。一旦一位以上的领导对一个人或一项事务同时行使权力,问题就出现了。在这种情况下,权力会受到损害,纪律会遭受破坏,秩序也将变得混乱,稳定也会受到威胁。通常,在实际管理中,纵向上各级领导的越级指挥和横向上不同领导与部门间的职权划分不清是影响统一指挥,造成双重领导问题的主要原因。

（五）统一领导（Unity of Direction）

统一领导是指组织必须由一个领导人,按照统一计划,领导并协调组织整体行动,以实现组织的目标。统一领导是组织统一行动、调配力量、集中优势完成组织任务的必要条件。统一领导与统一指挥的区别表现为：人们通过建立完善的组织结构来确保统一领导,统一指挥则取决于组织成员个人如何发挥作用。因此,

---

[1] ［法］亨利·法约尔：《工业管理与一般管理》,迟力耕、张璇译,机械工业出版社,2007年版,第23页。

[2] ［法］亨利·法约尔：《工业管理与一般管理》,迟力耕、张璇译,机械工业出版社,2007年版,第24页。

就组织整体而言，需要统一领导；就组织个体成员而言，则要遵循统一指挥。"没有统一领导，统一指挥就不存在，但统一指挥并非来自统一领导。"①

（六）个人利益服从整体利益（Subordination of Individual to General Interest）

个人利益服从整体利益的原则要求，个体的利益不能凌驾或有损于集体的利益。这一原则不仅在社会组织中适用；在家庭私人生活和国家政治生活中也同样适用，家庭利益要排在任何家庭成员个人利益之前，公民个人或公民组织的利益不能高于国家利益。在现实生活中，由于人性的无知、野心、自私、懒惰、软弱等弱点，使人具有了为个人利益而损害集体利益的动机和行为，管理者需加以注意并妥善处理。不仅如此，管理者还需要妥善处理在面对不同范围内两个需要同等重视的利益发生冲突时的问题。为此，就需要管理者有坚定的意志，发挥引领示范作用，同组成成员签订公平可行的协议并认真监督执行。

（七）人员报酬（Compensation of Employees）

人员报酬是对组织成员所付出劳动的回报。报酬的支付应该尽可能地公正，让组织、员工和雇主都满意。为此，组织需要制定合理的报酬率和选择适宜的报酬模式。报酬率的制定首先需要排除雇主意志和员工才能等因素的影响，通过对组织所在的社会环境以及组织整体运行情况与报酬的关系及影响等问题进行客观分析，以此作为报酬率确定的重要依据。员工才能等因素只是制定报酬率的参考。人员报酬模式对组织有重大影响，在实际工作中，应根据如下标准进行人员报酬模式的选择：确保报酬公平；激发热诚，奖励有效的努力；不会产生过多的超出合理范围的报酬。在生产企业中，适用于工人的报酬模式有：按劳动日付酬；按任务付酬；计件付酬。通常，这三种报酬模式可以混合使用，并衍生出诸如奖金、分红、实物补助、精神奖励等不同但都同样重要的报酬形式。对于有条件的组织而言，除了物质报酬之外，组织还应该关心员工的健康、教育、道德观和稳定性，为员工提供适当的福利。组织的福利不拘一格，形式多样：在组织内部，福利体现为工作舒适性与便利性的改善与提供，比如照明、卫生、环境、交通与用餐等；在组织外，福利体现在住房、食品、教育和能力提升等方面。总之，所有能改善组织成员的价值和命运，激发组织成员工作热情的报酬方式，都是管理者应该持续关注的问题。

---

① ［法］亨利·法约尔：《工业管理与一般管理》，迟力耕、张璇译，机械工业出版社，2007年版，第27页。

(八) 集中 (Centralization)

集中是指在每个动物机体或社会组织中，感觉集中于大脑或领导，从大脑或领导发出指令，使组织各部分行动。集中与劳动分工一样也是一种自然规律，在任何组织中都或多或少地存在。对组织而言，重要的是找到组织集权或分权的适宜尺度。尽管领导者的个性、才能、下属的能力以及组织所处的环境等因素会对集权或分权产生影响，但选择集权还是分权的根本尺度是能否使总收益最大化。凡是能提升下属重要性的做法就是分权，反之就是集权。而选择集权还是分权，则要置身于组织所处的环境之中，以能够满足各方面利益为条件加以确定。

(九) 等级链 (Scalar Chain)

等级链是指一条从组织权力最高层到最低层贯通的完整权力执行路线和信息传递渠道。等级链的存在保证了组织正式信息的上下贯通与统一指挥。但随着组织规模的不断扩大和组织层级的增加，等级链往往会延缓组织内信息的传递速度，影响组织行动的机敏性。因此，在实际工作中，需要通过使用"等级天桥"，以兼顾等级链和执行效率。

(十) 秩序 (Order)

秩序，简单而言就是各有其位、各就各位，组织中的任何一件物品和任何一个人都有且都在应在的位置上。因此，秩序又分为物质秩序与社会秩序。物质秩序强调组织物品空间位置的合理性，社会秩序强调组织人力资源配置的高效性。因此，完美的物质秩序是通过精心的安排，为组织中的各种物品恰如其分地选择合适的位置，并将物品放置在该位置，以此避免丢失材料和浪费时间。完美社会秩序则是通过对保证组织正常运行的必要职位的预先设计和招聘符合管理条件的人员来实现的。

(十一) 公平 (Equity)

公平就是公道与善意的统合体，是领导处理组织人际管理，激励下属应遵循的重要原则。公道就是组织在任何时候都不能违反当初与员工所订立的协议，并在不违背协议初衷的基础上对协议规定不完善不周全之处进行解释与补充。善意就是组织需要尊重与平等对待组织成员，尽可能满足组织成员各种合理的需求，以激发组织成员的顽强意志和忘我精神。

(十二) 人员的稳定 (Remain Stable of Personnel)

组织成员在各自岗位上长期稳定的工作，不仅有助于自身业务水平与工作能力的提升，也能有效降低组织人力资源的培养支出，还能鼓励组织成员在特定岗位上持续贡献，增强组织整体的凝聚力。因此，除了因年龄、疾病、离职、死亡等原因导致的人员变动之外，组织应极力避免过于频繁的岗位变动与人员调整，努力保持组织成员工作以及组织结构的相对稳定性。

（十三）创新精神（Initiative）

创新精神就是设计与构思能使人获得极大满足感的新颖计划并使之成为现实的意志与取向。创新精神能激发组织中各级人员的工作热忱与行动力，因此，创新精神应该为组织全体成员所共有。领导者需要凭借自己机敏和高尚的情操，来激发和支持组织成员的创新精神。能否更好地激发出下属的创新精神，是领导者领导能力的重要标志。

（十四）团结精神（Spirit of Unity）

一个组织成员的和谐与团结能产生强大的力量，组织要极力实现人员的团结。为了实现这一目的，组织不仅需要严格恪守"统一指挥"原则，而且需要避免刻意挑拨下属关系以达到"分而治之"目的的任何行为与尝试。除此之外，组织还需要努力激发下属的热诚与激情，鼓励所有人员发挥各自能力，为每个下属的贡献给予适当的奖励而不至于引起相互间的嫉妒，损伤和谐关系。最后，领导者还需要注意沟通方式的选择。口头的沟通相比书面沟通而言，不仅不容易产生误会，而且其直接、迅速的特点还能极大地提高沟通的效率，因此在组织管理实践中，应尽可能使用口头沟通以进行信息的交流。

亨利·法约尔和弗雷德里克·泰勒是两位同期在大西洋两岸分别创宗立派的管理学卓越学者，为管理思想向管理理论的科学化转型做出了重要贡献。"两人都是早期重工业的开拓者，在研究管理理论之前都在技术研究和实践领域颇有建树，并且同为组织机械论的代表人物——尽管这一成果很难尽述二人的功绩，仅仅是一种简化的概括。"① 但遗憾的是，当法约尔的理论在法语世界流行的时候，由于专业术语使用过于晦涩，为翻译和跨文化交流传播带来了困难，在很长一段时间当中，法约尔的管理理论并没有在盎格鲁-撒克逊文化世界中受到必要的关注，产生应有的影响。美国学者第一次研读到法约尔著作的英译本是在1949年之后。可以想见，法约尔的管理思想对同时代生活在大西洋对岸的另一位管理学先驱——泰勒——几乎没有产生什么直接的影响。反倒是，泰

---

① ［英］马尔科姆·沃纳：《管理思想全书》，韦福祥译．人民邮电出版社，2009年版，第179页。

勒的科学管理思想在某种程度上引起了法约尔的关注与思考。在 1910 年举行的首届国际管理科学大会上，法约尔就对当时颇为流行的一些管理观点进行了批判，并在第二届大会的开幕式发言时强调，他与泰勒的观点并不是相互竞争，也不是相互对立的。在法约尔去世前不久，他将自己所创立的"管理研究中心"同泰勒追随者所创立的"勒沙特利耶—德弗雷米维勒协会"（即泰勒主义协会）合并，成立"法国组织全国委员会"。该组织致力于将法约尔和泰勒两位管理学先驱的开创性贡献融合为一体，不仅为法约尔主义，也为泰勒主义在欧洲大陆的传播贡献了力量。

在法约尔之后，经过詹姆斯·穆尼（James D. Mooney）、哈罗德·孔茨（Harold Koontz）、伊扎克·艾迪斯（Ichak Adizes）和斯蒂芬·罗宾斯（Stephen P. Robbins）等学者的持续努力，法约尔所创立的组织管理理论得到发扬光大，影响深远。当前我们基本上还是依循着法约尔当时从职能角度认识和把握管理的思路来界定和研究管理，从中可见管理职能理论在整个管理学发展史中的显著地位和深远影响。

第五节　马克斯·韦伯的管理组织理论

马克斯·韦伯（Max Weber，1864—1920）出生于德国埃尔福特一个具有较强政治与社会影响力的富裕家庭，是现代德国著名的社会学家、管理学家和经济学家，被公认为"组织理论之父"。作为与泰勒、法约尔生活在同一个时代的学者，面对泰勒所遇到的管理问题，马克斯·韦伯如同他的欧洲同事亨利·法约尔一样，给出了与泰勒不一样的答案，这位德国学者"通过将官僚制度视为发挥技术效率的完美形式，开创了一种组织理论"[①]。

一、理性与权威

韦伯与同时代绝大多数学者的不同之处在于，他是从历史的宏观视角来研究作为社会系统组成部分的组织的相关问题的。因此，他研究的"问题场域"就不仅仅局限于同期管理学者所普遍关注的工厂、企业、公司等经济性组织，而是涉及更广泛的人类历史过程中的一切社会组织形式。韦伯正是试图通过对历史现象与经验的研究来寻找最能满足现代社会组织化生产生活需要的组织方式与形式的。

---

① ［美］丹尼尔·A. 雷恩：《管理思想史》（第 5 版），孙健敏、黄小勇、李原译，中国人民大学出版社，2009 年版，第 241 页。

在韦伯的组织理论中,"理性"(rationality)是贯穿韦伯对西方社会从传统走向现代这一问题研究全过程的重要概念,是理解现代社会组织化的"钥匙"。理性"意味着其他的东西,即人们了解和相信,只要愿意,他们任何都能够经验到:原则上并不存在任何在奥宇之中起作用的神秘而不可计算的力量,相反,人们在原则上都能够通过计算支配万物。"① 是否合乎理性,也就是是否具有合理性,成为区分传统社会与现代社会诸多差异的重要尺度。韦伯认为,从传统社会向现代社会的转型就是一个理性扩张的过程。在这一过程的不同阶段上,由于人类社会基于对不同正当性原则的选择与坚信,形成了不同的管理类型。需要指出的是,在韦伯的概念系统中,"管理"特指行政管理,"可以被理解为政策的协调和执行"②,强调管理者高效率执行组织所有者的决定,或者将组织所有者的意图转化为现实的过程,这一过程发生在任何类型的组织中。如果行政管理发生的背景是公共组织,例如,政府中的行政管理则被称之为公共行政。韦伯对管理所持的观点,无论是与泰勒还是与法约尔等同期的管理学者相比都有着明显的不同。韦伯认为,被管理者对管理者的服从对于管理而言具有重要意义。这种服从或者出于习俗,或者出于纯粹的情绪,或者出于对物质利益的向往,或者出于某种价值理想。在通常情况下,被管理者与管理者之间的关系被物质利益或者习俗所支配;但在某些异常的情况之下,这一支配性力量可能变成情绪或者价值理想。这些支配性力量同"对正当性的相信"这一关键因素,一起构成了作为管理基础的"权威"。依据正当性来源的不同形成了不同类型的权威,从而以权威为基础的管理也就有了不同的分类。"依照人们对正当性的要求种类,服从的类型、为保证这种服从而建立的行政班子、实施权威的样式,从根本上都是不同的。因此,它们的实际效果也是根本不同的。"③ 根据不同的正当性来源,也就是,人们之所以相信该管理是正当的依据的不同,韦伯将权威划分为传统型、法理型和超凡魅力型(也称为神力型)三种不同的类型,与之相对应,管理也就分为传统型管理、法理型管理和超凡魅力型管理三种类型。这里需要指出的是,韦伯所总结的三种管理类型中的任何一种,在历史上都没有以纯粹的形式出现过,它们只是韦伯构建的关于不同类型管理的理想模式,是一种概念工具,有助于我们分析和理解不同类型管理间的差别及其各自的特性,从而更全面更深刻地把握管理活动的本质。

---

① 韩水法:《韦伯》,东大图书公司,1998年版,第147-148页。
② [英]戴维·毕瑟姆:《官僚制》(第2版),韩志明、张毅译,吉林人民出版社,2005年版,第4页。
③ 韩水法:《韦伯》,东大图书公司,1998年版,第247页。

二、管理的类型

韦伯根据作为管理基础的权威的不同类型，将管理分为法理型管理、传统型管理和超凡魅力型管理三种类型。

（一）法理型管理（合法型管理）

法理型管理以法理型权威作为基础，其正当性要求的依据在于人们普遍相信组织所颁布的法律法规的合法性，相信在这些法律法规之下管理者所具有的权力的合法性。也就是说，法理型管理的正当性要求建立在组织成员对组织及其活动合法性（legitimacy）的信念与认可之上。这种对合法性的信念强调：①任何通过一致同意而达成的或强加的法律或制度都有合理的指向，即或者具有目标合理的指向，或者具有价值合理的指向，或者两者兼而有之，它们被制定成文，要求至少组织内的成员服从，但一般也要求处于组织影响力范围之内的其他人服从。②任何法律在本质上都是一些抽象规则内在一致的整体，它们是以规范的方式有目的地建立起来的，其中管理就是合理地在法律秩序的范围内追求各种利益，这种秩序支配在合法的指令所划定的界限之内的组织，并且遵守如下的原则：它们能够化为一般的公式，并为了支配这个组织的目的而被批准，至少不会遭受反对。③典型的管理者或者上级，在他行使权力、发号施令时也要服从一种非人格的秩序，并以此作为校正自己行为的标准。④一个人只有在他有能力成为组织成员时，他才需要服从管理，其本质是对组织制度（法律）的服从。⑤组织成员对管理者或者管理者对组织所有者的服从，并非是对管理者或者所有者个体的服从，而是服从那些非个人的制度（法律），因此仅仅在由制度（法律）赋予他的、有合理界限的事务管理范围之内，才有服从他的义务。如果组织成员缺乏这些信念，或者这些信念被组织成员怀疑或者否定，那管理的正当性就会失去基础，无法继续。根据这些信念获得正当性的法理型管理，具备如下的基本特征：一是管理活动持续受到规则的约束。二是管理者具有明确的权限范围，这主要是通过分工体系来明确各自的职责与功能。三是职务等级原则。任何机构都有固定的监督和监察制度，下级机构都有权向上级机构反映问题或投诉。四是按照技术性的规则和标准展开管理过程。为了完全合理地应用规则，就需要专业培训。只有经过培训的合格者，才有资格获得某一职位或行使权力。五是管理人员必须同生产工具或管理工具的所有权完全分离，组织的公共财产与私人财产完全分离，办公场所与私人住所完全分开。六是就其最理想状态而言，完全没有任职者对职位的独占，所授予的职务不服务于私人的目的，仅仅为完成受制度约束的工作。七是管理的文档制度，组织的任何预备性讨论，动议和决定，各种指令和命令，都需要用文字记录下来。八是管理目标的实现与组织形式是官僚制。

（二）传统型管理

传统型管理以传统型权威作为基础，其正当性要求的依据在于人们普遍相信组织代代赓续的传统力量和神圣性，相信那些依据传统实施管理的人的正当性。在传统型管理中，管理者是依照传统规则指定的，这是因为他们具备传统的特殊尊严而受到尊重与认可。传统型管理首先是以个人的忠诚为基础；管理者不是上司，而是个人的"主子"。传统的私人间关系和伦理规范是维系组织正常运转的纽带与原则。在这种关系中，管理者通常也会依照传统制度和准则行事。这些制度和准则具有实质上的伦理公平平等的特征，或者具有功利主义便宜行事的特点，是一种形式上的制度和准则。在传统型管理中，任何制度和规则都需要从传统那里获得正当性的依据，即使是实际上新制定的制度和规则，也要声称是传统以来一直如此执行，只是以某种手段加以适时地确认而已。传统型管理会对经济发展带来消极的影响，不利于经济长期健康稳定发展，这是因为传统型管理中对传统的重视和强调，妨碍了组织制定形式上合理的、可持久的、可靠的因此也是在经济影响方面可以预计的计划与制度；传统型管理中的管理者都是依靠忠诚而非专业技能而取得职位的，管理者的专业能力与水平成为组织绩效的制约因素；正式规则与制度对管理者乃至整个管理层的制约作用有限，存在大量管理者徇私枉法、以权谋私的情况，会破坏组织正常的发展秩序；传统型管理倾向于以物质，即以功利主义的或社会伦理的或物质的"文化"理想为取向的经济调剂方式，缺乏调节的稳定性和持续性。

（三）超凡魅力型管理（神力型管理）

超凡魅力型管理以超凡魅力型权威作为基础，其正当性要求的依据是所谓的"超凡魅力"，即人们相信某人的神圣性、英雄主义和榜样品格，以及由他启示和颁行的规范模式和秩序的神圣性、英雄主义和榜样品质。在超凡魅力型管理中，管理者被视为天资过人的，具有超自然或超人的、特别杰出的、任何其他人无法企及的力量和素质，或者被视为神灵在人间的代理，或者被视做具有特殊禀赋的英雄人物。超凡魅力型管理可以维持发展的关键在于被管理者对管理者所具有的超凡魅力的承认，承认的关键又在于超凡魅力或者管理者的承诺可以被"证验"——得到实现。反之，如果管理者的预言、许诺、承诺没有通过实际成绩得到证验，未能使组织实现预期的目标，那么管理者的超凡魅力的权威就会消失，管理将无法持续。

在超凡魅力型管理中，管理者选任的标准并不是等级、功绩或者按与个人关系远近等因素，而是"超凡魅力"的品质这一因素。因此超凡魅力型管理呈现出了同法理型、传统型管理都不同的特征。在超凡魅力型管理中，没有任命也没有罢免，不讲资历也不讲升迁，管理者凭借直觉，根据下属所展现的超凡魅力资格给予任用或提拔。同时，在超凡魅力型管理中也没有等级制，没有权限，更没有固定化的薪金。总之，管理者凭借各种启示、神谕、灵感或者被组织中各种力量所普遍接受的那些具体创造意志为组织制定各种规则与准则，这就使超凡魅力型管理极不稳定。一旦管理者的超凡魅力无法得到"证验"或者管理者的离世，都可以造成组织的混乱，甚至崩溃。

三、官僚制理论

韦伯认为，法理型管理是与现代社会管理理性化要求最相切合的管理形式。这一类型的管理充分体现了理性的基本特质：形式化的、非个人的、可计算的即可预期的运作过程，而这一运作过程的组织形式或管理结构就是官僚制（bureaucracy）。官僚制的核心特征是系统化的劳动分工与权力分层，因此也被称为"科层制"（职能分科，权力分层）。由于官僚制具有层级性、连续性、非人格性和专业化的特点，因此韦伯宣称："一个组织越接近他的官僚制模式，就可能也越有效率。"[1] 韦伯强调，现代社会所有领域中（政府、宗教、军队、企业、学校等等）的组织形式的发展，一般体现出官僚制发展和特征不断增强的趋势，这是因为官僚制具有任何现代组织形式所不具备的"形式—技术"上的优势。正是凭借这一优势，官僚制日益融入现代社会的各个领域与各方面，成为维持现代社会的主要结构。因此，"现代社会只可能在行政管理的官僚制化和外行化之间选择"[2]。根据韦伯的观点，理想的官僚制具备如下的特征。

（一）组织结构的层级性

官僚组织是一个权力自上而下衰减的等级体系。在这一体系内，按照职位的高低，规定人员间的命令与服从关系，除了最高的管理者之外，组织内的每一个人员仅有唯一的一位领导，成员必须而且只能听命和服从这一领导的命令与指挥。一方面，这一层级节制的权力体系，可以极大减少混乱现象；另一方面，管理者能有效指挥与控制下属，确保管理的效率。

---

[1] [英] 戴维·毕瑟姆：《官僚制》（第2版），韩志明、张毅译，吉林人民出版社，2005年版，第4页。

[2] 韩水法：《韦伯》，东大图书公司，1998年版，第260页。

（二）组织分工的专业化

官僚组织依据组织成员的专长和能力合理分配工作任务，确保组织目标的实现。在此过程中，官僚组织以制度或法律的正式形式，明确规定组织成员的工作范围和相应的职责、权力。在这一明确的分工制度之下，组织的工作趋于专业化方向发展。因此，这就要求组织内的所有职务都要由受过专业化培训且有相应任职资格的专业人员来担任，以确保能胜任相应的工作。专业化分工和与之相应的对组织成员专业能力的重视，从根本上确保了组织工作的效率。

（三）组织管理的非人格化

官僚组织内的各项工作均按照既定规则与流程开展，不听从于任意和个人的偏好。与此同时，组织内的人员交往与工作关系，也需遵循法规的规定，不能掺入爱憎、好恶等个人情感，以"对事不对人"（impersonal relationship）的原则处理人与人之间的关系，避免私人因素对组织行为和利益的干扰与影响，确保工作的客观性、合理性和合法性。

（四）组织运行的规则化

官僚组织是根据一套完整的法规制度建立起来的，组织也是凭借着这一套完整的法规制度，以一定的程序为基础，对组织及其成员进行管理的。在此过程中，由于规章制度的规范性和稳定性，确保了组织运行的有序化和持续化。除此之外，组织对每个成员的职责和权利以及履职方式都做出了明确的规定，要求各成员遵守执行，形成了组织成员职能行为的规范化，使得组织各项工作具有连贯性、一致性和整体性。

（五）组织人事的永业化

官僚组织中人员的选用，秉持功绩主义原则，按照自由契约的方式，经过公开考试，选拔任用满足任职资格（competence）的人员，从而确保人员的才学经验和能力素质能达到完成相应工作所需的各项要求，能专精履职。任职资格根据工作目标要求确定，包括任职者教育程度、工作经验、工作技能和工作能力等各项限制性条件，以保证所选用的人员不会因才学不足而影响工作。官僚组织实行制度化的薪酬给付，确保同职同酬和同工同酬。在正常的薪酬之外，官僚组织还配有必要的奖惩与升迁机制，根据成员工作功绩的优劣施以物质和精神奖惩，以及根据功绩或资历，或者两者兼具，给以成员升迁，以激励员工工作，培养组织认同和确保工作稳定。最后，尽管人员的选任是建立在自由契约的基础上，但除非相关人员所犯过错达到法定免职条件外，组织不可以随便以各种理由解除契约关系，以保证人员工作的稳定性。

(六) 组织工作的文书化

在官僚组织中，一切组织的决定都要根据内容重要性和时间的紧急性，按规定以不同的文件形式和传递方式，自上而下，逐级传达到相应层级。与此同时，组织的一切工作和每一项事务都要记录在案。通过文件传输和工作的文书化，确保了组织工作不会因为人员传输的因素，造成信息的失真，又或因为人员的变动，使得工作中断乃至废止，有利于信息在组织内的传递，强化对下级的指挥与控制，保证组织工作的稳定性与连续性。韦伯认为，官僚制是工业新世界里组织的终极形式。在总结官僚制的优势时，韦伯自豪地写道："单从技术的角度讲，能够达成最高的效率水平。从这一点来说，也构成了目前已知对人类施加控制的最理性手段。较之其他形式，它在精密性、稳定性、纪律的严格性和可靠性上都更为优越。"[1] 然而，矛盾总是成对出现，官僚制的理性特征与原则在确保组织获得高效率的同时，也蕴藏着明显的"反功能"（dysfunctional）效果。"越是严格地使用那些原则，'反功能'的效果也就越突出。换言之，每一种原则都有其特有的病态表现。"[2] 例如，对遵循规则的强调会演变为僵化和形式主义等问题。因此我们需要更加历史地、全面地认识与理解韦伯的官僚制理论。但无论如何，官僚制作为一种旨在为保证现代组织获得最高效率而设计的组织结构与理论，直到今天依然闪耀着璀璨的理性之光，为在寻求提高组织效率终极答案之路上前赴后继的求索者们提供了智慧与灵感。

第六节　古典管理理论的系统化与分支发展

泰勒的科学管理理论，第一次将近代科学革命中发展起来的科学方法运用到工业生产领域的管理研究中，使对管理的思考与探索摆脱了一直以来的经验观察而发展到科学理性阶段，开创了管理研究的新范式，将管理带入了管理科学的历史新时期。19世纪末到20世纪初，除了泰勒之外，法约尔和韦伯也为管理学范式的知识累积做出了巨大贡献，成为这一时期管理学科学共同体中不可或缺的标志性人物。他们共同完成了管理学古典时期的知识构建，形成了传

---

[1] ［英］斯图尔特·克雷纳：《管理百年》，闫佳译，中国人民大学出版社，2017年版，第69页。
[2] ［英］戴维·毕瑟姆：《官僚制》（第2版），韩志明、张毅译，吉林人民出版社，2005年版，第8页。

统管理理论或古典管理理论。在古典管理理论的启发与刺激下，其他学科开始借助"科学"来寻找效率，从古典管理理论中寻求学科发展新的技术与哲学基础，实现学科的重生与发展。

一、林德尔·F. 厄威克对古典管理理论的系统化

林德尔·F. 厄威克（Lyndall F. Urwick，1891—1983），出生于英国伍斯特郡马尔文的一个企业主家庭，后到牛津大学莱普顿学院攻读历史专业，于1912年获学士学位，接着获硕士学位。第一次世界大战爆发后，厄威克入伍参军，在1914年被任命为少尉，1917年提升为陆军少校，并被任命为不列颠帝国勋章军官（OBE）。在战时军队工作（1914—1918）期间，厄威克积累了必要的管理经验，而且一次偶然的事件，使厄威克开始接触到泰勒的著作，并从中发现许多与自己的认识不谋而合的观点。怀着激动与虔诚的心情，厄威克从此成为科学管理理论的忠诚追随者和倡导者。在随后的40多年里，厄威克坚定地致力于完善科学管理理论的原理，并将其有效地应用到管理实践之中，为推动科学管理理论的实践应用和管理教育发展，促进科学管理理论的国际交流与合作做出了不可磨灭的贡献。有评论认为："从覆盖面和实践角度看，在英国工商业界，甚至学术界，厄威克对管理理论做出的贡献是巨大的，几乎无人能与之匹敌。"[1]

厄威克认为，科学管理理论之所以被认为有科学的依据，在于它实现了用以事实为依据的归纳法代替以经验或意见为依据的旧有演绎法，并且强调："只要它（科学管理理论）的原理是有充分依据的，它就必然同样适用于人类有组织协作的所有各种形式，适用于任何一种形式的管理事务以及事务管理。"[2] 在综合与系统化泰勒、法约尔、福莱特、穆尼等人早期科学管理理论的过程中，厄威克提出了对于所有组织管理活动具有普适性的管理原则。他指出，尽管泰勒等早期科学管理学家拥有不同的成长经历、文化背景和工作经验，通常在面对相同的管理问题，能经由相似的研究路径，得到一些表述不尽相同但实质相近的对策与结论。厄威克强调，虽然早期的科学管理学家共同努力，奠定了科学管理的理论框架和研究内容，但是这些个人分散的研究都没有从总体上建立起管理原则之间的有机联系，也未将各管理原则应用于具体运用。因而，亟须将科学管理理论系统化，将管理知识进行总体性整合，建立相互间联系，构建

---

[1] ［英］马尔科姆·沃纳编：《管理思想全书》，韦福祥译，人民邮电出版社，2009年版，第179页。
[2] ［英］林德尔·厄威克编：《管理备要》，孙耀君等译，中国社会科学出版社，1994年版，第1页。

一套适用于所有组织管理的一般性管理原则体系。就此，厄威克进一步指出，管理是由计划、组织和控制三种职能组成的一个连续过程，指导这三个职能的原则分别为预测、协调与指挥，这三组职能与原则的衍生与展开，形成了管理原则的基本构架。以此为基础，厄威克提出了他著名的管理八项原则：一是目标原则。目标是组织活动的方向和标准，清晰明了的目标不仅是组织存在的前提，更是凝聚组织成员的基础。二是非人格化原则。组织必须以一种冷静、超然的不带有任何倾向性的态度，根据组织目标，确定组织的机构，然后再为组织机构选配合适的人员，以使人员适应组织机构，完成组织的任务。三是独立原则。组织的管理与领导工作应该由个人独立承担，而不能采用委员会的方式，这样可以确保权力集中、责任明确、指挥统一、行动迅速、高效有序。四是授权原则。组织中的管理者要能够把某些职权授予下级人员，尽可能地充分授权是管理高效开展的最重要条件。五是相称原则。在管理工作中，管理人员不能只承担责任而没有权力，还必须授予他们履行责任所必需的权力。与此同时，被授予权力的管理者必须对下级的所有工作承担个人责任；对于各级管理人员来说，责任与权力必须相称。六是明晰原则。组织中的各项职能的边界应该明晰，各岗位与人员的职责及其相互关系应该确定并被明确知晓。七是幅度原则。管理幅度就是指一个管理者直接控制下属的人数。由于管理者在表面上管理的是一个个单独的人，但实际上也要监督与控制这些单个人之间错综复杂的关系，因此管理人员直接控制与监督的下属人数一般不能超过 5 个，最多不能超过 6 人。八是参谋原则。组织需要为管理者配置专业参谋和一般参谋以辅助其开展管理工作。其中，专业参谋不应拥有管理实权，其主要职能是作为管理者的顾问人员，为管理者提供必要的咨询建议；一般参谋则是以管理者代表的身份参与管理过程，协助管理者完成相应工作。

二、卢瑟·H. 古利克的管理职能理论

卢瑟·H. 古利克（Luther Halsey Gulick，1892—1993）是一位出生于日本大阪，并在那里度过青少年时光的美国管理学家。他的祖父母是第一批抵达夏威夷群岛的西方传教士，之后又前往中国和日本。在日本，古利克的祖父完成了将《圣经》翻译成日文的工作。1919 年，27 岁的古利克成为市政研究所培训学校的校长，两年后，这一机构改组成为国家公共管理协会（其后又于 1931 年改名为公共管理协会），古利克担任了协会会长一职，从此开启了他贡献与服务管理学的漫长生涯。20 世纪 30 年代，古利克进入美国布朗劳委员会，参与重组美国总统办公室，并帮助建立了公共管理交流中心，因此成为富兰克林·罗斯福的座上宾和知心好友。在一份提交给总统行政科学委员会（President Committee on Administration Science），名为《行政科学论文集》（*Papers on Science of Administration*）的报告中，古利克与合作者厄威克提出了著名的管理 7 职能原则。二战期间，古利克为战时的美国设计了一套高效的管理分析方法。战后，他继续致力于管理学的研究与具体实践，在国际社会大力推广管理科学，倡导管理改革。60 年代初，他成为埃及总统纳赛尔（Nasser）的宪法顾问，为埃及的民主宪政进程贡献了自己的智慧。古利克先后独立或与他人一起完成了 15 本著作和 200 多篇论文，可谓著作等身。1993 年，古利克在纽约安然离世，走完了他丰富、传奇的世纪人生之旅。

古利克强调，管理是一个广义的概念，无论是在企业、政府、教育界还是在军界，管理的任务都是相同的，但必须建立在组织科学的原则基础上。他试图把管理看作是一种规则或原则，以便少数管理者能够有效地利用它。他认为："原则的存在是一般的论题，这些原则来自对人类组织研究的归纳，应该支配人类结合的任何安排形式。它们能够作为技术性问题来研究，而不是企业的目的、人事的组成以及组织设立所根据的任何宪法、政治或社会理论。"[①] 为此，他提出组织的高层管理者应该将工作的关注点（Broad Focus）聚焦于计划、组织、人员配置、指导、协调、汇报和预算（用英文首字母表示为 POSDCORB）七个方面上来，以更好发挥上层管理者维持组织的层级网络和结构，并借助这一网络和结构达到组织目标的作用。古利克在此将组织上层管理者作为研究对象的做法显然受到了法约尔主义的影响。POSDCORB"七职能论"的具体内涵分别为[②]：

1. 计划（Planning）。是指为实现组织目标而制定的执行纲领，具体包括目标、方针、程序、规划、方案、预算等。

2. 组织（Organizing）。是指为实现管理主体所确定的目标而建立正式机构以及进行责权分配与管理资源配置的过程。

3. 人事（Staffing）。是指为完成组织目标而进行的人员招募、培训、分配、监督等工作。

4. 指挥（Directing）。主要包括对下级人员的领导、监督和激励。

5. 协调（Coordinating）。是减少与消除组织内部摩擦与冲突，维持各个执行过程一致性的过程。

6. 报告（Reporting）。报告是下级将有关情况通过一定的渠道使上级知晓的过程，同时也是上级对下级的审查、调查和考核的过程。

---

① ［美］尼古拉斯·亨利：《公共行政与公共事务》（第 8 版），张昕等译，中国人民大学出版社，2002 年版，第 55 页。

② 参见姜杰主编的《管理思想史》，北京大学出版社 2014 年版第 149 页相关内容。

7. 预算（Budgeting）。通过经济性测定对组织经济活动进行预测与控制的过程。

在上述七项职能中，古利克对协调职能投以了最多的关注。这是因为，在他看来，组织无论根据哪种原则（目的、过程，被利用的物或被服务的人，地点或场所）构建，都离不开协调职能发挥作用。在交叉和重叠的复杂组织结构当中，不可避免地会发生各种摩擦与冲突，协调职能作用就在于能及时消除与减少冲突与摩擦，保证组织整体功能的顺利发挥。在根据不同原则组建的组织中，协调职能的切入点和侧重点是不同的。具体而言，如果组织是依据目标原则建立的，那么高层管理者就是要保证各主要目标没有冲突，并保持各个执行过程的一致性；如果组织是依据过程原则建立的，高层管理者的任务就是协调以及按时生产和提供服务；如果组织是根据地点或场所原则建立的，那么高层管理者的任务就是保证每一项服务都是利用了标准化的技术，以及任何一处的工作都是总程序和政策的一部分。同时，古利克也强调了协调职能发挥的限制性因素，他认为有五种因素共同制约了管理者对组织的协调能力，分别是[①]：未来的不确定性、管理者自身知识的缺乏、管理者管理技能和技术的缺乏、有序的科学技能与规划，大量可变因素及人类知识的不完整性。

三、威尔逊的行政管理思想

雷恩在总结科学管理的影响时指出："在科学管理的刺激下，其他学科开始考虑通过科学来寻找效率的。"[②] 托马斯·伍德罗·威尔逊（Thomas Woodrow Wilson，1856—1924）这一被后世誉为公共行政学当之无愧的开山鼻祖的学人，正是作为倡导将业已在私人领域取得实践成功的科学管理原理，运用到公共部门管理研究与实践中，以提高政府管理效率而被后人所铭记。托马斯·伍德罗·威尔逊于1856年12月28日出生于美国弗吉尼亚州斯汤顿市的一个牧师家庭。1886年毕业于约翰斯·霍普金斯大学，获博士学位。作为美国进步主义时代的先锋式知识分子，他先后出任美国普林斯顿大学校长、新泽西州州长等职。1912年，威尔逊作为民主党候选人，以"新自由"为竞选纲领，当选美国第28任总统，并因在连任时期作为出席巴黎和会的"三巨头"之一，发表旨在处理"一战"后国际秩序的"十四条原则"而为世界所熟知。作为学者的威尔逊，长期致力于法学和政治经济学研究。1885年，他的博士论文《国会政府：美国

---

① ［英］马尔科姆·沃纳编：《管理思想全书》，韦福祥译，人民邮电出版社，2009年版，第252页。

② ［美］丹尼尔·A. 雷恩：《管理思想史》（第5版），孙健敏、黄小勇、李原译，中国人民大学出版社，2009年版，第283页。

政治研究》出版，这是威尔逊公开出版的第一部学术著作。之后，他又相继发表和出版了《行政学研究》（1887）、《论国家的历史与实践的政治因素》（1889）、《分裂与联合》（1893）、《美国人民的历史》（1902）、《美国的宪法政府》（1908）和《新自由》（1913）等。其中，他于1887年在《政治学季刊》第二期（Political Science Quarterly, 2）发表的《行政学研究》（The Study of Administration）一文，因旗帜鲜明地提出建设独立公共行政学的时代意义、研究主题与研究方法等内容，而被视为公共行政学的奠基之作。"毫无疑问，威尔逊在他的论文里确定了一个清楚的论题，对公共行政领域有持久的影响，即公共行政值得研究"①。

（一）威尔逊公共行政思想产生的背景

威尔逊构想建设一门独立的公共行政学的时代，正是美国历史上最为重要的"进步时代"（progressive era）。"进步时代的历史意义不仅在于对镀金时代的反思和超越，更在于破解了大国崛起的瓶颈问题，同时也帮助美国人找回了一度失落的文化自信和道路自信。"② 如何帮助政府更好地因应进步时代背景下的各种新挑战，推动政府治理方式与治理机构变革以适应和满足新的社会需求，就成为那个时代政治家和学者共同关注的问题。众所周知，作为在新大陆诞生的新国家，美国从19世纪中叶以来，在南北统一等各种有利因素的刺激下，经历了迅猛且巨大的经济与社会变迁。在自由资本主义的推动下，美国经济高速增长，社会空前繁荣，科学技术昌明进步，在短短的几十年时间里，迅速完成工业化和城市化，迎来了所谓的"镀金时代"。美国从一个传统农业社会就此快速转变为城市工业社会，以农业和手工业为主的资本主义经济迅速成为以大企业为核心的公司资本主义。美国工业的成长与经济的进步，引发了规模庞大的移民潮，改变了美国既有的人口结构。在经济高速增长与社会普遍繁荣的背后，是社会财富向少数人群的迅速集中和贫富差距的不断扩大，社会问题日益突出，社会矛盾不断尖锐。到了20世纪之初，美国已然不再是之前的美国。然而，不论是从地方到中央，美国的国家治理结构与治理方式仍然沿袭19世纪以来的政党政治之下的有限政府及其治理方式的传统，面对着日益增长且复杂化的社会问题，"这不仅不能有效地解决社会变迁带来的各种新问题，而且似乎越

---

① ［美］尼古拉斯·亨利：《公共行政与公共事务》（第8版），张昕等译，中国人民大学出版社，2002年版，第48页。

② 张国庆：《进步时代》，中国人民大学出版社，2013年版，第1页。

来越成为问题的一部分。"① 与此同时，学者们依旧秉持着传统的治学思路，将研究的注意力集中于宪法、国家性质、主权的实质和地位、民权和合法特权以及政府目的等政治学与法学的传统问题之上，并没有对亟须解决的现实问题进行深入与系统的研究。"谁也没有从作为政府科学的一个分支的角度来系统地撰写过行政学著作。"② 现实对理论的急切需求与研究无法满足现实需要之间的深刻矛盾，激发了威尔逊创建独立公共行政学的雄心。他开宗明义的指出："这就是为什么应该有一门行政科学的原因，它将力求使政府不走弯路，使政府专心处理公务，减少闲杂事务，加强和纯洁政府的组织机构，为政府的尽职尽责带来美誉。这就是为什么会有这一门学科的原因之一。"③

（二）美国公共行政学建设的必要性与特殊性

威尔逊是通过对西方国家制度史的考察与分析，揭示在当时美国开展公共行政学研究的特殊性与必要性的。他认为，在现存最充分发展的政治体制中，政府经历了三个发展时期：第一个时期是绝对统治（专制权力）时期。在这个时期中，行政系统与绝对统治相适应。处于这一时期的国家，政治民主化尚未完成，统治者依然握有绝对权力，但相对开明，能在行政实践方面成为政府的表率，即通过集权统治者的个人意志使行政机制达到完善。在这样的政府当中，行政管理是按照公共福利的目的组织起来的，并且具有仅仅完成单一意志所规定的任务才可能具有的那种简便和效率。第二个时期是制定宪法、废除绝对统治者并用人民的控制取而代之的时期。在这一时期当中，由于人们将绝大多数的注意力投向对制定与修正宪法以控制和约束政府权力的相关事务上，因而忽视了行政管理的改进与完善工作。"英国民族长期而成功地研究了抑制行政权力的艺术，却忽视而未改善行政方法的艺术。"④ 第三个时期是在宪政框架下建设行政管理的时期。威尔逊认为，美国正处于从第二时期向第三时期过渡的阶段，"人民经过前一时期与专制权力的斗争，为自己赢得了宪法，他们必须发展行政管理以与这种宪法相适应"⑤。因此，如何通过对行政管理的研究来摆脱因制定宪法而形成的历史包袱，维护民治政府的健康，就成为决定美国能否顺利从第二时期向第三时期进步的关键。

---

① 马骏、刘亚平：《美国进步时代的政府改革及其对中国的启示》，格致出版社，2010年版，第14页。
② [美] 威尔逊：《行政学研究》，载于《国外政治学》，1987年第6期，第30页。
③ 毛寿龙主编：《西方公共行政学名著提要》，江西人民出版社，2006年版，第34页。
④ [美] 威尔逊：《行政学研究》，载于《国外政治学》，1987年第6期，第30页。
⑤ [美] 威尔逊：《行政学研究》，载于《国外政治学》，1987年第6期，第30页。

威尔逊认为，美国作为一个业已完成政治民主化的国家，在行政管理学建设过程中应体现出与德国、法国等尚处于第一时期的非民主化国家行政管理学不同的特点与气质，尽管行政学在这些非民主化国家已有较长的研究历史和丰富的成果，但"在民主国家其行政管理与非民主国家相比较，是建立在一个根本不同的基础之上的"①。因此，威尔逊强调，在美国的行政管理学研究与建设中，可以采用历史比较法，汲取德国、法国等国家行政管理的经验，但"必须对之美国化，使之不仅在语言方面，而且必须在思想、原则和目标方面美国化，让行政学吸入美国的自由空气"②。显然，威尔逊致力于创建的美国式行政管理学是以服务美国民主宪政的政治结构为宗旨与使命的，这种民主政治的行政管理学与盛行欧洲的服务于帝制时期专制权力的以官房学说为主体的行政管理学有着本质上的天壤之别。正是透过这一点，我们可以清晰地看到威尔逊同冯·史坦因等欧陆较早使用"行政学"这一名称的学者在行政学具体内涵上的显著差异，也正是由于这种差异，才成就和巩固了威尔逊"行政管理学之父"的地位。

（三）公共行政学的目标与性质

威尔逊在《行政学研究》文章中，开宗明义地指出，行政学研究的目标在于了解。"首先，政府能够适当地和成功地进行什么工作。其次，政府怎样才能以尽可能高的效率及其在费用或能源方面用尽可能少的成本完成这些适当的工作。"③具体而言，威尔逊认为，公共行政学的目标就在于通过科学研究，为公共行政明确活动的范围与领域，并为其提供高效率完成相应工作与任务的适当结构和方法。为此，威尔逊强调，首先就需要使行政摆脱政治活动长久以来的影响与控制，使之成为一个自主运作的独立领域，才能为之后的一切工作奠定基础。他进一步认为，1883年国会通过的《彭德尔顿法》，使美国因此开启了以功绩制为核心的文官制度改革，为开辟行政的独立运作搭建了良好的基础。它"是通往更完善的行政改革的一部序曲。它不仅树立了信任、尊严和威信，而且还为行政机关公正办事铺平了道路。"④ 接下来，行政学的任务就是要为"继续调整行政职能，并且规定一些有关行政组织与行政活动的更好办法"⑤ 提供必要的学理支撑与原则方法，"把行政方法从经验性实验的混乱和浪费中拯救出来，并使他们深深根植于稳定的

---

① ［美］威尔逊：《行政学研究》，载于《国外政治学》，1987年第6期，第30页。
② ［美］威尔逊：《行政学研究》，载于《国外政治学》，1987年第6期，第30页。
③ ［美］威尔逊：《行政学研究》，载于《国外政治学》，1987年第6期，第30页。
④ ［美］威尔逊：《行政学研究》，载于《国外政治学》，1987年第6期，第30页。
⑤ ［美］威尔逊：《行政学研究》，载于《国外政治学》，1987年第6期，第30页。

原则之上"①。为此，威尔逊提出了作为公共行政学理论基石的"政治与行政二分原则"（Dichotomy of Politics and Administration）："这一原则的确立不仅促进了行政学同政治学的分离，而且，后经古德诺（Franc J. Goodnow）的系统发展，成为产生广泛影响的行政管理理论。"② 在弗兰克·J. 古德诺那里，政治与行政的二分法原则被完整地表述为："在所有的政府体制中都存在着两种主要的或基本的政府功能，即国家意志的表达功能和国家意志的执行功能。在所有的国家中也存在着分立的机关，每个分立的机关都用它们的大部分时间行使着两种功能中的一种。这两种功能分别就是：政治与行政……实际政治的需要却要求国家意志的表达与执行之间协调一致……如果国家意志的表达不仅仅是一种对信仰的哲学意义上的陈述，一种至善的劝告，则这两种功能必须协调一致。也就是说，国家意志的执行必须受表达国家意志机关的控制。"③ 尽管后世有的学者出于某种研究目的，刻意凸显了"政治与行政二分原则"中政治与行政"相分"的旨意，"政治事务应该由政治官员来处理，行政事务由行政官员来处理"，但通过古德诺的完整表述我们可以认识到，所谓的"政治与行政二分原则"并不单纯要求政治与行政的"相分"，它同时也强调两者的"相协"。威尔逊最初将"政治与行政二分原则"作为行政学的理论基底的本意就在于希望通过行政学的研究能为政治与行政这两种不同的国家职能的分别划定清晰的界线，但同时又能保证独立高效运作的行政不会越出宪政民主的框架，而始终以高效率的方式为民主政府服务。"以民主的方式做出决定后，行政执行有赖于与私人企业管理相同的技术和方法。"④ 因此，在威尔逊看来，行政是一种工具理性的活动，其目的就是用更具效率的方式服务和捍卫美国的民主制度与价值。他始终坚信："关于国家的观念正是行政管理的灵魂。"⑤

威尔逊作为公共行政学的创始人，在他的有关著述中还对行政与宪法、行政与教育、行政与公共舆论等与公共行政学研究主题密切相关的问题进行了论述。通过论述，威尔逊为行政学的研究聚焦主题、明确任务、划定范围，奠定了学科未来发展的基础。正是沿着威尔逊所开辟的道路，经过历代学者的共同努力，当下的公共行政学（公共管理学）业已成为管理学科最具社会领导力、影响力与改造力的一个分支。

---

① ［美］威尔逊：《行政学研究》，载于《国外政治学》，1987年第6期，第30页。
② 张康之等：《公共管理导论》，经济科学出版社，2003年版，第13页。
③ ［美］古德诺：《政治与行政》，王元译，华夏出版社，1987年版，第12、14、71页相关内容。
④ ［美］罗伯特·B. 登哈特：《公共组织理论》（第3版），扶松茂、丁力等译，中国人民大学出版社，2003年版，第49页。
⑤ ［美］威尔逊：《行政学研究》，载于《国外政治学》，1987年第6期，第30页。

第七节　对古典管理理论的总结

作为管理理论第一阶段成果的古典管理理论，将科学的研究方法引入管理问题研究之中，开启了管理思想的科学时代。古典管理理论提出了许多对后世管理思想发展与实践进步深具影响力的原则、方法与举措，并为其他新兴学科的创立提供了巨大的思想动力与理论支持。但毋庸讳言，作为时代的产物，受制于时代因素的限制，古典管理理论也有不可避免的缺陷。

一、古典管理理论的总体特征

总体上，古典管理理论呈现出如下特征：

（一）聚焦效率最大化目标

古典管理理论以实现高效率为自身的理论追求与使命。效率最初是电学和机械学中所使用的一个概念，指的是产出的能量或功与投入和消耗的能量的比值或比率[①]。后来，在社会科学研究中也广泛使用效率这一概念来描述社会活动所取得的成果和所消耗的资源之间的比例，以反映社会活动的有效程度。管理学中，效率就是指达成任务目标的投入产出比。任务目标可以是个体劳动者的具体生产任务，也可以是组织制定的组织目标。在古典管理理论中，既有关注个人效率的研究路径，也有关注组织效率的研究路径，由此形成了管理学研究的两种传统：以泰勒科学管理理论为代表的管理学理论，以劳动者个体为研究对象，重点关注个体劳动效率的最大化问题；以法约尔和韦伯为代表的欧陆组织理论，以组织为研究对象，聚焦于组织效率的最大化问题研究。尽管研究对象与研究层次不尽相同，但对效率问题的关注却是古典管理理论共同的问题指向。

（二）推崇标准化工作方式

古典管理理论强调管理过程的标准化。标准化就是指为组织的生产活动或业务处理预先设定供组织成员普遍遵守的动作与流程标准，从而确保组织运行的有序性和高效性。泰勒的工时研究、吉尔布雷恩伉俪的动作研究以及法约尔、厄威克等管理原则的提出，正是致力于为工人生产或组织运转提供某种可以遵循的科学标准。标准的制定可以为工作劳动提供科学的指导，提高个体劳动效率，也可以增强组织运转的协同性，有利于组织效率的提升。标准化生产与管

---

① 张国庆：《行政管理概论》（第2版），北京大学出版社，2000年版，第351页。

理之于效率的作用在"汽车大王"亨利·福特的汽车工厂中得到堪称完美的实践。

（三）突出管理者的能动性

古典管理理论强调管理结果的获得并非是一个自发形成的过程，它需要管理者预先的设计和管理过程中的控制，是一个人为介入，以目标任务为指向的过程。法约尔的管理要素理论、韦伯的官僚制理论以及古利克的 POSDCORB 理论，从不同的维度与层面对管理者在管理过程中的具体活动与职能功能进行了描述与规定。总之，在古典管理理论视野中，管理是管理者根据预先设定的目标、程序与方法对被管理者施加不同影响以共同达成组织目标的过程。

（四）定向组织整体性

古典管理理论是将组织作为管理研究的场域和背景，而在其中开展相关问题研究的，并非是抽象、孤立地研究管理问题。即便泰勒的科学管理理论以个体的劳动生产率为主要研究对象，但也是将此问题放置在工厂组织这一背景下开展研究，并且研究成果也是指向工厂整体利益而非工人个体目的；工厂组织成为泰勒研究的场域，工人个体只是研究的切入点和对象，研究最终还是为组织整体利益服务的。类似的还有吉尔布雷恩伉俪、埃默森等人的研究。因此，古典管理理论尽管有不同的具体对象与研究路径，但都以组织作为研究的特定背景，以实现组织整体利益为理论归旨。

二、古典管理理论的不足

（一）强调"机械"的效率观念，忽视了被管理者的主观因素

古典管理理论的出发点是如何通过标准化的工作方式与管理过程，维护组织正常生产秩序，改进个体工作状况，提高生产量，降低成本，从而确保组织整体利益的最大化。在此过程中，被管理者接受、服从与执行管理者的指令，管理者指令（计划）制定的可行性、科学性水平和对被管理者的监督与激励的方式决定着被管理者能否忠实地执行指令。被管理者在管理过程中都是处于被动地位，他们的意愿、要求、利益与尊严在管理过程中被忽视，自身的能动性无法得到发挥，仅仅被视作进行特定生产作业的生产工具，而且在古典管理理论预设中，被管理者是一群好逸恶劳、缺乏上进心的懒惰之徒，无法获得应有的地位与尊重。这一点成为古典管理理论最为后世诟病的地方。"科学管理或许并未提高道德，但它本身也并不是不道德；它只是把道德的考量放到了效率至

上的理性主义态度之下。员工成了炮灰。科学管理的立足点,缺乏信任,缺乏对个人价值和才智的尊重。"①

（二）从静止的视角看待组织,忽视了组织的动态性

古典管理理论基本都只关注于组织结构、内部分工、工作程序、管理职能等问题,强调建立层级节制体系,订立完备的规章制度,选择最佳的工作方法以及加强监督控制等工作,忽视了对人这一构成组织最基本因素的研究。实际上,组织之所以成为组织,组织之所以需要管理的根本原因就在于组成组织的人的复杂性。因此,如果只对组织中诸如规章、分工、方法、结构等人的创造物以及工作环境、工作条件与待遇等静态物进行研究,却不对人的思想观念、相互关系、心理状态、工作士气、行为特征等与组织成员行为有关的动态问题进行研究,显然是不全面和不完整的。不仅如此,古典管理理论还将组织视为一个封闭的（closed system）、不与外部环境发生关系的系统。古典管理理论的整个重心都放在对组织内部管理过程的研究上,而忽视了对组织与外部环境交互关系的关注。这种将组织视为一个与外部环境无涉的独立运作的"黑箱"的非系统论观点也是古典管理理论的一大不足。最后,在古典管理理论中,被管理者被视为一个个孤立的个体,根据组织的安排固定在各自工作岗位上,彼此间没有个人情感的交流与相互合作的基础,员工就像被装在组织这个"袋子"中的一包玻璃球,同在一处又相互分离。

（三）研究视野的狭窄和方法单一,限制了理论的深度与广度

古典管理理论虽然已将科学研究方法引入组织管理问题的研究,但由于大多数早期的学者只以工厂中的管理问题作为研究对象开展研究,视野相对狭窄,加之多数研究者仅采用观察分析的研究方法进行研究,研究方法也显得相对单一。最为重要的是,这些早期研究者更多的是对管理有浓厚兴趣的管理者而非专业的管理学家,因此他们受自身学识和专业背景的制约与影响,使得他们的研究成果在概念的统一性、理论的系统性、逻辑的周密性、分析的全面性以及对策的精准性方面都存在着一定的不足,影响着古典管理理论的深度与广度。

---

① ［英］斯图尔特·克雷纳:《管理百年》,闫佳译,中国人民大学出版社,2017年版,第31页。

第三章 行为科学管理理论的超越

当古典管理理论在西方工业世界大行其道，为组织效率提升排忧解难、屡建新功的时候，它所固有的弊端也逐渐暴露。对人性偏颇的认知、对人能动性的忽视以及对人个性化需求的否定和对机械式管理方式的推崇，都引起了人们对该理论越来越多的质疑。随着资本主义经济的成长和社会文明程度的提高，人在社会生活中的价值以及重要性越来越凸显，在行为科学的影响下，越来越多的管理学者开始将关注点投向组织中的人，试图通过开展与人的心理和行为有关的问题的研究，进一步认知人在管理中的作用与价值，探索个体心理行为与管理的关系，构建以两者交互关系为主要内容的管理理论。这一新的思想转向是以乔治·埃尔顿·梅奥（George Elton Mayo）在美国开展的为期5年（1927—1932）的霍桑实验为开端的。正是在霍桑实验的意外发现中，现代管理理论进入了以人为研究中心的新阶段。这一阶段的管理理论通常被称之为行为科学管理理论。同时，由于这一阶段的管理理论更多的是针对古典管理理论中的明显偏颇与缺失做出的纠正与弥补，因而又可称为修正时期的管理理论。

第一节 行为科学的界定与内容

行为科学（Behavioral Science）是20世纪40年代左右在美国兴起的一种综合运用心理学、社会学、管理学等学科知识与方法，研究人类行为客观规律的研究范式或新兴学科。雷恩指出，行为科学产生于一个"个体希望冲出经济不幸、社会冲突和弊端，以及预示着传统关系发生变革的政治转型"[1] 的时代，有着深刻的时代背景。具体而言，20世纪三四十年代对于西方世界来说是一个动荡不安的时代，经济大萧条和相继而来的世界大战，导致了西方世界生产方式、生活方式和人们价值观发生巨大改变；经济的萧条，收入的减少，终结了经济发展为人类经济社会带来空前发展与繁荣的辉煌历史。社会上大规模的经

---

[1] [美] 丹尼尔·A. 雷恩：《管理思想史》（第5版），孙健敏、黄小勇、李原译，中国人民大学出版社，2009年版，第428页。

济衰退、公司倒闭、员工失业现象，彻底击穿了资本主义虚假繁荣的神话，各种被长期经济发展掩盖或者弱化的问题在此时逐渐暴露，动摇了人们的信心，改变了人们看待大企业和大资本家的原有态度，产生了普遍性的社会失调和工业失调问题。一方面，人们对以大企业等为代表的经济贵族提高了警惕，力图推动工业民主化，削弱大企业过度集中的权力，在一定程度上恢复普罗大众的社会影响力。另一方面，由于大萧条带来的经济失落感，动摇了西方世界的个人主义传统和信念，人们对归属感的关注超越了对个人成就的关注。"个体在组织中感受到的孤独感导致了集体主义和社会人的兴起。"[1] 在动荡不安与前途未卜的时代，人们对集体和组织充满了期待，希望通过集体和组织重新获得内心的慰藉和个人的成就。在这一背景下，心理学、伦理学、社会学、管理学等不同学科的学者，都不约而同地将研究聚焦于新条件下人的行为的研究，试图通过研究找寻到人们行为失调的原因，从而为改变人们的行为，有效调节社会与工业失调，促进社会和谐、集体合作和个人发展，最终确保资本主义制度的稳定和经济社会的发展进步。一种新的综合学科——行为科学，在此背景下应运而生。

一、行为科学的含义

行为科学有广义和狭义的理解。广义的行为科学（Behavioral Sciences）是指以自然和社会环境中人的行为为研究对象的一切学科，是一个包括心理学、社会学、人类学、生物学、医学在内的学科群。狭义的行为科学（Behavioral Science）则是指运用与人类行为有关的学科知识与研究成果，对人组织化的行为和人与人之间的关系进行研究的学科。通常我们所使用的"行为科学"，就是行为科学的狭义概念。

在概念使用中，容易与行为科学相混淆的概念还有行为学（Ethology）和行为主义（Behaviorism）。尽管行为科学、行为学和行为主义都与"行为"有关，但三者之间在实质上有着巨大的差别。具体而言，行为学是以动物个体和群体行为为研究对象的学科，通常也被称之为"动物行为性"。行为学的产生，一般将其归功于20世纪50年代荷兰生物学家廷伯根和奥地利生物学罗伦茨的开拓性工作。行为主义最早是由美国心理学家约翰·华生（John Broadus Watson，1878—1958）创立的一个心理学流派，这一流派强调用科学的、实证的研究方法展开对人类心理问题的研究，摒弃了之前主要靠内省的、经验的方法进行心理学研究的传统。华生在心理学领域掀起的"埋葬主观"的潮流，使心理学从

---

[1] ［美］丹尼尔·A. 雷恩：《管理思想史》（第5版），孙健敏、黄小勇、李原译，中国人民大学出版社，2009年版，第438页。

此能够凭借其客观性和实验性跻身于自然科学之中,成为自然科学的分支之一。第一次世界大战时期,行为主义心理学的研究范式开始向政治学、社会学等领域渗透,形成了一股借助自然科学研究方法开展对人类社会行为相关问题研究的潮流。这一潮流所形成的研究传统和路径就被称之为行为主义,其中有政治学行为主义、社会学行为主义、经济学行为主义等不同的分支。行为科学是研究人类组织化行为的学科和理论。1949年,一批哲学家、心理学家、社会学家、管理学家和生物学家齐聚美国芝加哥大学,讨论和研究有关组织中人类行为的理论,并将其正式定名为"行为科学"。美国福特基金会随后成立了"行为科学部门"(人类行为研究基金会),并于1953年开始资助哈佛、斯坦福等大学开展人类行为相关研究,洛克菲勒基金会和卡耐基基金会等机构随后也加入了资助研究的行动。1956年第一期《行为科学》(*Behavioral Sciences Journal*)杂志在美国的出版发行,标志着行为科学研究的学术共同体的形成,行为科学从此开始在美国兴起,随后影响全球。

二、行为科学的主要内容

梅奥通过霍桑实验所创建的"人际关系学",为行为科学提供了重要的实验证据和参考,成为行为科学的主要理论源头之一,促进了行为科学的发展。随着行为科学研究的不断深入和对人类行为规律性认识的不断深化,行为科学的研究成果又反过来推动了管理学的发展和新领域的开辟。就整体而言,行为科学主要由对个体行为、群体行为和组织行为三个不同研究对象进行研究的理论体系构成。具体而言包括如下几个方面(图3-1)。

图3-1 行为科学的主要内容

(一)个体行为理论

个体行为的基本理论是动机激发理论,这一理论是行为科学的基础理论。它强调,动机是产生行为的原因,动机又因人的内在需求而形成。某种动机一旦形成,就要求人们采取行动以满足内在需求。动机激发理论是围绕如何激发人的工作积极性而展开的,在一定程度上解释了人的行为原因及其相关规律性,其基本逻辑如图3-2。

需要 → 动机 → 行动 → 目标

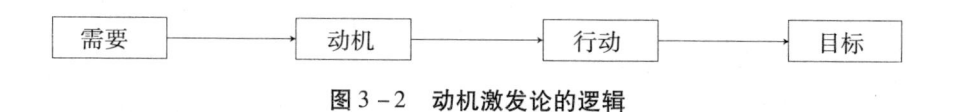

图 3-2　动机激发论的逻辑

马斯洛的需要层次理论、赫兹伯格的双因素理论、弗鲁姆的期望理论、麦克利兰的成就激励理论、亚当斯的公平理论等都属于动机激励理论。

（二）群体行为理论

群体行为理论是研究群体（组织）生活中人与人之间相互关系的理论，主要包括梅奥的人际关系学、勒温创立的群体动力理论以及群体冲突理论，其中群体冲突理论是研究人们产生矛盾冲突的原因以及如何化解矛盾的方法的理论。一般而言，矛盾冲突有建设性冲突和破坏性冲突两种。群体冲突理论既研究如何防止破坏性冲突对组织造成的伤害，又研究建设性冲突对组织带来的潜在影响，从而维持组织的团结与稳定。

（三）组织行为理论

组织行为理论由领导行为理论和组织行为理论两部分构成。其中，领导行为理论主要是以组织中领导的行为为研究对象，其核心问题是探求有效领导的方式。归纳起来，领导行为理论由领导性格理论、领导方式理论、领导情景理论和与领导行为有密切关系的人性假设理论四类理论组成。而组织行为理论主要是研究组织构造与权力运作系统同组织效能与目标实现之间关系的理论，这一理论的典型代表是霍斯曼的社会系统模型理论、利克特的新型管理系统理论以及斯托克的有机组织理论。

本章将介绍以上行为科学理论中与管理学发展具有密切联系的代表性理论。

第二节　梅奥的人际关系理论

英国学者斯图尔特·克雷纳（Stuart Crainer）指出："唯有你意识到弗雷德里克·泰勒、亨利·福特或者小艾尔弗雷德·斯隆的理论和实践中全无人性之地位，才能充分理解霍桑实验的重大意义。"[①] 作为霍桑实验主持人之一的梅奥，在思考与解释实验中出现的"反常"的过程中，不经意间发现了组织中的人及其人与人之间的相互关系——这一被古典管理理论有意或无意忽略掉的因

---

① ［英］斯图尔特·克雷纳：《管理百年》，闫佳译，中国人民大学出版社，2017年版，第31页。

素——对于组织管理的重要性，人际关系管理理论研究的新篇章由此揭开。从此以后，管理学家研究视野中的"人"便成为同古典管理理论所描述的"人"不同的人，他们是有情感、交流、欲望、思想的人，是有血有肉、鲜活的生命体和社会人。

乔治·埃尔顿·梅奥（George Elton Mayo，1880—1949）出生于澳大利亚阿德雷德，在澳大利亚完成大学学习后，在洛克菲勒基金会的资助下，于1923年来到美国，在宾夕法尼亚大学沃顿商学院开展工业精神病项目的研究和教学工作。随后于1926年被哈佛大学商学院聘为研究员，1929年受霍桑工厂副经理乔治·彭诺克邀请，参加由工业照明委员会（美国国家科学院国家研究委员会的分支之一）在霍桑工厂组织的管理实验。由于梅奥在霍桑实验中的突出贡献和随后的理论成就，一时声名鹊起，他开创的人际关系管理研究新路径也成了炙手可热的学术新宠，梅奥因此获得了"人际关系管理理论之父"的头衔。梅奥根据霍桑实验总结而成的人际关系理论的主要观点，主要体现在他的《工业文明的人类问题》（*The Human Problems of an Industrial Civilization*）和《工业文明的社会问题》（*The Social Problems of an Induastrial Civilization*）两本著作之中。

一、社会人的假设

通过霍桑实验，梅奥深刻地认识到，那种被古典管理理论引为立论基础的"理性经济人"假设与现实中人的实际行为与表现存在着明显的对立，"理性经济人"缺乏现实依据，从而提出了自己的"社会人"假设。

第一，人具有与生俱来的同他人进行人际交往与合作的本能。

第二，人类交往与合作的本能维系着传统社会或小型组织的秩序。

第三，传统社会或小型组织中的人们，在人际交往的过程中获得安全感、稳定感与人生价值。

第四，现代工业生产方式的出现，大大降低了个人与社会协作的可能性，社会出现瓦解的症候：一方面不快乐的人开始增加；另一方面社会的组织水平开始下降。这是导致各种社会与管理问题出现的根本原因。

第五，当前需要在发展一个对最底层公民也能提供高度物质享受的社会过程中，保证每个人都能热烈且自发地参与促进社会协作的努力，重建人类合作的能力。

梅奥根据"社会人"的假设，认为在管理实践中，管理者应该重视员工的社会需要，不能简单将任务完成情况作为对员工进行奖惩的标准。同时，管理者也不应该只注意计划、组织和控制等职能，而应该更加重视员工间的人际关系，塑造和培养员工对企业的归属感与认同感。最后，管理者不仅要肩负起组织工作的责任，还应该倾听员工的意见，积极了解与掌握员工的思想与情绪，为员工参与企业管理提供条件、创造机会,增强员工的责任感与使命感。

二、组织中的"非正式组织"

通过霍桑实验,梅奥确认了在正式组织中存在着一种相对稳定的非正式的团体与组织,他将非正式组织的特征总结如下[1]。

(一)较强的凝聚力

非正式组织中的人员具有共同的思想与情感基础,彼此感情较为密切,相互信赖,有时候甚至会出现为了维持彼此关系,违反正式组织规定与原则的现象。

(二)较强的心理调节性

由于非正式组织的成员是基于地缘、兴趣、共同的价值观、爱好、血缘与亲戚关系等各种非正式原因而自愿结合的,他们对相同问题的看法往往具有高度的一致性,行为习惯也存在某种共同性和相似性,因此相互间具有高度的认同感与归属感。当非正式组织成员进入新的环境后,就会产生明显的抵触情绪或不适应现象。

(三)信息沟通便捷

非正式组织成员对信息反应具有极大的相似性,成员间交流频繁,信息传播迅速快捷。

(四)具有非正式领导

非正式组织具有组织性,却没有明确的机构;有成员和规范与约束成员行为的惯例、价值观、准则、信念和非官方的规则,却没有正式的制度与规章;有领导人,但不是经由正式任命或选举产生,而是在非正式组织发展过程中,凭借个人才能、知识、力量、魅力、传统或道德等因素自然产生的,受到非正式组织成员的拥戴。因此,组织管理者需要高度重视非正式组织的作用,正确规范、引导非正式组织的活动,充分发挥非正式组织在管理中的积极作用。

三、激励"士气"

士气本来是一个军事用语,形容士兵在作战时所需的勇猛杀敌、团结奋进的精神与作风,是取得战事胜利的重要保证,所谓的"一鼓作气,再而衰,三

---

[1] 彭新武:《西方管理思想史》,机械工业出版社,2018年版,第62页。

而竭"。梅奥借用"士气"一词，将其解释为"维持合作的积极动机"[1]，认为士气是员工主动自觉遵守组织劳动纪律，认真从事生产，积极提高产量的内在动力之源。古典管理理论认为，员工的工作条件、物质待遇，其所采用的工作方法和组织结构等因素，决定着员工产量的高低与否。梅奥通过霍桑实验得到了与此不同的结论。他认为，士气以及以士气为基础所形成的良好人际关系，才是确保组织高产量的关键因素。"人在社会关系方面的需要是员工最为重要的需要，只有充分满足员工的社会心理需求的新型领导者，才能激励员工'士气'，进而为文明社会找出正确的前进方向。"[2] 因此，梅奥强调，管理者不仅要拥有技术性能力，用于妥善处理与解决组织生产过程中的各种技术性问题，更要拥有人际性能力，善于与人交往，并对组织成员的态度做出反应，构建良好的人际关系，推动合作实现，激励员工的"士气"。纵观梅奥旁征博引、大开大阖的论述，在很多地方实际上已经超出了管理学的学科范围与领域，触及诸如安东尼·吉登斯（Anthony）和林南（Nan Lin）等后期学者所广泛关注的现代性断裂、社会资本等问题。由此可见，具有广阔学术视野的梅奥，是将管理问题放入传统社会向现代社会转型的历史过程进行思考与研究的，从中梅奥敏锐地发现了这一过程对工作、生活于其中的人所带来的影响，以及这一影响对于社会的反作用之时起，就突出了一个个活生生的人在问题解决中的中心位置。梅奥的思想提醒人们需要对生活于转型社会中的人给予更多的关注与尊重，为解决社会转型中的人的问题提供了一种全新的思路与对策。正是在梅奥思想与方法的启迪下，行为科学得以在20世纪30年代的西方科学界蓬勃发展，流泽至今。

第三节　需要层次与激励理论

梅奥通过霍桑实验，重新认识与发现了人在管理中的角色与作用，尽管把人视为完成组织任务不可或缺的重要因素的认识，在管理思想史中并非全新的观念。早在工业革命之初，罗伯特·欧文就强调过自己的员工是至关重要的机器，并在实践中有所体现。但梅奥第一次注意到了因为工业生产方式对人际关系的破坏而对组织中人所带来的伤害及其引起的消极管理后果，并为问题的解决开出了人际关系管理的药方。由于人际关系运动的推动和社会心理学、社会学、精神病学等学科的发展，对管理中人的行为的研究进一步专业化。"科学管理运动在很大程度上是由工程师们主导的，但人际关系时代则主要是由行为科

---

[1]　[美]乔治·梅奥：《工业文明的社会问题》，时勘译，机械工业出版社，2016年版，第153页。

[2]　彭新武：《西方管理思想史》，机械工业出版社，2018年版，第63页。

学家们掌握的。"① 在这一时期，人之所以行动以及如何让人更积极地行动——动机与激励——的问题得到更为深入的理论阐述，涌现出了一批深具影响力的动机与激励理论。

一、需要层次理论

亚伯拉罕·H. 马斯洛（Abraham H. Maslow）是美国社会心理学家，人本主义心理学的主要发起者和理论家，需要层次理论的创立者。1951 年，马斯洛应马萨诸塞州新成立的布兰代斯大学邀请，出任该校心理学系主任和心理学教授，开始了对健康人格与自我实现者的心理特征的研究工作。在研究过程中，马斯洛注意到从西格蒙德·弗洛伊德开始的心理学研究所存在的缺陷，这些研究都以精神病患者或更严重的病患为研究对象，从人类的病态中得出研究结论，忽视了人的健康心理。为弥补之前心理学研究的不足，马斯洛第一次将"自我实现"和"人类潜能"等概念引入心理学范畴，开创了人本主义心理研究的新取向，马斯洛因此也被喻为"人本主义心理学之父"。在创建人本主义心理学的过程中，马斯洛构建了需要层次理论和自我实现论，这不仅为人本主义心理学提供了坚实的理论基础，同时也促进了以人为中心的管理理论的发展。

1943 年马斯洛在《心理学评论》上发表了《人类动机理论》（*The Principles of Human Motivation*）一文，首次提出了著名的需要层次理论。马斯洛认为："人是一种不断需要的动物，除了短暂的时间外，极少达到完全满足的状态。"② 需要能够影响人类的行为。马斯洛需要层次理论之前的动机理论一般把满足诸如饥饿、干渴等生理需要作为研究的起点和重点，而马斯洛则认为，这些生理需要是实现其他更高更复杂需要的基础。在生理需要未被满足之前，它们会一直居于主导地位；但一旦获得满足，它们就不再是起主导作用的需要。生理需要一旦得到满足，它们被更高层次的需要所取代并成为行为的动因。"一个欲望满足后，另一个迅速出现并取代它的位置，当这个被满足之后，又会有一个站在突出的位置上来。人总是在希望着什么，这是贯穿他整个一生的特点。"③ 于是，马斯洛放弃了孤立的动机单位，为人类复杂的需要动机建立起了动态的联系，即：影响人类行为的需要构成是复杂的，并且按照重要性和层次性排列成

---

① ［美］丹尼尔·A. 雷恩：《管理思想史》（第 5 版），孙健敏、黄小勇、李原译，中国人民大学出版社，2009 年版，第 376 页。

② ［美］亚伯拉罕·马斯洛：《动机与人格》（第 3 版），许金声等译，中国人民大学出版社，2012 年版，第 9 页。

③ ［美］亚伯拉罕·马斯洛：《动机与人格》（第 3 版），许金声等译，中国人民大学出版社，2012 年版，第 20 页。

一定的次序；当某一层级的需要得到最低限度的满足之后，就会产生满足更高一层需要的动机，如此逐级上升，成为推动人持续努力，追求幸福人生的不竭内在动力。

马斯洛将影响人类行为多样化的需要，按照从基本到复杂的顺序，分成五个层次（图3-3）。

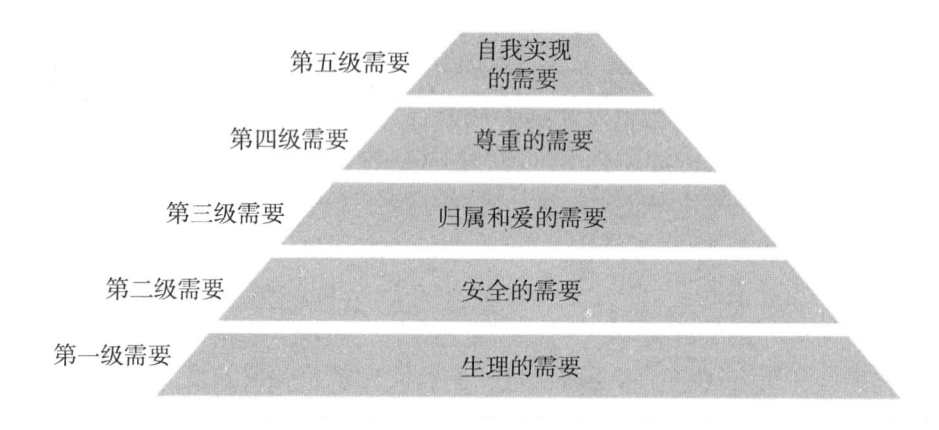

```
第五级需要    自我实现的需要
第四级需要    尊重的需要
第三级需要    归属和爱的需要
第二级需要    安全的需要
第一级需要    生理的需要
```

图3-3 五级需要层次图

第一级需要为生理的需要。生理的需要是维持人类正常存续所必需的基本需要，包括衣、食、住、行、性等。这些生理需要在所有需要中占绝对优势，是其他需要形成的基础，在这一层次需要没有得到满足之前，更高层次的需要就不会形成并发挥作用。"假如一个人在生活中所有需要都没有得到满足，并且身体因此而受生理需要的主宰，那么，其他的需要可能变得似乎全然消失，或者退居幕后。"[1] 不仅如此，未被满足的生理需要还会对人的人生观与价值观产生影响。"对于一个长期极度饥饿的人来说，乌托邦就是一个食物充足的地方。他往往会这样想，假如确保他余生的食物来源，他就会感到绝对幸福并且不再有任何其他奢望。"

第二级需要为安全的需要。如果生理的需要相对充分地得到了满足，接着就会出现对免受危险和威胁的各种需要，即安全的需要。具体包括：安全、稳定、依赖、保护、免受恐吓、焦躁和混乱的折磨，对体制的需要，对秩序的需要，对法律的需要，对界限的需要以及对保护者实力的要求等。"我们的社会中普通儿童以及成年人（在后者身上不甚明显）一般更喜欢一个安全、可以预

---

[1] [美]亚伯拉罕·马斯洛：《动机与人格》（第3版），许金声等译，中国人民大学出版社，2012年版，第9页。

料、有组织、有秩序、有法律的世界。"① 如生理需要一样，一旦安全的需要占据主导地位，它不仅对于个人目前的世界观和人生观，而且对其未来的人生观都是强有力的决定因素。另外，生活在对法律、秩序和社会具有实质威胁社会中的人们对安全的需要可能会变得非常急迫。混乱或极端的威胁会导致大部分人出现从高级需要向更加急迫的安全需要退化的"退化现象"。

第三级需要为归属和爱的需要。如果生理和安全的需要都得到了满足，感情和归属的需要就会产生，并且以此为中心，重复着犹如生理与安全需要一般对人的行为与价值观的影响。对爱的需要包括感情的付出与接受。如果爱的需要不能得到满足，个人会空前强烈地感受到缺乏朋友、心爱的人、配偶或孩子。这样的一个人会渴望同其他人建立一种关系，渴望在他的团体和家庭中拥有位置，并为此采取行动以实现目标。人们对于爱和希望被邻里、乡土、族系、同类、阶层、同伙、熟人、同事等社会关系接纳的需要，源于人们结群、加入集体、需要有归属的动物本能。

第四级需要为尊重的需要。"除了少数病态的人之外，社会上所有的人都有一种获得对自己的稳定的、牢不可变的、通常较高的评价的需要或欲望，即一种对于自尊、自重和来自他人的尊重的需要或欲望。"② 一般而言，自尊的需要可以分为两种类型：第一种是自主性的自尊需要，包括对实力、成就、权能、优势、胜任以及面对世界时的自信、独立和自由等的欲望；第二种是反馈性的自尊需要，包括对名誉或威信（来自他人对自己的尊敬或尊重）的欲望，对地位、声望、荣誉、支配、公认、注意、重要性、赞誉等的欲望。"自尊的需要的满足导致一种自信的感情，使人觉得自己在这个世界上有价值、有力量、有能力、有位置、有用处和必不可少。然而这些需要一旦受到挫折，就会产生自卑、弱小以及无能的感觉。"③

第五级需要为自我实现的需要。这种需要就是人对于自我发挥和自我完成的欲望，也就是一种使人的潜力得以实现的倾向。这种倾向可以说成是一个人越来越成为独特的那个人，成为他所能够成为的一切。"一位作曲家必须作曲，一位画家必须绘画，一位诗人必须写诗，否则他始终都无法安静。一个人能够成为什么，他就必须成为什么，他必须忠实于他自己的本性。这一需要我们可

---

① ［美］亚伯拉罕·马斯洛：《动机与人格》（第3版），许金声等译，中国人民大学出版社，2012年版，第24页。
② ［美］亚伯拉罕·马斯洛：《动机与人格》（第3版），许金声等译，中国人民大学出版社，2012年版，第28页。
③ ［美］亚伯拉罕·马斯洛：《动机与人格》（第3版），许金声等译，中国人民大学出版社，2012年版，第29页。

以称之为自我实现（self - actualization）的需要。"① 这一层次的需要是最高层级的需要。不同的人的具体需要内容以及在满足这一需要时所采取的方式大相径庭，所谓人各有志。但所有的自我实现需要都有一个共同点，那就是自我实现需要的满足有赖于生理、安全、爱和归属以及自尊需要的满足。马斯洛强调，人类基本需要的满足建立在如下两个先决条件之上：第一，在无损于他人前提下对个人自由与公正的尊重与保护。具体包括，言论自由、行动自由、表达自由、调查研究自由、寻求信息的自由、防御自由以及集体中的正义、公平、诚实、秩序等；第二，对于作为一整套适应性工具的人的认知能力（感性与理性学习）的尊重与发展。马斯洛认为："之所以要捍卫这些条件，是因为如果没有它们，基本需要的满足就是很不可能的，至少也是处于严重的危险之中。"②

二、需要层次理论的拓展

1954 年，马斯洛在《动机与人格》一书中，进一步深入阐述了人类的多种需要，拓展了之前的需要层次理论，在自尊需要之后增加了求知需要和审美需要，从而将整个需要层次理论丰富发展为包含 7 个层次需要在内的体系（图 3 - 4）。

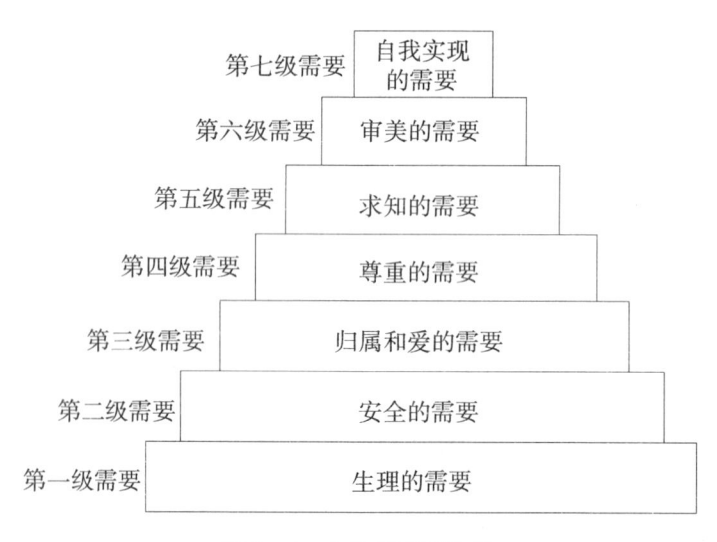

第七级需要	自我实现的需要
第六级需要	审美的需要
第五级需要	求知的需要
第四级需要	尊重的需要
第三级需要	归属和爱的需要
第二级需要	安全的需要
第一级需要	生理的需要

图 3 - 4　七级需要层次图

---

① ［美］亚伯拉罕·马斯洛：《动机与人格》（第 3 版），许金声等译，中国人民大学出版社，2012 年版，第 29 页。
② ［美］亚伯拉罕·马斯洛：《动机与人格》（第 3 版），许金声等译，中国人民大学出版社，2012 年版，第 30 页。

其中，第五级需要为求知需要，包括人有知道、了解和探索事物的需要。而对环境的认识则是好奇心作用的结果，"好奇心，对于知识、真理和智慧的追求以及解释宇宙之谜的顽强欲望"。① 第六级需要为审美需要，指人有追求匀称、整齐和美丽的需要，并且通过从丑向美的转化而得到满足。

马斯洛认为，在我们的社会中，绝大部分的正常成员的基本需要只有部分得到满足，同时也有部分得不到满足。一般正常人的需要满足程度百分比为：生理的需要为85%，安全的需要为70%，归属和爱的需要为60%，自尊的需要为40%，自我实现的需要为10%。（图3-5）

85%	70%	60%	40%	10%
生理的需要	安全的需要	归属和爱的需要	尊重的需要	自我实现的需要

图3-5 马斯洛的五级需要占比

"迄今为止，我们所谈的似乎是这些层次是个固定不变的顺序，但实际上远非我们认为的那样的刻板。确实多数人都把这些基本需要视为基本上遵循我们业已指出的那个顺序，然而却有许多例外。"② 也就是说，在特殊情况下，一个新的需要不一定要优势的需要完全满足后才能出现，新的需要的出现不是跳跃式的，而是缓慢地从无到有。

马斯洛的需要层次理论，改变了人们对管理中激励本质以及作用方式的认识。如果管理者想要达到激励人的目的，就必须理解人们不断上升的需要。"激励机制不再简单地被视为由处罚和免职驱动所导向，它开始与回报真正挂钩。"③ 晚年的马斯洛推崇一种以不断满足被管理者需要为基础的"开明管理"。在马斯洛看来，那些更民主、更有同情心、更友好的、更乐于助人的、更诚实的管理者在管理实践中往往能赢得广泛支持，获得突出的管理成效。"世界上最脱离实际的人不得不得出与世界上最讲究实际的人同样的结论，即民主类型的

---

① ［美］亚伯拉罕·马斯洛：《动机与人格》（第3版），许金声等译，中国人民大学出版社，2012年版，第30页。

② 方振邦等：《管理思想百年脉络》（第3版），中国人民大学出版社，2003年版，第122页。

③ ［英］斯图尔特·克雷纳：《管理简史》，覃果等译，海南出版社，2017年版，第71页。

管理者给公司创造的利润更多，给大众带来的幸福和健康也更多。"①

三、赫茨伯格的激励理论

弗雷德里克·赫兹伯格（Frederick Herzberg，1923—2000）出生于美国马萨诸塞州林恩市，美国著名心理学家、管理学家。赫兹伯格在纽约市立学院获得学士学位，匹兹堡大学获得理学博士学位，曾任美国凯斯大学心理系主任和犹他大学（Utah University）管理学教授，长期致力于管理学、心理学教学和研究工作，其研究重点是在工作环境中人员激励及其工作环境对个人在工作中的满意度和心理上的影响。赫兹伯格曾先后30多次在美国和其他国家被聘为高级咨询人员和管理教育专家，在20世纪六七十年代，逐渐成为具有国际影响力的著名管理顾问。赫兹伯格饮誉国际管理学界的主要原因一方面是提出了著名的"激励—保健"因素理论，即"双因素理论"；另一方面则是因为他对"工作丰富化理论"所做出的开拓性贡献。赫兹伯格的主要学术著作包括：与莫斯纳（B. Mausner）、斯奈德曼（B. Snyderman）合著的《工作的激励因素》（The Motivation to Work）（1956），《工作与人性》（Work and Nature of Man）（1966），《管理选择：效率还是人性》（The Managerial Choice: To be Efficient and to be Human）（1976）等。他还在各种学术期刊发表了《再论如何激励员工》（One More Time: How do You Motivate Employees）（1968）等100多篇学术论文。

（一）双因素理论

20世纪20年代末期，赫兹伯格和莫斯纳、斯奈德曼一道在匹兹堡开展了一项将该地区各行各业200多名工程师和会计师作为研究对象的大型试验。通过匹兹堡试验，赫兹伯格和莫斯纳等提出了著名的被称为"激励—保健"因素理论（双因素理论）的激励理论。

双因素理论是建立在对人的需求层次的研究基础之上的，对人类需求的假设构成了双因素理论体系的逻辑基点。赫兹伯格认识到，在追求需求方面，人类与动物并无本质的差别。但就人类而言，这种需求具有层次性：最上层是可以从工作中获得的自我实现的需要。"人类在工作中有两类性质不同的需求，即作为动物避开和免除痛苦的需求，以及作为人类在精神上不断发展、成长的需求。"② 赫兹伯格借用《圣经》故事作为比喻，将第一种需求称之为亚当的需求。这种需求来自人的动物本能，是一种抵御环境压力的内在动力，透露着人

---

① [美]亚伯拉罕·马斯洛等：《马斯洛论管理》，邵冲等译，机械工业出版社，2017年版，第101页。

② 孙耀君等编著：《西方管理学名著提要》，江西人民出版社，2005年版，第137页。

性的悲观主义本质。另一种需要是亚伯拉罕需要，是人所特有的成长的需要，即取得成就的能力，以及通过成就来体验精神上的满足，这种需要是人性乐观主义的反映。"只要给予他们权力以锻炼，他们就会充满美德和能源。"[①] 以此对应，人类工作中的需求就需要通过两种不同的因素得以满足：一是"满意因素"，即导致满意的因素多来自工作任务本身，如工作内容、性质、责任以及别人对其工作的认可等；二是"不满意因素"，即那些来自工作环境的容易使人产生不满意的因素，如工作条件、人际关系、上级的监督检查、工作报酬等。"满意因素"和"不满意因素"都反映了人们在工作中的需求，都是质量越高（或数量越多）越好。但"满意因素"和"不满因素"的作用方向是不同的："满意因素"由于可以满足人的"亚伯拉罕"需求，因此能激发人对于工作的热情与干劲，形成一种持续的内在的工作动力；而由于"不满因素"能满足人的"亚当需求"，从而可以预防工作中不满意的情况发生。赫兹伯格借用医学术语，将"不满因素"称之为"保健因素"，取其在医学上"预防与环境卫生"的意涵，而将"满意因素"称之为"激励因素"。

赫兹伯格认为，保健因素与激励因素是彼此独立而不同的，同时满意与不满意这两种感觉也不是相互对立的：即工作满意感的对立面不是工作不满意，而是没有工作满意感；同样，工作不满意感的对立面不是工作满意感，而是没有工作不满意感[②]。这样一来，由于保健因素本身的特性决定了无法满足人们的工作成长的心理需要，因此不能使人对工作产生积极的满意感，形成持续的内在工作动力；另一方面，由于激励因素代表了工作因素，它是员工个人成长所必需的，因此能提供强烈的心理激励，形成对工作持续的内在动力，促使每个人努力去实现自我成就的个人目标。

赫兹伯格强调，作为一个完整意义上的人，他同时是具有满足需求（心理需求）和不满需求（本能需求）的，并且只有在满足了本能需求以避免痛苦，同时又满足了心理需求而获得成就感之后，人才能得到快乐。心理健康的人，即具有在自我实现中取得过成功经历的人，更倾向于追求激励因素；反之，具有心理缺陷的人，即那些总是将自己的满意与否与自身环境联系起来思考的那些人，则更倾向于渴望获得保健因素，从而成为"保健因素追求者"。在赫兹伯格看来，"激励因素追求者"和"保健因素追求者"在具体工作中具有不同的表现，因此，需要采取不同的管理与激励方式。

---

① [英] 马尔科姆·沃纳编：《管理思想全书》，韦福祥译，人民邮电出版社，2009年版，第287页。

② 孙耀君等编著：《西方管理学名著提要》，江西人民出版社，2005年版，第149页。

(二) 对传统激励方式的反思

赫兹伯格认为,让一个人去干一件事情,最简单高效的激励方式就是"给他屁股上踢一脚"。赫兹伯格正是用"踢一脚"(KITA)这一形象的词汇来对管理中的传统激励方式进行反思的。他认为,"踢一脚"激励方式分为两大类:一是反面"踢一脚",二是正面"踢一脚"。其中,反面"踢一脚"又由"体罚"和"心理施压"两种具体方式组成,由于这两种方式是通过身体与心理的压迫,强迫被管理者就范,因此不会产生真正意义上激励,而只能导致机械式的反应与运动。正面的"踢一脚"的激励,即对员工采用"拉"而不是"推"的方式,用大量的"诱惑物"不断引诱员工,诱使员工就范。赫兹伯格认为,通常使用的正面"踢一脚"激励方式有:减少工作时间、增加工资、提高福利待遇、人际关系训练、敏感性训练、交流沟通、双向沟通、工作参与、与员工谈心等。

在赫兹伯格看来,只有当一个人自身产生了对工作的内在动力,而不依靠外在的反复刺激,才能说是真正的受到了激励。因此,从这一角度看,正面"踢一脚"的激励方式实际上也并没有产生真正的激励效果。而且,相比反面"踢一脚"激励而言,正面"踢一脚"显得更糟。"诱使比强迫要坏得多,因为后者只不过是一种不幸,而前者表明你自己已经成为发生在你自己身上的灾难的同谋。"[1]

赫兹伯格指出,既然正反"踢一脚"的传统激励方式已然被证明效果有限,继续采用这些做法只是白白浪费经费而没有实际的效果。因此,需要根据双因素理论,实现管理激励在新方向上的突破,而"工作丰富化"在赫兹伯格看来,正是这一新突破的具体实践。

(三) 工作丰富化

工作丰富化(Job Enrichment)就是以员工为中心的工作设计,为员工在工作中提供精神满足和成长的机会,赋予他们自我实现的可能,从而使员工产生持久的内在激励。赫兹伯格认为,尽管工作丰富化和工作扩大化都是对工作的重新设计,但是两者却有着本质的区别。

工作的扩大化(Job Enlargement)是水平方向上职务范围的扩大,只会增加工作的无意义性,其典型做法是:提高员工的工作定额,对他们发出挑战,这等于零乘以零;增加毫无意义的日常办公室工作,这等于零上加零;把一些

---

[1] 孙耀君等编著:《西方管理学名著提要》,江西人民出版社,2005年版,第147页。

本身需要进一步丰富化的工作重新组合一下，这等于用一个零代替另一个零；去掉工作中最困难的部分，使员工得以轻松地完成更多的不具有挑战性的工作，这等于减掉了员工更多的完成工作的希望。

工作丰富化则集中体现了激励因素的作用，从垂直方向上扩大了职务范围，通过让员工负责更具挑战性的工作、取得更大的成就、获得人们更多承认、有更多的成长机会等来实现对员工的激励，提高他们的工作效率与满意度。工作丰富化需要遵循如下的原则，而每一原则体现了不同激励因素的作用：在保留责任的前提下减少控制；提高每项工作的个人责任；给每人一个完全自然的工作环境；给每个人授予更多的支配个人行为的权力，增加工作自由度；周期性工作情况总结直接提供给员工本人而不是他的上级；赋予员工以前未处理过的新的更难的任务；给每个人分配特定的任务，使他们成为专家。

在《再论如何激励员工》一文中，赫兹伯格认为工作丰富化不是一次性的计划，而是一个持续不断的管理功能。管理者实施工作丰富化应该遵循如下的步骤：

1. 应该选择具有如下特征的工作进行丰富化：①在管理工程方面的投资不会导致成本的大幅度变化；②员工对该项工作的态度很糟；③支付在保健因素方面的成本越来越高；④激励导致员工不同的工作表现。

2. 应当对工作的改变秉持坚定的信心，革除因循旧有激励方式的思想禁锢。

3. 尽量多地列出可以使工作丰富化的新主意，而先不要考虑其可行性。

4. 对这些新主意进行审查，剔除包含保健因素的建议，保留真正的激励建议。

5. 剔除那些笼统的概念，比如"给他们更多的责任"这类话，因为在实际执行中很少真的能这样做。应当彻底摒弃只要形式不重实质内容的作法。

6. 剔除一切水平方向扩大职务范围的建议。

7. 采取回避原则，避免工作丰富化涉及的员工参与这一计划的制定。

8. 在正式实施工作丰富化之前，应该进行一次可控实验。

9. 对试验组在头几个星期内可能出现的工作质量下降应有所准备，因为对新工作的适应会导致暂时的低效率。

10. 要预见到一线管理人员可能会对变革产生忧虑和对立的情绪。

四、麦克利兰的激励理论

戴维·麦克利兰（David C. McClelland，1917—1998），美国著名的心理学与管理学家，出生于美国纽约州弗农山庄的一个基督教卫理公会教派家庭，在牧师父亲的影响下以及家庭氛围的熏陶下，麦克利兰自小就勤奋善思、刻苦好学。1935 年他进入韦斯利昂大学攻读心理学，1938 年获学士学位，次年获得密苏里大学的心理学硕士学位，在 24 岁获得耶鲁大学心理学博士学位之后，麦克利兰进入大学执教，曾先后任教于康涅狄格女子大学、韦斯利昂大学、布林莫尔学院和哈佛大学。1963 年麦克利兰与人合伙创办了"麦克伯"咨询公司（该公司后与世界知名咨询机构——合益集团合并），自兼董事长。麦克利兰咨询公司在人力资源测评与管理的研究领域具有重要地位，他们所设计的胜任素质模型，在世界各国得到广泛应用。1987 年后麦克利兰专任波士顿大学教授直至退休，其间被美国心理学会授予心理学杰出贡献奖。

麦克利兰对管理学的贡献主要集中在激励理论方面，他在 1955 年对当时炙手可热的马斯洛"需要层次理论"的普遍性提出了直接的挑战，对作为该理论核心概念的"自我实现"表达了强烈的质疑。他认为，人类的许多需求都不是生理性的，而是社会性的；这些社会性的需求也不是与生俱来的，而是后天的，得自于环境、经历和教育培养，特别是在特定的行为得到回报后，会强化该行为模式，形成特定需求倾向。时代、社会、文化环境的差异，必然使个人需求呈现出极大的差异性，很难从个人的角度归纳出共同的、与生俱来的心理需要，"自我完成"和"自我实现"的标准也不同。因此，麦克利兰认为，马斯洛的理论过分强调个人的自我意识、内生和内在价值，忽视了来自社会的影响，有失偏颇。在挑战马斯洛理论的过程中，麦克利兰提出了自己的"成就激励理论"。

（一）成就激励理论（Achievement Motivation Theory）

在美国心理学家莫瑞需要层次理论及其研究方法的影响下，麦克利兰采用莫瑞编制的主题统觉测试（Thematic Apperception Test，TAT）等心理学研究方法开展量化与质性研究，提出了著名的"成就激励理论"。该理论认为，在人类生理需求得到基本满足的前提下，人类还具有权力需求、归属需求和成就需求三类社会性需求。

1. 权力需求（Need for Power，N – Pow）

影响或控制他人且不受他人控制的需求。权力需求是管理者获得成功的基本特质之一。不同的人对权力的需求程度有所不同。权力需求强烈的人喜欢支配、命令、影响他人，希望控制向上与向下的信息渠道以便对他人施加影响，维护自己的地位，掌握权力。但他们不像成就需求感强烈的人那样，关心改进自己的日常工作，获得更为出色的成绩。

2. 归属需求（Need for Affiliation, N – Affil）

是指寻求被他人喜欢和接纳的愿望，建立友好和亲密的人际关系和社会交往的需求。具有强力归属需求的人渴望友情，倾向于与他人建立联系，进行交往，开展合作与沟通。归属需求是维持社会交往与人际关系和谐的重要条件，但过分注重归属的需求也会因过多纠缠于人际关系与人情世故而忽视甚至违背组织管理的原则与规范，导致组织管理混乱、绩效降低。

3. 成就需求（Need for Achievement, N – Ach）

争取"把事情做得更好"的需求。具有强烈成就需求的人具有很强的事业心和进取心，渴望将事情做得更为完美。在他们身上体现出了如下三种特征：自己设定挑战性目标；喜欢通过自己的努力解决问题，不依赖偶然的机遇坐享其成；要求立即得到反馈，弄清结果。麦克利兰将具有强烈成就需求的人称为"A型动机者"或"高成就动机者"。

总结麦克利兰的激励成就理论，可以得到如下观点[1]：一是具有高成就需求的人更喜欢具有个人责任、能够获得工作反馈和适度冒险性的环境，当具备了这些特征，高成就者的激励水平就高。二是具有高成就需求的人不一定是优秀的管理者，尤其是在一个大型组织中，"因为有些人的工作性质要求他们具有其他个性特点而不是成就感"[2]。三是归属和权力需求与管理者的成功有密切关系，最优秀的管理者具有高权力需求和低归属需求。四是明确分辨出一个人的需求类型是不容易的，常识的判断往往也不准确，当事人自己的表白也未必可信，他们或许真正关心的是完全不同的另外一些事情，即所谓的"内隐"需求或"内隐"动机。最为重要的是，成就需求并非与生俱来，而是来自后天的培养。因此，需要探索某种方式以在个人和群体中培育成就感。

麦克利兰成就激励理论，受到了来自两个方面的批判：一是有些人怀疑他的理论，认为人的动机很难定向塑造；二是认为他的理论缺少可以解决实际激励问题的切实有效方法。但无论如何，麦克利兰从心理学视角切入，把激励推演到整个人类社会生活的层面，并用以观察、分析和改造社会，这是一项具有开创性的探索。

---

[1] 方振邦等：《管理思想百年脉络》（第3版），中国人民大学出版社，2003年版，第131页。

[2] 孙耀君等：《西方管理学名著提要》，江西人民出版社，2005年版，第162页。

第四节　管理的人性论

一、麦格雷戈的"X-Y"理论

道格拉斯·麦格雷戈（Douglas Mc Gregor，1906—1964）是美国社会心理学家，也是第二次世界大战后一位极具影响的管理学家。1954 年，麦格雷戈重返麻省理工学院，担任斯隆管理学院教授。在此期间，麦格雷戈提出了著名的"X-Y"理论，深化了对管理行为中"人性"的理解，奠定了他作为管理人性论创立者的地位。他认为："每一个人管理决策或者管理行为背后都有一个关于人类本质和人类行为的假设。"[①] 他的主要观点集中体现在他的传世之作《企业的人性面》（The Human side of the Enterprise）、《领导与激励》（Leadership and Motivation）、《专业管理人员》（The Professional Manager）等著作中。

在马斯洛需要层次理论的影响下，麦格雷戈总结了两种与管理中的人性有关的理论，即 X 理论与 Y 理论，并对两种理论假设下的具体管理策略进行了阐述。他自信地认为：尽管前进的道路漫长且充满不确定性，但 Y 理论下的人性管理策略代表着管理实践的改革未来与发展方向，是通向"美好社会"的必由之路。"如今，越来越多的事实表明，只要我们在企业的人性面的实践中付出同样的努力，不仅能有卓越的实际收获，还将距离'美好社会'更近一步。"[②]

（一）X 理论假设及其管理策略

麦格雷戈将传统的管理理论及其人性假设称之为"X"理论，其基本内容如下：

1. X 理论的人性假设

（1）大部分人生性懒惰，与生俱来不喜欢工作。如果有可能，他们将尽可能选择逃避工作。

（2）大部分人都缺乏野心，不愿意承担责任，情愿被管理。

（3）大部分人都以自我为中心，对组织的需求漠不关心。

（4）大部分人都害怕改变。

（5）大部分人都不够聪明，容易被欺骗和蛊惑。

[①] ［美］道格拉斯·麦格雷戈：《企业的人性面》，李宙等译，北方妇女儿童出版社，2017 年版，第 37 页。

[②] ［美］道格拉斯·麦格雷戈：《企业的人性面》，李宙等译，北方妇女儿童出版社，2017 年版，第 309 页。

在这样的人性假设下，管理就是以实现经济利益为目标，对生产性组织元素（包括资金、原料、设备、人员等）进行组织的过程。就员工的角度而言，管理是指挥、激励、控制和修正其行为，以满足组织需求的过程。在组织管理过程中，如果没有管理的积极干预与介入，员工会采取消极态度对待组织的需求，甚至发生抵制行为。因此，管理者必须说服、奖励、惩罚、控制员工。总之，在 X 理论中，管理的任务就是对员工的行为进行指挥和控制，以实现组织的目标。

2. X 理论中的管理策略

X 理论认为，管理者为了指挥与控制员工，实现组织目标，需要通过权威实现对人的指挥和控制。麦格雷戈将这种方法或策略称之为"阶梯原理"。"根据 X 理论，组织的基本原则是运用权威的手段对人进行指挥和控制。"[1] 根据权威使用的强度，X 理论下管理举措大都介乎于以下刚性管理与柔性管理两种极端策略之间。

（1）刚性管理策略。就是在管理中使用强迫、威胁（有时候是伪装的威胁）、严密监控等手段对员工的行为进行控制与监督，以期使员工的行为能与组织目标相统一，满足组织的需求。但是在现实中，刚性的管理存在着一定的难度，员工能通过限制产量、直接对抗、工会斗争等方式进行反抗，从而破坏管理目标的实现。在就业岗位供大于求，人力资源比较短缺的情况下，组织无法实施有效的刚性管理。

（2）柔性管理策略。管理者通过授权、满足员工需求、保持和谐氛围、营造宽松适宜的环境等方式，引导员工服从指挥。柔性管理可以减少组织中的摩擦，促进和谐人际关系的出现，从而使员工服从组织管理，实现组织目标。但是，这样的一种管理策略，是以放弃组织管理权和做出妥协为基础的，容易导致组织权威的丧失以及制度的废弛，并刺激员工需求与欲望的不断增长，从而影响管理的效果及其组织目标的实现。

麦格雷戈指出，尽管 X 理论曾经对管理实践起到过一定的作用，但它既没有正确描述，也没有客观解释人性的本质。这一缺陷导致以 X 理论为基础的任何管理变革，都只是针对症状表象的调整，而没有从根本上触及管理问题的本质。"因为 X 理论的假设过于狭隘，以至于我们无法从其他管理策略中推导出可行观点。"[2] 这些在变革中出现的例如目标管理、协商式管理、"民主"领导等新的管理方式，仅仅只是 X 理论战略框架下的不同策略而已，是新瓶装旧酒，

---

[1] ［美］道格拉斯·麦格雷戈：《企业的人性面》，李宙等译，北方妇女儿童出版社，2017 年版，第 56 页。

[2] ［美］道格拉斯·麦格雷戈：《企业的人性面》，李宙等译，北方妇女儿童出版社，2017 年版，第 49 页。

效果有限。"我们现在明白'企业民主'不是意味着每个人都有决定任何事的权利，企业的健康也不是在消除不满、分歧，甚至是公开反抗后就能自动提升。企业的和平不代表企业的健康，带有社会责任的管理也不等同于放任的管理。"① 随着社会科学的不断进步和相关知识的积累，X 理论中关于人性假设的错误观点不断得到证实与修正，但是要彻底摆脱这一理论对于管理实践的影响，就需要对这一理论进行根本性修正，改变原有的理论假设，准确全面客观地理解组织中的人性本质，并提出与人性本质相符合的管理策略。为此，麦格雷戈提出了"Y 理论"。

（二）Y 理论假设及其管理策略

1. Y 理论的人性假设

麦格雷戈认为："任何一个人事管理的理论，其核心假设都是与人类动机有关。"② 他的 Y 理论正是以马斯洛的需要层次理论为基础构建的。马斯洛总结人有生理、安全、归属和爱（麦格雷戈称之为社会需要）、尊重和自我实现的需要。马斯洛认为，这些需要是逐级出现的，较低层次的需要满足之后，较高层次的需要才会产生。与此同时，当较低层次的需要得到满足之后，同样的动机便不再具有激励的作用，也就是说这些需要已经不存在了。但是，如果需要无法得到满足，人们的情绪和行为将呈现出病态的症状：情绪悲观、充满仇恨敌意、拒绝承担责任。在马斯洛理论的基础上，麦格雷戈进一步认为，由于社会的发展进步，人们的生理需要和安全需要能较容易地得到满足，社会需要、尊重需要和自我实现需要将居于主导地位，并且人与人之间的社会关系依赖性逐渐减弱。"情景变化了，管理者和员工之间的关系本质也就相应变化了。"③ 在这种情况下，那种通过为员工提供工资、福利和良好工作环境的激励措施将逐渐失去作用。因此，在这一新环境中，组织中的人就容易表现出懒散、消极、抵制等行为。可见，对麦格雷戈而言，人之所以有如此表现，并非是 X 理论所说的与生俱来的本性，而是因为错误的管理激励措施导致的。"无论是刚性还是柔性的管理方法，以指挥和控制为主的管理观念已经无法再产生激励的效果。

---

① ［美］道格拉斯·麦格雷戈：《企业的人性面》，李宙等译，北方妇女儿童出版社，2017 年版，第 52 页。
② ［美］道格拉斯·麦格雷戈：《企业的人性面》，李宙等译，北方妇女儿童出版社，2017 年版，第 52 页。
③ ［美］道格拉斯·麦格雷戈：《企业的人性面》，李宙等译，北方妇女儿童出版社，2017 年版，第 32 页。

当今社会中，这些管理观念所强调的人性需要，已经不再是人类行为的激励因素。"[1] X 理论关于人性的观点，在麦格雷戈看来，是一种随着社会经济发展而日益表现出因果倒置的错误认识。他用 Y 理论假设概括了人性的应然状态[2]。

（1）和游戏或休息一样，工作也会消耗体能和脑力。正常人并不是天生地厌恶工作，他们对工作的态度完全取决于所在的环境。对他们而言，工作既可以是满足的源泉（人会主动去工作），又可以是惩罚的源泉（人会尽可能去逃避工作）。

（2）要想带动员工实现组织目标，外界控制和惩罚威胁都不是唯一手段，人们为了兑现承诺目标会进行自我指挥和自我控制。

（3）人们承诺一个目标，是因为完成目标之后能够获得相应的奖赏。对人而言，目前最重要的奖赏方式包括尊重需要以及自我实现需要的满足。这些奖赏可以成为人们最直接的动力，激励其为实现公司的目标而努力。

（4）在合适的条件下，人们不但愿意承担责任，还会主动争取责任。逃避责任、缺乏斗志和安于一隅的状况通常都只和个人经历有关，而和人类的天性没有关系。

（5）大多数人都有相当高的想象力和创造力来解决组织中存在的问题。

（6）在现代的组织条件下，只有一部分人的潜能得到了开发，大部分人的潜能还处于沉睡状态。

2. Y 理论假设的管理策略

麦格雷戈认为，Y 理论人性假设最重要的启示意义在于，它告诉我们，在组织中，如果人们的合作存在限制，那不是因为人类天性的问题，而是因为管理者没有足够的聪明才智发现人力资源下暗藏的潜能。员工之所以表现出懒惰，对组织利益漠不关心，不愿意承担责任，不妥协、不合作，缺乏创造力等行为的根本原因并不在员工自身，而在于员工当前工作的环境以及之前工作的经验。为此，"需要一种全新的、建立在较为完善的人性假设和行为激励假设的基础上的人力资源管理理论"[3]。麦格雷戈在此明确将管理的任务确定为营造组织环境，设定工作方法，让员工通过为组织目标努力而实现自身的目标，他提出了"整合管理和自我控制管理"的管理策略。这一管理策略确认了人类成长与发

---

[1] ［美］道格拉斯·麦格雷戈：《企业的人性面》，李宙等译，北方妇女儿童出版社，2017 年版，第 303 页。

[2] ［美］道格拉斯·麦格雷戈：《企业的人性面》，李宙等译，北方妇女儿童出版社，2017 年版，第 53-54 页。

[3] ［美］道格拉斯·麦格雷戈：《企业的人性面》，李宙等译，北方妇女儿童出版社，2017 年版，第 304 页。

展的可能性，强调选择适应的重要性，而非某个单一绝对的控制方式，不拘泥于组织的基本规章制度，而是将重心放在蕴含深层潜力的资源上。整合管理的重点强调组织不仅需要考虑组织的需求，而且也需要对员工个人的需求给予相应的重视，在管理过程中实现双方需求的整合与双赢。"接受整合及自我控制理念，也就是同意满足员工的目标和需求。如果企业能够通过行之有效的方式做出这些调整，那么企业经济目标的实现将会更有效率。"[①] 麦格雷戈指出，整合与自我控制管理是按照如下四个步骤或者阶段实现的：

第一个步骤，明确工作职责和要求；

第二个步骤，在有限时间段内确定具体目标；

第三个步骤，制定目标期内的管理流程；

第四个步骤，评估任务完成的结果。

最后需要强调的是，麦格雷戈 Y 理论对人性的积极肯定，深刻根植于这样一种从化学、生物、进化、亚原子物理学、数学、生态学等多学科研究而得到的认知[②]：人的生命是一个自我组织的体系，能够通过自己的能量和动力实现均衡。我们不能引起他人行动或以另一种方式激励他们，我们只能唤起他们的潜能和引起他们的自主行动，通过他们的自我原则展现出来。麦格雷戈是第一个透过这一认知理解与看待管理的学者，他试图使我们明白，管理最需要做的就是对人性的洞察以及为人性的唤醒、生长与发挥营造适宜的环境。这一认识，对于古典管理理论而言无疑具有颠覆性，撼动了那些早已为人们所熟知并在实践中习以为常的关于管理的各种原则、理念与信念，启发人们从全新的方向认识与理解管理，为梅奥所开创的管理学研究新方向构筑起了更为坚实的学科基础。麦格雷戈在 Y 理论范式下，就分权与授权、参与式管理、领导力培养、管理型团队建设和管理技能提升等方面的问题，提出了许多对之后管理学发展具有重大影响的真知灼见，推动管理学研究在新的方向上迈出更为坚实和有意义的一步。随着研究与实践的不断深化，麦格雷戈的管理理论对于管理实践的价值和作用更为凸显，正如德鲁克（Peter F. Drucker）所言：随着时间的流逝，麦格雷戈的预言变得更加贴近现实、更加适时并且更加重要。

二、沙因的"复杂人"假设

埃德加·H. 沙因（Edgar H. Schein 1928—），美国社会心理学家和管理学家。

[①] [美] 道格拉斯·麦格雷戈：《企业的人性面》，李宙等译，北方妇女儿童出版社，2017 年版，第 57 页。

[②] [英] 马尔科姆·沃纳：《管理思想全书》，韦福祥译，人民邮电出版社，2009 年版，第 397 页。

出生于瑞士苏黎世的沙因，在捷克斯洛伐克度过了自己的童年时代，后随到芝加哥大学工作的父亲移民美国。沙因于1947年、1949年和1952年先后在芝加哥大学、斯坦福大学和哈佛大学获得学士、硕士和博士学位。沙因拥有令人赞叹的学术背景，作为管理学家的他，在企业文化、组织学习与变革、职业动态学和管理咨询领域形成了自己的理论，为相关领域的发展做出了积极贡献。1956年沙因得到道格拉斯·麦格雷戈教授的邀请，前往麻省理工学院斯隆管理学院与之共事，受到后者管理人性理论的影响与启发，也出于自己对社会心理学和管理学的独到见解与认识，沙因形成了自己关于管理人性的"复杂人"假设。

沙因认为，人不单纯是"经济人"，也不完全是"社会人"，而应该是因时、因地，对不同情况有不同反映的"复杂人"。具体而言，沙因"复杂人"假设的主要内容如下[①]：一是人的需要会随着人的发展和整个生活处境的变化而变化，并因人而异、因情景而异、因时间而异。二是由于需求和动机彼此作用并组合成复杂的动机模式、价值观和目标，因此人们必须决定自己要在什么样的层次上去理解人的激励。三是一个人的动机模式和目标，乃是他的原始需求与他的组织经历之间一连串复杂交往作用的结果；每个人在不同组织中或是在同一组织内的不同部门中，可能会表现出不同的需求。四是人们对管理策略的反应，取决于他们自己的动机和能力以及工作任务的性质等，因此不存在对所有人都起作用的"唯一正确"的管理策略。

沙因的"复杂人"理论认为，"正如我们在历史进程中看到的，人类不仅具有物理属性，更是一种文化构建体。"[②] 因此，作为社会产物的人，必然会随着社会的发展和自身生存环境的变化而发生改变。不同的社会经济条件与文化环境，以及个人的经济社会地位差异，决定了人性的不同特点。也就是说，在沙因看来，现实中的人性不是一成不变的，不是抽象的凝固物，而是随着外在环境与条件的变化而变化的。

然而，从现实来看，人生而为人，从根本上具有某种与其他生物相区别的特质与特性，这些特质与特性是恒常不变、与生俱来的，是人禽之别的标准。"人之异于禽兽者几希。""复杂人"假设等理论所认为的会随环境而发生变化的人性，其实在现实中并不会发生变化，人们所认为的"变化"，实际只是人性在不同环境中的不同具体"呈现"——人性的本体实际是不变的，变动的只是人性的"相"。沙因等人的人性假设，混淆了人性的本体与表相。正是因为

[①] [美]埃德加·沙因：《组织心理学》，马红宇等译，中国人民大学出版社，2009年版，第96-97页。

[②] [美]埃德加·沙因：《组织文化与领导力》（第4版），章凯等译，中国人民大学出版社，2014年版，第125页。

这一混淆，沙因等才得出了并不存在"唯一正确"的管理策略的结论。既然管理方式不存在唯一的正解，那么，管理究竟应当如何进行呢？好的管理的标准是什么？作为对这一问题的补救与回应，在沙因"复杂人"假设提出之后，"权变管理理论""系统管理理论""战略管理理论"等各种管理思想与理论相续而生。

三、超 Y 理论

同沙因"复杂人"假设相近似的理论还有约翰·莫尔斯（John Morse）和杰伊·洛尔施（Jay W. Lorsch）的"超 Y 理论"。

约翰·莫尔斯和杰伊·洛尔施是美国管理心理学家，他们通过分别在两个不同的工厂和研究所进行实证研究，以验证麦格雷戈"X-Y 理论"。通过研究他们发现，用 X 理论进行管理的工厂效率高，而研究所的效率则低；反之，用 Y 理论管理的研究所效率则高，而工厂的效率则低。因此，他们得出了 Y 理论并不是在任何情况下都优于 X 理论，Y 理论也不是在任何情况下都适用的结论。

约翰·莫尔斯和杰伊·洛尔施将他们的研究所得进一步完善后，以《超 Y 理论》为题，发表在 1970 年 5—6 月号的《哈佛商业评论》杂志上。具体而言，他们的超 Y 理论主要内容为[1]：人们之所以进入组织参加工作，是有着许多不同的需求与动机，其中最主要的需求是去实现"胜任感"；胜任感的取得不仅受到外部环境的影响，更受到自身的权力、自由、地位、成就、交往的需求等强度的制约；当工作任务的性质与组织结构相适应时，胜任感最容易满足，工作效率因此得到提高；否则，工作效率就会减低。胜任感可以持续不断地被激励，并引起积极的连锁作用。

随后，两人在 1974 年出版的《组织及其他成员：权变法》一书中，进一步论述指出，没有什么最佳管理方式是一成不变、普遍适用的。因此，必须根据组织内外环境中的自变量和管理思想以及管理技术等因变量之间的函数关系，相应地采取灵活的管理措施，管理方式要适合于工作性质、员工素质等因素。

第五节　群体动力理论

雷恩曾经指出："科学管理运动在很大程度上是由工程师们主导的，但人际关系时代则主要由行为科学家们掌控。"[2] 丹尼尔随着以跨学科整合为特征的人

---

[1] 彭新武：《西方管理思想史》，机械工业出版社，2018 年版，第 78 页。
[2] [美] 丹尼尔·A. 雷恩：《管理思想史》（第 5 版），孙健敏、黄小勇、李原译，中国人民大学出版社，2009 年版，第 376 页。

际关系运动的不断推进，在格式塔心理学的启发下，管理行为研究的对象，逐步从组织中的个体转换为群体。格式塔心理学认为，所有的组织行为都包含某种人的倍数效应（Human Multiplier Effect）：每一个个体的人，由于其独特的基因构成以及在家庭、社会和工作中经历与获得的经验，使得每个个体的人都显得复杂而多变。当该个体与其他同样独特而易变的个体互动时，就会变得更加复杂和易变，使人的行为更难以预测和掌握。"这种倍数效应意味着，必须设计新的方法来分析、解释、预测和指导人的行为。"埃杜瓦特·林德曼、雅各布·L. 莫雷诺（Jacob L. Moreno，1889—1974）、玛丽·帕克·福莱特和库尔特·勒温，对这一时期的群体行为研究做出了贡献。

一、早期群体分析研究的回顾

1921 年，美国基督教会联合理事会进行了一次以"基督教对人际关系的意义，及对工业的特别关注……（以及）对有效刺激群体思维的特别关注"为主题的调查活动，形成了一批对群体研究的开创性成果，点燃了学术界对群体进行研究的兴趣。作为这次调查领导者之一的社会学家埃杜瓦特·林德曼，与他人合作，运用了新的方法来观察群体互动和进行分类，测量群体内的参与情况，以及对群体成员的态度进行划分。林德曼还创造了"参与观察者"这一概念，用于概括那种"置身于某个群体内部，以证实外部观察者发现"的研究人员的角色特征。但随着调查因经费问题于 1933 年被终止，这次调查所获得的大量开创新成果也逐渐被人们遗忘。

雅各布·L. 莫雷诺（Jacob L. Moreno，1889—1974）是另一位对早期群体研究做出贡献的学者。莫雷诺设计了一种被称之为社会测量法（sociometry）的新的研究方法，用于开展群体研究。社会测量法是"一种分类过程，设法将能够形成和谐人际关系的个体聚集到一起，从而创造一个能以最大化的效率和最小化的破坏倾向和过程来发挥作用的社会群体。"[①] 他认为，群体的心理活动并不是偶然产生的，可以应用对态度和互动的演变和模式进行探究的定量方法来研究群体。根据社会测量法，莫雷诺将人们对待他人的基本态度划分为吸引、排斥和不关心三类，并要求被研究群体成员指出他们愿意和不愿意与之交往的对象。莫雷诺根据被研究者提供的答案，绘制了"社会关系网络图"（sociogram）用于呈现个体对其他个体偏爱的配对和排序。随着群体成员以及所面临问题的不断改变，这些相互之间的偏爱被认为是动态的，对这种动态化偏爱的

---

① ［美］丹尼尔·A. 雷恩：《管理思想史》（第 5 版），孙健敏、黄小勇、李原译，中国人民大学出版社，2009 年版，第 372 页。

发现，为进一步研究群体中的其他重要区分奠定了基础。"在企业中，社会测量研究已经开始尝试使工人们结合成工作团队，从而使他们实现更高的工作质量和数量，并且提高参与者的士气。"

心理剧（psychodrama）和社会剧（sociodrama）是莫雷诺的另外一个贡献。心理剧是一种通过情景模拟，对心理病人进行治疗的方法。在治疗过程中，将一个人或病人放置于"舞台"之上，在其他"演员"和一位临床心理医生的帮助下，使其表演出内心最深处的心理问题。在表演场景中，这个人对待他人的方式将在角色表演中表现出来，这样就可以对任何表现出来的行为偏差进行有针对性的治疗。不仅如此，心理剧还可以起到情绪发泄的作用，能使个体释放和减轻其内心深处最深沉的疑惑、焦虑和其他精神紊乱。

同是作为心理治疗方法的社会剧，尽管由心理剧发展而来，但与心理剧侧重于关注个体治疗不同，社会剧已将组织中的群体视为关注的重点。"社会剧的设计是作为一种群体心理疗法，用来减少不满、挫折和误解。"社会剧建立在如下的理论假设之上：所组成的群体是由一套以前的社会和文化角色组织起来的，因此，精神的发泄和治疗有助于理解社会和文化角色。与此同时，通过角色对换，或者扮演与自己相对的社会或文化群体的角色，能够扩展角色的灵活性和更好地理解对方是如何考虑和感知的。

总之，林德曼、莫雷诺等人所进行的早期群体行为研究，为进一步探索和改革个体或群体面对其他个人或群体时表现的行为提供了方法，他们那些透出格式塔心理学深刻痕迹的研究成果，引发了对于社会变革、社会控制、群体行为以及群体对个人的影响的进一步研究，为互动的、动态的群体行为研究奠定了方法论基础。

二、玛丽·帕克·福莱特的管理思想

玛丽·帕克·福莱特（Mary Parker Follett，1868—1933），出生于美国马萨诸塞州波士顿附近昆西的一个旧式家庭。父亲酗酒成性，在福莱特十岁那年，抛下福莱特和她身体残疾却热衷社交生活的母亲以及胞妹，撒手人寰了。年幼的福莱特因此过早地承担起了照顾家庭的重任。早年生活的磨砺使福莱特对人生的艰辛与苦难有着比别人更为深沉的体会与认识，也使她养成了坚毅、独立与执着的意志与品质。然而，天无绝人之路，福莱特在继承了外祖父一笔数量可观的遗产之后，经济情况得到根本改观，去除了生活与教育的后顾之忧。在耶塞学院（Thayer Academy）完成早期教育之后，福莱特进入哈佛大学安内克斯学院（Annexe）（后更名为拉德克利夫学院）继续深造。在安内克斯学院，福莱特受当时流行的格式塔运动的影响与吸引，把在耶塞学院培养的对约翰·

费希特（Johann Fichet, 1762—1814）和乔治·黑格尔（Georg Hegel, 1770—1831）哲学与历史学说的兴趣拓展到了心理学方面，在导师安娜·博因顿·汤普森（Anna Boynton Thompson）的鼓励下，福莱特中断了在哈佛大学的学业，前往英国剑桥大学纽罕姆学院（Newnham College）学习，并将自己的学术兴趣成功地拓展到法律、政治和行政管理方面，并于1896年出版了《国会议长》（*The Speaker of the House of Representatives*）一书，由此奠定了她作为政治哲学家和学者的名望，并在伊泽贝尔·布里格斯（Isobel Briggs）女士的助力下，逐渐成为那一时期颇为著名的知识分子，成功跻身波士顿（哈佛）的社交圈子。

1898年福莱特从哈佛大学毕业，获荣誉文学学士学位。完成学业后的福莱特在波士顿的一家男子俱乐部从事社会工作，由此开启了她极富学术意味的职业生涯。早年与志愿组织共同工作的经历，使福莱特能亲自感受与观察到在没有权威发挥作用的情况下，志愿组织的运作，这为福莱特构建自己关于权威、组织、领导以及冲突解决等问题的新理论提供了丰富的素材。1924年之后，福莱特的学术兴趣进一步聚焦到工业管理问题方面，通过在纽约人事局"商业管理心理学基金会"年会系列演讲中的出色表现以及后续的相关工作，福莱特著名管理思想家的地位由此奠定。1928年福莱特移居英国，1933年在美国波士顿逝世。福莱特的遗稿由其在英国的虔诚仰慕者林德尔·厄威克（Lyndall Urwick）整理，并以《自由与协调》（*Freedom and Coordination*）为题出版。正如雷恩指出的："如果按照年代划分的话，福莱特属于科学管理时代。不过，她的工作主要是在两个时代之间建立联系，这主要表现在她对科学管理思想的归纳总结以及对社会人时代的许多结论的预见上。"[1]

（一）群体原则

福莱特的群体原则是她从对哲学、心理学、政治学和法学著作的阅读中发展而来的，受到德国主观唯心主义哲学家约翰·费希特"个人自由服从于群体"的民族主义思想的深刻影响。在1918年出版的《新国家》（*The New State*）一书中，福莱特对群体原则进行了系统的阐述。她认为，群体原则的本质是显示出个体差异并把它们整合成为统一体。这种整合并不是消灭个体，反而是通过社会相互的社会交往来发现个体。这一过程，正如赫拉克利特所言，"自然追求对立的东西，它是用对立的东西制造出和谐，而不是用相同的东西"。因此，"只有通过群体组织，我们才能发现真正的人。个人的潜能在被群体生活释放出

---

[1] ［美］丹尼尔·A. 雷恩：《管理思想史》（第5版），孙健敏、黄小勇、李原译，中国人民大学出版社，2009年版，第347页。

来之前只是一种潜能。人们只有通过群体，才能发现他们的真正本质，获得真正的自由。"为此，福莱特认为，应该努力建设一个基于群体原则而非个人主义的新社会，以此给予社会成员发现生命意义与价值的机会。

顺着这一逻辑，福莱特对自由主义民主政治提出了反对意见。她彻底否认"政府的目标是保护个人权利"的观点，她认为，"在现代民主政治中，基于个人权力的政府理论已经不再有任何地位"，并就此提出了一个关于民主的新思想：民主是一种伟大的精神力量，它由人类发展而来。它利用每个人，通过把所有的人在众多成员的社区生活中交织在一起，使个体的不完整性得以补充，而这个众多成员的社区生活才是真正神灵的显现。她将民主重新解释为"一种个人与组织关系的互惠机制"，并强调公民参与民主过程在公民自我价值的实现以及在对于国家认同的塑造中具有重要的作用。"通过这种参与式的管理模式造就并发展组织，同时实现自我价值，就是福莱特所期望的'新国家'。"

(二) 冲突解决的机制

福莱特对群体冲突问题进行了研究。在格式塔心理学的影响下，她坚信人们可以创造出一种新的"社会意识"，并可以在"世界状态"中和平共处。格式塔心理学认为，每种心理状态都有与组成部分的纯粹性质不同的具体特征，即存在着整体大于部分之和的结构。因此，通过群体经验，可以使个人的创造力得到更大的释放。在会议、讨论和合作的情境下，人们可以彼此激发潜在的思想，并在追求共同目标的过程中，显示出它们的统一性。福莱特假设了人们解决利益冲突的四种机制：一是一方的自愿屈从；二是通过斗争之后的一方胜出；三是妥协；四是整合。福莱特认为，一二两种冲突解决机制都是不可取的，因为为了能确保一方在冲突解决中能占据支配地位，这两种机制需要动用力量或权力。妥协也是不被福莱特认可的，她认为，妥协不过只是把问题的解决拖延了而已，何况"真理并不总是'处于'二者之间"。因此，只有整合才是解决利益冲突的有效机制，它能寻找到双方都满意的冲突解决方案——没有支配、放弃或妥协。整合是一种具有互惠互利精神的"建设性冲突"，"意味着我们找到一种解决方法，它满足了双方的要求，不需要任何一方做出牺牲"。也就是说，冲突的最终解决，并不是一方通过权力或力量的使用迫使一方屈服，也不是相互的"妥协"，而是双方利益的平衡统一。"建设性冲突需要尊重、理解、深入交流，以及创造双赢的局面。"

福莱特进一步认为，当存在"发号施令者"（order giver）和"接受命令者"（order taker）时，整合就难以实现。因此，要使作为一种行动原则的整合成为可能，就需要对传统的权威和权力观念进行反思与重构。就此，福莱特试图用"共享的权力"（power-with）来替代"统治的权力"（power-over），用"共同行动"（co-action）来代替同意和强制。她提出要把命令去个性化，并把服从转变为"情景规律"（law of situation），即"一个人不应该对另一个人下命令，但双方都应该同意从情景中接受命令。如果命令只是情景的一部分，那么发号施令者和接受命令者之间的问题就不会出现"。这样，整合所赖以成立的利益共同性将得以实现。在情景规律的作用下，管理者的主要工作"不是如何让人们去遵守命令，而是如何找到可行的方法，使得人们能够最好地发现适合一项情景的命令"。在福莱特看来，良好的人际关系的本质就是产生与某人一起工作的感受，而不是在某人领导下工作的感受。因此，领导者对于权力及其基础认知与运作方式的改变成为了实现整合的前提与关键。"公司的目的应该由个人目的和群体目的整合而成，这一整合需要最有才干的领导者。这些领导者并不依靠命令和服从，而是依靠这样一些技能：协调能力、明确目标的能力，以及激发人们对情景定律的反应的能力。"在福莱特看来，领导不再是基于权力，而是在某种情境中领导者对于下属以及下属对于领导者的互惠影响，领导的首要任务就是界定组织的目的——基于群体的愿望和活动所产生的组织的共同目的。"最好的领导者并不要求人们为他服务，而是为了共同的目的服务。"共同的目的成为领导者和下属双方都遵循的不可见的领导者，是组织整合的基础。

（三）控制与协调

福莱特管理思想的第三个方面涉及通过控制和协调来实现目标所必需的深层心理过程。福莱特对这一问题的讨论，反映出了格式塔心理学对她影响的深刻痕迹。格式塔心理学认为，在给定情境中，如果在所有的要素、材料和人员之间没有统一与合作，控制就不能实现。当利益不能调和时，任何情境都会失去控制。也就是说，控制的基础存在于自我调节和自我管理的个人和群体中，这些个人和群体认识到共同的利益并控制他们的活动以实现这些目标。因此，管理者并不是控制个别的要素，也不是控制人，而是对复杂相互关系以及情境的控制。

在格式塔心理学的影响下，福莱特试图构建一种基于格式塔心理学的控制哲学，她强调这种新的控制是"事实控制而不是人为控制"，是"相互关联控制"而不是"自上而下的强加控制"。福莱特认为，每种情境都能产生自己的控制，但绝大多数情境都过于复杂，以至于不能由组织的最高层集中控制而发挥作用。因此，需要在组织结构的许多点上把控制集合或关联起来。实现控制集合或关联的过程就是协调。福莱特提出了被称为"组织四项基本原则"的协调原则，即：协调就是某种情境中所有要素之间的互惠关联；通过相关责任人之间的直接接触进行协调；在初期阶段进行协调；协调是一个持续的过程。在福莱特的管理思想中，控制和协调被放置在重要位置。她认为，组织就是控制，因为组织和协调的目的就是确保有控制地实现目标；协调是为了实现统一，而统一就是控制。

三、勒温的群体动力理论

库尔特·勒温（Kurt Lewin，1890—1947）（又被译为库尔特·卢因），德裔美国心理学家、社会心理学之父、群体动力学创始人。1921年，勒温进入由格式塔心理学领军人物之一的沃尔夫冈·柯勒领导的柏林大学心理学研究所任助理，次年任讲师，1926年晋升为教授，在此期间与格式塔心理学派建立了联系。勒温于1933年移居美国，1944年在麻省理工学院创立了群体动力学研究中心，担任该中心主任，直到1947年在马萨诸塞州的牛顿维尔去世。勒温的主要著作包括《个性的动态理论》（1935）（*A Dynamic Theory of Personality*）、《拓扑心理学原理》（1936）（*Principles of Topological Psychology*）和《解决社会冲突》（*Resolving Social Conflicts: And, Field Theory in Social Science*）。

（一）群体动力理论的心理学基础[①]

1. 心理场

群体动力理论研究个人行为如何受到群体环境中各种有关力量的影响。群体环境，诸如群体压力、群体规范、群体凝聚力、群体士气、群体中的人际关系与信息沟通，都能使个体行为发生变化。勒温正是这一理论的最初创立者。受格式塔心理学的影响，勒温构建了以"场论"（Feild Theory）为基础的心理学体系作为群体动力理论的学理基础。与以往的心理学家将人类行为的决定因素片面归结为外在（如行为主义）或内在（如本能论）的原因不同，勒温将人类个体行为变化视为在某一时间与空间内受内外两种因素交互作用的结果。他借用物理学上"场"的概念，认为"场"是相互依存的事实的整体，将某个人在特定时间所在的空间称之为"场"，并用场论来解释人的心理和行为。勒温认为，个人的行为不仅与他的个性有关，而且与其所在的环境有着密切的关系。他将影响个人特定时空下行为表现的所有因素的总和称之为"生活空间"，也就是"场"。个人的行为取决于个人的生活空间。生活空间主要由人的需要和他的心理环境相互作用的关系构成，由个人生活的过去、现在和未来的一切事情经验和思想愿望组成。勒温把决定行为的所有事实分为三种：一是准物理环

[①] 参见汪新建的《西方心理学史》，南开大学出版社2011年版第228—229页的相关内容。

境,即指个人意想中的自然环境;二是准社会环境,指人们意想中的社会环境;三是准概念事实,即指概念和现实的差异。勒温指出,准事实并不是纯自然、纯社会、纯概念的事实,而是指在人与环境的相互作用中,对人的行为可能产生影响的那些事实,因此,准事实与客观事实有时是对应的,有时却不是。勒温用以下公式表示个人与生活空间(场)之间的互动关系:

$$B = f(P, E) = f(LSP)$$

其中,B 指行为(behavior);P 指个人(person);E 代表环境(environment);f 指函数(function);LSP 指生活空间(life space)。

这个公式表明,行为是个人和环境的函数,人的行为随着人与环境这两个自变量的改变而变化。因此,同一个人在不同的环境中可能产生不同的行为,不同的人在同样的环境的中也有可能产生相同的行为。

2. 行为动力系统

勒温对行为动力系统的研究,主要涉及例如需要、紧张、效价、向量、障碍和平衡等与人的行为有关的内容和概念,他据此对个人行为发生与改变的原因和条件等问题进行了探讨。勒温认为,需要是个人行为的原动力,是由生理条件引起的动机状态,分为客观的生理需要和准需要两种类型。其中,人为了生存所必须满足的吃、喝、休息等需要是客观生理需要;准需要则是指心理环境中对心理事件起实际影响作用的那些需要。紧张是与需要相伴随的一种情绪状态。勒温指出,当一个人产生某种需要时,在人的身体内部就会形成一种紧张系统,这种紧张系统的出现,意味着个人和其环境之间的平衡被打破,因此人便采取行动,满足需要,以恢复个人与环境间的平衡,从而解除紧张状态。如果人的需要得不到满足,新的平衡就无法建立,紧张也将持续,从而促使人具有努力满足需要的意向,即指向需要满足的持续心理状态。由需要而产生的紧张状态,最初是一种无明确方向的紧张,当它和一定的对象发生联系后,就会形成一种推动人的行为趋向目标的向量(Vector)。在勒温看来,向量是一种有方向的吸引力或排斥力。吸引力的向量使人趋向目标,而排斥力的向量使人远离目标。个体行为的方向往往是两个以上向量的合力作用。每个不同向量的方向有可能相同也有可能不同,这就会导致冲突的出现。勒温总结出了三种冲突类型:趋近—趋近冲突、回避—回避冲突以及趋近—回避冲突。最后,勒温认为,当心理环境的事实被感知后,人就希望达到或离开某些地方,希望获得或躲避某些东西,这是因为这些地方或东西(对象)存在着对人而言的"效价"。效价有正负之别,那些能够满足人的需要,有吸引力的对象产生正效价;相反地,威胁人需要满足的对象则产生负效价。例如,一个人如果在具备良好的工作环境、和谐的人际关系、团结积极的工作氛围的组织中工作,那么他将表现出积极的行为，融入群体，争取认可；反之，个人将消极以对，并倾向于逃离他所在的环境。

（二）群体动力理论

勒温最主要的贡献就在于他提出了怎样把知识应用于实际的一套理论及方法，他认为，检验理论的最好方法就是把理论应用于实践，即所谓的"行为研究"。1944 年，勒温在麻省理工学院创办群体动力学研究中心之后，他将"场论"运用到对群体环境主要是非正式组织中人的行为的研究中，开创了群体动力理论的先河。勒温群体动力理论的基本内容如下。

1. 群体特征理论

勒温群体动力学主要以组织中的非正式组织为研究对象。首先，非正式组织同正式组织一样，是由活动、相互影响和情绪三个基本要素构成。其中，"活动"是指人们在群体中的日常行为，"相互影响"是指群体中人们之间的相互关系，"情绪"是指人们在群体活动中的各种心理状态。群体内各个成员的活动、相互影响和情绪三个因素的相互关联与影响，形成了群体的行为。其次，非正式组织同任何组织一样，也有一定的发展方向和目标，但在现实中，非正式组织同正式组织的目标具有不一致性。管理者需要对此有充分和明确的认识，从而确保正式组织与非正式组织目标的适度协调，防止因过分凸显正式组织的目标而损害非正式组织的内聚力和效率，影响和阻碍正式组织目标的实现。再次，非正式组织具有一定的群体结构，这种结构是由群体领袖、正式成员、非正式成员和孤立者组成。群体内的领袖是自然形成的，他的主要职责是维持群体的内聚力，为了本群体的利益向正式组织的领导提出群体的要求和建议。正常成员一般接受和遵守群体的绝大多数规范；非正式成员接受群体的大多数规范与要求，但拒绝接受某些特定规范；孤立者是指那些不属于某一固定群体的成员。最后，群体的规模一般取决于参加群体的成员人数的多少，人数的多寡，在一定程度上影响着群体内的沟通效果。

2. 群体内聚力理论

勒温认为："群体的内聚力是指群体对其成员的吸引程度，既包括群体对每一个成员的吸引程度，又包括群体成员之间的吸引程度。"[1] 一个群体内聚力的强弱可以通过如下的公式测出：

群体内聚力 = 成员相互之间选择的数目/群体中可能相互选择的数目

---

[1] 方振邦等：《管理思想百年脉络》（第 3 版），中国人民大学出版社，2003 年版，第 111 页。

内聚力的强弱受到多种因素的影响，一般而言包括如下方面：①群体领袖的领导方式。勒温将领导方式分为独裁型、民主型和自由放任型三种类型，其中在民主型领导方式下，群体成员的集体意识较强，关系融洽，沟通顺畅，彼此信任，表现出了较强的内聚力，之后依次是独裁型领导和自由放任型领导。②群体与外界的关系。当群体与外界处于隔绝状态时，群体的内聚力较强，反之则比较弱。③群体的规模。群体的内聚力与群体规模成反比，规模越小则内聚力越强。④群体成员的稳定性。一个成员流动性较小、人员稳定性较强的群体，其内聚力要强于成员流动性较大、人员稳定性较弱的群体。⑤群体内部的奖励方式和目标结构。采取个人和群体相结合的奖励方式，则能增加内聚力。同样的，把个人目标同群体目标有机结合起来，也有助于增强群体的内聚力。在一个内聚力强的群体中，群体成员的士气较高。这里的士气是指"人们对某一群体或组织感到满意，愿意成为该群体的一员，并协助实现该群体目标的态度"[①]。在适当引导之下，内聚力强、士气高的群体可以用来协助正式组织，以较高的效率完成组织目标；但如果引导不当，内聚力强、士气高的群体反而会影响组织目标的实现。这对管理者提出了更高的要求。

（三）群体领导理论

勒温通过实验方式，将领导风格划分为独裁型、民主型和放任型三种类型，这一通过把简单的实证设计与实践中的领导事务相结合的方式所开展的研究，极大地推动了领导理论的发展。

1. 独裁型领导

独裁型领导风格的领导者决定群体的一切事宜，群体内的其他成员只能根据领袖的指令行事，不能有任何的违背与异议。在独裁型风格领导者领导下的群体成员，往往表现出对领导者较强的依赖性和一定程度的沮丧、紧张感，并且缺乏推动群体变革的主动性和积极性。整个群体的正常运转与发展都依靠领导者的组织与推动；如果离开了领导者，整个群体的活动都将陷于停顿。

2. 民主型领导

民主型领导风格的领导者，尊重组织内其他群体成员的意见，积极营造支持与鼓励群体成员发表不同意见的条件与氛围，在决策过程中，主动与群体成员进行交流沟通，听取与吸收不同意见，力求集思广益、博采众长。在民主型风格领导者的领导下，群体成员集体意识较强，关系和睦，工作的主动性与积

---

① 方振邦等：《管理思想百年脉络》（第3版），中国人民大学出版社，2003年版，第112页。

极性较强。

3. 自由放任型领导

自由放任型领导风格的领导者，对组织的事务采取听之任之的态度，组织的工作完全依赖于群体成员的主动性与积极性。因此，在自由放任型领导风格领导者领导下，群体成员具有较高的自主性，但组织的整体工作质量不高，成效不明显，业绩不稳定。

（四）组织变革理论

就某种意义而言，几乎所有的社会科学家都会对变革问题产生研究的兴趣。理论家会分析变革的现象，而且努力揭示导致观念、价值观、行为变革的先前环境、状态。实践家关注的是促进个人和组织产生变革的技术或者常规。勒温通过一系列的实验，提出了著名的组织变革"三阶段"理论，推动了变革研究的发展。勒温认为，任何成功的组织变革都应该遵循解冻现状、移动、重新冻结三个步骤（图3-6）。

解冻现状 → 移动 → 重新冻结

图3-6 勒温的组织变革三阶段模型

具体而言，现状可以被认为是一种平衡状态。要打破这种平衡状态，必须克服个体和群体的阻力，因此变革的第一步是"解冻"这个环境。解冻行为或者习惯是非常困难的，尤其是当这些行为或习惯存续已久，或已被认可，或已取得成功时。危机的出现，可以为"解冻"创造契机。一旦出现危机，可能会毁掉原有的信念、价值观和行为的边界，从而为解冻创造条件。当解冻完成之后，也就是现存边界被去除之后，下一阶段就是移动：个人或群体从解冻前的信念、价值观和行为中转向一些明显更好或更可取的替代物，也就是变革的实质发生阶段。一旦变革付诸实施，要长期维持变革成果，就需要冻结新形势，否则变革的成果将在变革过程中丧失。因为变革的发生，将个人或群体突然置于新的平衡状态之中，就会不断出现一些新的信念、价值观和行为，从而无法固定变革的成果，因此如果不经过"重新冻结"这一步骤，变革很可能是短暂的。

勒温的群体动力学理论不仅进一步发展了行为科学管理学理论，而且还开创了实验社会心理学的先河，他的研究不仅对管理领域的领导问题、激励问题以及组织变革问题有一定的指导意义，也对社会科学的发展做出了极大的贡献。勒温强调理论在社会科学研究中的积极作用，提出了怎样把知识应用于实际的一套理论及方法，将社会科学研究与实践相结合，从而提高了社会科学研究的效率。

第六节 领导行为理论

领导行为的研究是行为科学管理理论的重要组成部分。领导行为就是通过引导、激励,影响组织成员在一定条件下实现组织目标的过程。领导行为理论经过了性格理论、行为理论和情境理论不同阶段的发展。性格理论研究的重点是通过对领导人个性特征的分析,寻求如何才能获得最佳的领导效果。最初的性格理论认为,天赋特性是决定一个人是否能成为优秀领导者的根本原因,因而,在研究方法上是对成功或不成功的领导者进行剖析,试图总结领导者的天赋条件。后期性格理论认为,领导是一个动态的过程,其个性特征是经由实践形成的,优秀的领导能通过适当的培养和训练造就。随着行为科学的发展,对领导行为的认识也不断深化,研究焦点逐渐从领导的"个性"转向了"行为",对成功领导的行为模式进行了探索研究。其中,具有代表性的理论有管理方格理论、支持关系理论、连续统一体理论等理论。

一、布莱克与莫顿的管理方格理论

罗伯特·R. 布莱克（Robert R. Blake, 1918—2004），美国行为科学家，管理方格理论创始人之一，出生于美国马萨诸塞州布鲁克林市，1940 年获贝利学院学士学位，1941 年获弗吉尼亚大学心理学硕士学位，随后在第二次世界大战期间加入美国空军。战后，他进入得克萨斯大学攻读博士，1947 年获心理学博士学位后留校任该校心理学教授，1961 年出任得克萨斯州奥斯汀市社会科学方法公司总裁，1997 年退休后把该公司卖给方格国际公司并继续担任公司顾问。布莱克在管理学领域最突出的贡献是同简·S. 莫顿在 1964 年出版的《管理方格》一书中，提出了著名的管理方格理论，开辟了组织领导方式及其有效性研究的新领域。简·S. 莫顿（Jane S. Mouton, 1930—1987）曾在得克萨斯大学师从布莱克攻读心理学博士学位，毕业后留校任心理学系副教授，与布莱克一道创立管理方格理论。

布莱克和莫顿认为，维持组织内正常的人际交往关系，对于组织决策和充分发挥人力资源优势，达成组织目标具有重要意义。"管理方格理论集中研究什么情况会导致人与人的交往无效，什么情况可以使它有效，以及为了使无效的交往变为有效，应当采取什么行动。"[1] 领导者领导行为受到组织目的（生产产品和提供服务）、组织中的人以及组织权力关系（等级制度）三种普遍特征的影响，

---

[1] [美] R. R. 布莱克、J. S. 莫顿：《新管理方格》，孔令济、徐吉贵译，中国社会科学出版社，1986 年版，第 3 页。

这三种普遍特性互相紧密配合的关系用图形表示时可以画成一个方格图。（图3-7）

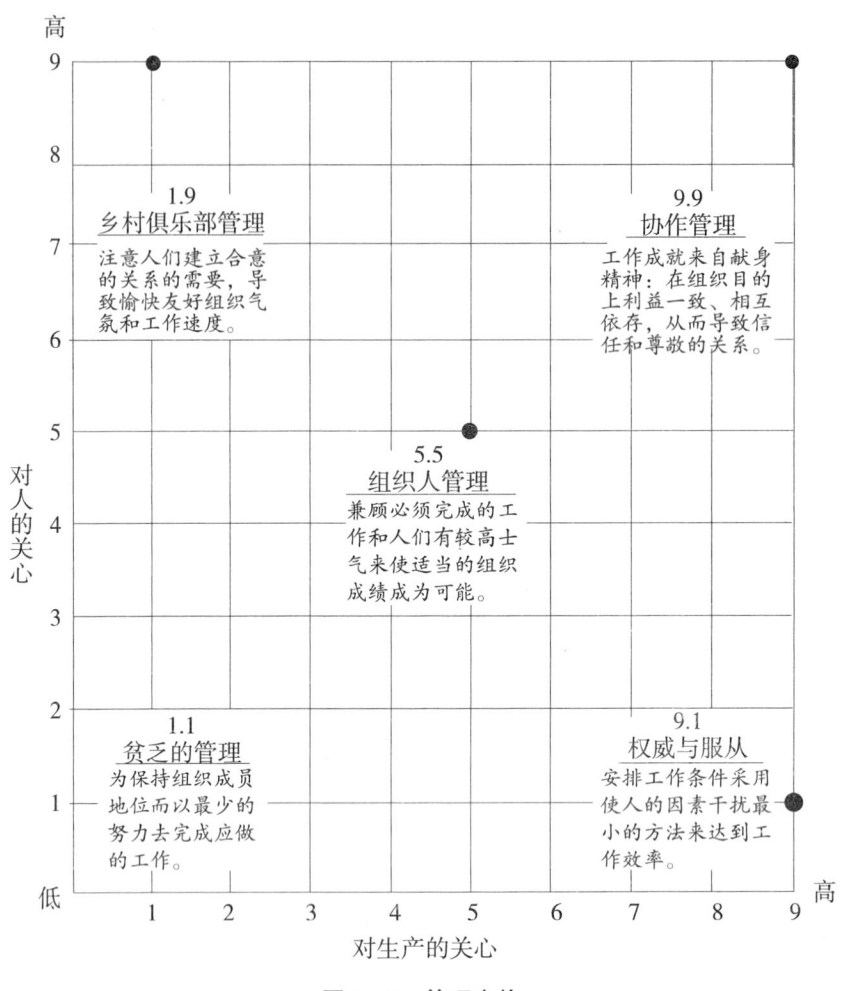

图 3-7 管理方格

方格图内容：
- 1.9 乡村俱乐部管理：注意人们建立合意的关系的需要，导致愉快友好组织气氛和工作速度。
- 9.9 协作管理：工作成就来自献身精神；在组织目的上利益一致、相互依存，从而导致信任和尊敬的关系。
- 5.5 组织人管理：兼顾必须完成的工作和人们有较高士气来使适当的组织成绩成为可能。
- 1.1 贫乏的管理：为保持组织成员地位而以最少的努力去完成应做的工作。
- 9.1 权威与服从：安排工作条件采用使人的因素干扰最小的方法来达到工作效率。

纵轴：对人的关心（低1—高9）
横轴：对生产的关心（低1—高9）

对生产的关心——生产取得成果和对人的关心——对下属和同僚作为有特色的个人的关心，构成了方格图的横轴和纵轴。这里所谓的"关心"，并不是表示实际生产数量或对人的实际行为的数量的特定名词，而是"表明在任何一个既定管理方式背后的那种假设的特性和力量"[①]。一个领导者怎么样把对这两

---

① ［美］R. R. 布莱克、J. S. 莫顿：《新管理方格》，孔令济、徐吉贵译，中国社会科学出版社，1986年版，第13页。

方面的关心联结起来,说明了领导者行使权力的方式。除此之外,对某个方面的关心即使在程度上可能一样,但如果位置在不同的格子中,那么这种关心的性质也是各不相同的。例如,对人表示最大的关心同对生产不大关心相结合时,这种对人的关心所表达的是使人感到"幸福";而在对人极大关心与对生产极大关心二者结合,则是为了使人专心致志地工作。就此而言,这两种对人的关心虽然程度一样,但性质却大相径庭。管理方格理论指出,在关心生产与关心人的领导方式之间,存在着使二者在不同程度上相互结合的多种领导方式,"它们都可视为是一套利用权力把人们组织起来从事生产的假设"[①]。为此,布莱克使用一张纵轴和横轴各9等分的方格图,纵轴和横轴分别表示组织领导者对人和对生产的关心程度,全图共81个小方格,分别表示"对生产的关心"和"对人的关心"这两个基本因素以不同比例结合的领导方式,第1格表示关心程度最小,第9格表示关心程度最大。根据"管理方格图"布莱克和莫顿将领导风格分为五种基本类型。

(一) 1.1型管理(贫乏型管理)

持这一定向领导风格的领导者既没有要支配工作环境的志向,也不想受到这一环境中人们的喜爱或好评,无论对工作或对组织中的人都持一种消极的、不关心和不参与的态度,但求保住现有工作或赚取工作资历,而不会对组织或同事做出贡献,尽量自保,得过且过。当组织出现分歧或冲突时,他不会选边站,尽量保持中立或置身事外,这种即保持中立而又不在场的状况,是使他不承担义务所以能不激起别人过分不满的关键。"不看坏事,不说坏事,不听坏事,这样你就保险不被人注意"[②] 是他的处事原则与座右铭。在对工作方面,他能容忍任何的生产业绩的出现,哪怕是一蹶不振的最低水平。如果确实要强制提高生产水平的话,他也总是通过雇佣更多的人或添置更多的设备的方法加以解决,这样只能导致成本的增加和根本问题的久拖不决。

(二) 1.9型管理(俱乐部型管理)

持这一定向领导风格的领导者相信,下属的态度和情感是最为重要的,维系和下属可接受的关系是领导者最为重要的情感保障。由于期望获得下属的拥戴与爱护,他很可能对下属、同级和上司所关心的事情投入极大的热情与精力,

---

① [美] R.R. 布莱克、J.S. 莫顿:《新管理方格》,孔令济、徐吉贵译,中国社会科学出版社,1986年版,第16页。

② [美] R.R. 布莱克、J.S. 莫顿:《新管理方格》,孔令济、徐吉贵译,中国社会科学出版社,1986年版,第72页。

竭力在组织中培植起一种温暖的氛围，以使自己能被其他组织成员认为他是关心他们的、善意的，以及将他们的愿望和欲望的考虑置于一切之上。与正常人对渴望投桃报李的人具有的感情不同，1.9型领导风格的领导者要的是每个人的感情与认可，不管对谁和不管他是否感到对他们是一种真正的温暖或不足，这是一种不具有可逆性的感情。"如果我对人友好，他们便不会伤害我"① 是持这一定向领导风格领导者的座右铭。在一个由这一领导风格主导的组织中，会滋长一种懒散的、乡村俱乐部式的氛围，人们在组织中可以各行其乐，领导者则全力以赴地要看到下属对工作条件和对他感到满意。他极力避免与下属发生冲突，因为冲突威胁着温暖与认同。倘若冲突不可避免，领导者则试图通过缔造愉快的气氛、道歉与许诺等方式尽快地恢复起一种小圈子的支持性关系。

（三）5.5型管理（组织人的管理）

持这一定向的领导者对生产和组织成员的需求都投以同样的关注，但谋求组织成员的认可，从而获得某种归属感对于他而言是最大的激励。他的目的在于认识与结交更多的朋友，不断拓展自己的社交圈。因此，在实际管理中，他总是迎合与迁就别人的观点与行动，从不轻易暴露自己的观点与看法，以确保别人的追随；当前流行的意见就是他的意见，别人抵制的东西就是他抵制的，"因而，他不可能有什么深奥的思想信仰，不管是政治的、宗教的、文学的、社会的、社团的或者是其他方面"②，也不太可能有什么创新精神，过分依赖传统、经验或别人的判断，不敢轻易擅自越雷池一步，除非那是别人已经确立了的新方向或经实践证明安全的路径。另一方面，他不会通过"命令"或"指导"的方式来推动工作的完成，而是以"激励"和"沟通"来促其完成。他把生产降低到人们乐于接受的标准，并鼓励组织成员多提建议。这样一方面，可以减少组织成员为取得工作成果所付出的努力，减轻压力和挫折感；另一方面可以向组织成员表示他是善于倾听与采纳意见的，以此博得众人的好感。这种为了避免牺牲组织成员需求而在生产上妥协的做法是一种典型的"拆东墙补西墙"收买人心的做法，它不是去寻求对生产和人都有利的最佳位置，而是去寻找两者间可以妥协的地方。

---

① ［美］R. R. 布莱克、J. S. 莫顿：《新管理方格》，孔令济、徐吉贵译，中国社会科学出版社，1986年版，第53页。

② ［美］R. R. 布莱克、J. S. 莫顿：《新管理方格》，孔令济、徐吉贵译，中国社会科学出版社，1986年版，第92页。

(四) 9.1 型管理（权威与服从型管理）

采取这一定向领导风格的领导人力求强有力地控制并统治下属，具有较强的成功欲望和意志力，强烈要求获得成功，试图通过各种方式证明他自己是精通各方面的知识专家，不为任何东西和任何人所屈服。这一类型的领导者，在面对失败时，总是将失败的原因归罪于别人，并且每当人和生产之间存在矛盾时，总是用牺牲人的利益来解决这种矛盾。当与下属产生工作冲突时，这一类型的领导者可能通过提出一系列精巧问题，用于证明下属是错误的，或者是直截了当地压制别人的观点来解决冲突；他们通常使用的方式有诸如进攻性的提问和防御性的倾听，通过"利诱"以换取下属的服从等。"当我具有足够的力量时，我能排除阻力和对抗而把我的意志强加于人"[①] 是持这一定向风格的领导者的座右铭。

(五) 9.9 型管理（协作型管理）

这一类型的领导者对组织的任务和人员都极度关心，总是在组织的生产需求与组织成员对丰富的有报偿的工作经验需求之间寻求平衡。在实际管理中，他总是通过使被管理者积极主动的"卷入"自身工作之中并对自己提出高标准的方式来实现对被管理者的激励。与此同时，他坚信，生产必须使人们在完成生产上形成一体化，这就需要通过"协作"来解决人们合作中出现的情绪和观念的问题。"一个9.9定向的管理人员在期望对工作成绩做出贡献时，会联想到必须使其他人一起卷入并通过他们来起作用。"[②] 因此，采取这一定向的管理者十分强调在完成明确而具有挑战性的目标中的自愿合作、自发性、开放性和责任分担，他能够敏锐地为带来组织成果而行动，保持连续性但又能寻找富有创新精神的管理方法，以适应各种特殊问题和非常规情况。"有了慎重、献身精神和多面性，我们就能真正解决棘手的问题。这就是管理的意义"[③] 是持这一定向风格的管理者的座右铭。

对于以上五种领导风格，布莱克和莫顿认为，9.9定向是一种最优的领导风格，这种领导风格能够引导企业构建起实现企业繁荣所必需的真正的自由制

---

① [美] R. R. 布莱克、J. S. 莫顿：《新管理方格》，孔令济、徐吉贵译，中国社会科学出版社，1986年版，第21页。

② [美] R. R. 布莱克、J. S. 莫顿：《新管理方格》，孔令济、徐吉贵译，中国社会科学出版社，1986年版，第116页。

③ [美] R. R. 布莱克、J. S. 莫顿：《新管理方格》，孔令济、徐吉贵译，中国社会科学出版社，1986年版，第116页。

度。同9.9定向以信念、献身精神以及创造力为特征的领导风格相比，其他的四种领导风格则只能算是次优的领导风格；9.9定向为人们展现了"深入人心的社会进化潮流看来在向着能对精神力量和社会经验增添意义的方向前进"[①]的趋势。

布莱克和莫顿认为，除了上述五种基本的领导风格之外，还可以总结出由这五种基本风格中的两个或两个以上风格组合而成的包括"家长作风""大弧度钟摆""平衡""双帽方法""'统计的'5.5"等在内的"组合型领导风格"。其中，"家长作风"的领导风格是指一个管理人员与其部属间的关系会有9.1定向和1.9的体谅，它在某种情况下类似于一个父亲与其孩子间的关系，他把部属作为他的管理大家庭的一部分来对待，一方面鼓励下属要担负起责任，另一方面又不向下属充分授权。这种"双重控制"使被管理者形成一种进退失据的不确定性意识，难以采取自我负责的主动行为。组织中家长作风的长期存在，能够降低人员的流动以确保组织的稳定性，但是潜藏在家长作风中的那种无视被管理者思想和能力自主性与能动性的倾向，容易造成被管理者的异化感，为巨大的冲突爆发埋下隐患。"大弧度钟摆"的领导风格是指领导者根据组织生产与人员变化情况，在9.1定向和1.9定向两端之间进行领导风格的切换。当一个领导者以9.1定向方式关注生产而激起组织成员反抗和怨恨时，他就将启动领导风格的转换，为平息人们的怨望，他将变得异乎寻常的关心组织成员的想法、感受和态度，即使这一过程致使生产下跌，也要确保组织间关系能恢复到原有平稳的基础上。一旦他又开始毫不介意和恢复到9.1的领导风格，随着紧张关系的出现和加剧，新的摆动循环又将启动。"双帽方法"是一种把对生产的关心和对人的关心隔离开来，但同时又责成一个人要对这两个方面都担负责任的领导者经常使用的领导方法。领导者在使用双帽方法时，通常在工作中实施1.9定向管理。在一段时间间隔之后，他会取下他关心人的"帽子"而戴上关注生产的"帽子"，以一种主要集中处理生产事务而非关注组织中人的态度开展工作。当一段时间间隔之后，领导者又将更换帽子，以一种主要是处理人员的态度而只是偶尔才联系到工作的方式与下属进行沟通。持"'统计的'5.5"领导风格的领导者在处理生产与人的难题上可以根据所谓的"有效性"原则，自由随便使用两种甚至有时是使用所有五种基本领导风格。这里的"有效性"实际就是确保行为能与实际情况相符合而不必考虑行为科学原则。这是一种缺乏变革或发展概念的领导风格，只是为维持现状而顺应种种具体要求所

---

① [美] R. R. 布莱克、J. S. 莫顿：《新管理方格》，孔令济、徐吉贵译，中国社会科学出版社，1986年版，第250页。

进行的"策略玩弄。"

除了对领导风格的类型进行总结之外，布莱克和莫顿还对不同领导风格对领导者身心健康可能产生的影响及其这些领导之所以形成的早期生活经验进行了阐述。例如，他们认为，持有 9.1 定向的领导者罹患心脏病可能性比较大，因为"他对任何成功都不满意，他对必须依靠的人既生气又仇视，他对于将进行的下一个项目失败的风险总是提心吊胆，他由于经常处于这样一种过度的紧张状态，以致终于引起心脏病发作"[①]。另外，布莱克和莫顿认为，1.9 定向风格的领导者父母在其儿童时期的教育方式对其成年后领导风格的形成具有重要影响作用。父母对他们采用"家长统治"的方式进行培养，在对他们实施有力的引导和控制上不是用一种生动的或要求以问题为导向的方法，而是有意识地削弱孩子的自信心和独立能力，以使他们的行为满足父母的期望和要求。长此以往，孩子将养成只为获得信任而努力，而不去思考与实践能促进自我信赖和自持心的事情的意识与习惯，这将极大地影响其成年后的领导风格。

二、利克特的领导风格理论

伦西斯·利克特（Rensis Likert，1903—1981），美国著名行为科学家、组织心理学家和教育学家，出生于美国怀俄明州的夏延，1922 进入密歇大学攻读土木工程专业，在此期间逐渐对社会学产生兴趣，遂转学社会学，并于 1926 年获得社会学和经济学专业的学士学位。后赴哥伦比亚大学学习，1929 年获得心理学博士学位。他 1930—1935 年间任纽约州大学心理学教授，之后在康涅狄格州哈特福德任人寿保险机构管理研究协会董事，1939 年受聘于美国农业经济局下属的计划调查处。在该处工作期间，利克特发展了谈话、编码和取样调查等方法，为现代社会学研究奠定了方法论基础。二战期间，利克特在战时情报处工作，对公众态度、公众体验和公众行为等课题进行了研究。在战时情报处工作的经历，使利克特体验到了多学科联合开展研究工作的优势，从而萌生了建立综合性社会研究机构的想法。1946 年，利克特应母校密歇根大学邀请在该校建立了社会调查研究中心，并担任中心第一任主任。1947 年，由于库尔特·勒温去世，由其主持的麻省理工学院群体动力学研究中心遂与密歇根大学社会调查研究中心合并，成立密歇根大学社会研究所。在利克特的领导下，该研究所逐渐成为在领导行为、组织行为等问题研究方面具有世界影响力的学术重镇。利克特根据密歇根大学社会研究所的研究成果，总结提出了新型管理系统理论

---

① [美] R. R. 布莱克、J. S. 莫顿：《新管理方格》，孔令济、徐吉贵译，中国社会科学出版社，1986 年版，第 148 页。

和支持关系理论等理论,并在此基础上,于 1967 年提出了领导风格理论。利克特的管理思想集中反映在其《管理的新模式》(*New Patterns of Management*)和《人群组织:它的管理及价值》(*The Human Organization: Its Management and Value*)等著作中。

(一)领导风格类型

利克特认为,管理和领导是一个比较、适应的过程,也是一个与被领导者相互交流、反馈的过程。"管理的根本任务是将独立的个人组织起来实现预定的目标。使众多个人的努力集合起来成为一种有组织的力量,是一个非常古老而又非常困难,非常重要而又非常矛盾的任务。"[1] 管理的核心问题在于如何领导和管理人,而领导方式的选择在很大程度上决定着领导水平的高低。在《人群组织:它的管理及价值》一书中,利克特从领导过程、激励过程、交流沟通过程、相互作用过程、决策过程、目标设置过程、控制过程、绩效目标八个方面对领导行为进行描述,并将领导行为划分为专制权威式、温和专制式、民主协商式和民主参与式四种类型。

1. 专制权威式领导

该类型的领导具有如下特征:一是权力集中于领导层,领导独断专行进行决策,并凭借权力,强制推行政策,下属被动执行;二是领导者与下属缺乏沟通交流,彼此间互不信任,关系紧张;三是这一类型的领导方式往往容易催生与组织目标相抵牾的非正式组织,从而影响了正式组织目标的完成。

2. 温和专制式领导

该类型的领导具有如下特征:一是组织内部存在着适度的分权,主要决策由高层领导者制定,而其他层级的领导者根据自身权责大小和职能制定一般的决策;二是领导层与下属之间存在着一种基于从属关系的信任,尽管领导者态度谦和,但下属仍对其心存戒心,因此相互间的关系显得和谐而不自然;三是这一类型领导方式下的非正式组织与正式组织之间不存在明确的关系,非正式组织有可能反对正式组织,也有可能支持正式组织。

3. 民主协商式领导

该类型的领导具有如下特征:一是组织内部存在适度的分权,领导者会与下属或者较低层的管理者就具体问题进行商议与决策;二是领导者与下属的保持必要的双向沟通,关系和谐,彼此之间存在较强的互信;三是在这一类型领导方式下的非正式组织通常情况下都能与正式组织保持一致,对抗的情况很少发生。

---

[1] 孙耀君主编:《西方管理学名著提要》,江西人民出版社,2005 年版,第 211 页。

4. 民主参与式领导

该类型的领导具有如下特征：一是真正关心下属，态度友好、细致周到，能为员工发展提供力所能及、尽可能多的帮助与机会；二是领导者既关心组织的利益与发展，也关心组织员工的成长与进步；三是领导者完全信任下属的能力、品德与精神；四是对下属的工作与表现存有很高的期待；五是尽可能多的给予下属工作中的指导、帮助和教育，以促进下属的提高与进步；六是当下属遇到工作困难或力不胜任时，领导者尽力帮助或为其调整工作。

利克特认为，就以上四种领导方式而言，民主参与式领导是效率最高的一种。正是通过这一形式的领导，领导的作用才能得到真正的发挥。参与式领导的核心是努力将组织变成高度协调、高度激励和高度合作的社会系统，为此，领导者应该把下属和员工视为有血有肉、有独立人格的人，而不只是完成工作任务的劳动力。民主参与式领导的认识，来源于利克特著名的"支持关系理论"。该理论强调，领导及其他类型的组织工作必须最大限度地保证组织的每个成员都能够透过基于自己的背景、价值观、经验和愿景所形成的视角，从自身实践中感受并确认组织与其成员之间存在着相互信任与支持的关系，每个人都受到组织的重视与尊重，具有自身价值。这里所谓的"支持"是指员工置身于组织环境中，通过工作交往亲身感受和体验到领导者及各方面的支持和重视，从而认识到自己的价值。员工所置身于的环境就是"支持性"的，这一环境之中的领导者和同事也是"支持性"的。因此，参与式领导特别需要注意员工的真实感受和主观体验。

（二）领导行为效果影响因素

利克特认为由于领导行为具有多样性和随机性，因此在实际管理过程中，不可能找到简单划一、适应任何情况的具体领导方法。领导行为的效果依具体环境和条件而定，能否有效地实施领导并不仅仅取决于领导者行为方式本身，还受以下因素的影响。

1. 被领导者对领导者行为的主观认知

在实际管理中，被领导者感觉到或实际看到的领导者行为与领导者对自己行为方式的看法与说法可能有着根本差异。据调查，80%的领导者自我评价自己经常真诚地表扬工作成绩突出的员工，但只有14%的员工认为事实如此，其他的员工则认为领导有言过其实之嫌疑。

2. 被领导者的个人因素

由于被领导者所信奉的价值观、期望、性格、人生经历以及成长背景等不同，面对同样的领导行为，即使他们确实能看到、感觉到、体验到领导者有意采取的行为方式，正确领悟到领导者的意图，不同的被领导者仍会对领导者行为做出不同的反应。被领导者的个人因素，对领导行为的效果产生着重要的影响。

3. 领导者的个性与人格特质

一般而言，被领导者都期望领导者的行为方式与表现能与他自己的个性特征相契合，真诚坦率，表里如一。当领导者的外在行为与内在性格特征相吻合时，会给被领导者自然、诚恳、可信的感觉，能引发被领导者的好感与合作；反之，被领导者会觉得领导者虚伪、做作和不友善，从而在一定程度上抵制领导者的命令与指挥，或者虚委以蛇。

4. 领导者影响上级决策的能力

被领导者都希望领导者在事关组织成员切身利益的相关问题上具有较强的影响上级决策的能力，从而尽可能使上级做出符合组织利益的决策或对组织的行为给予支持。因此，领导者的上层影响力和地位也会影响到被领导者对其行为方式的反应。

除此之外，组织历史、组织文化及其工作、生存环境的因素，也会对领导者行为的效果产生影响。总之，领导者领导行为与方式的效果不仅仅取决于行为本身，还与被领导者的工作性质、生活经历、价值观念、人际关系以及他们对领导者的主观印象等一系列因素有关。因此，并不存在适用于任何情况的具体领导方法，只存在着具有普遍意义的一般领导原则。实际管理中，只有将这些原则与实际情况和实际对象相结合，敏锐地察觉别人的期望与情绪，采取相应适当的领导行为，才能保证行为应有的效果。

（三）工作集体与集体领导

利克特的支持关系理论认为，组织中的每个成员都希望自己对于组织具有某种价值。这种价值的实现主要依靠那些与该员工最亲近、最熟悉、最尊敬和最需要的同事对该员工工作所做出的评价。员工所在的工作集体是他获得自尊自重的主要源泉。因此，在利克特看来，最为有效的管理方式是把所有员工都组织到一个或多个内聚力强、成绩出色、有效运转和相互协作的工作集体中，而不是实行"一对一"的单线联系式的领导。在这一组织中，即利克特称之为的"工作集体"中，每一个员工作用的发挥并不是单独的，而是作为高效工作集体的一员发挥的。在利克特看来，一个高效有序的组织就是以许多"工作集体"为基本单元的结构。组织中，那种具有"双重身份的成员"，即"联结扣"（Linking Pin），是链接各个工作集体，使组织形成一个整体的关键。

所谓的"联结扣"指的是"某一工作集体的领导者，同时充当高一级工作集体的成员或下属。"[①] 他认为，通过"联结扣"联系起来的以工作集体为基本单元的组织，强调的是集体负责、集体决策以及整体利益，而非传统意义上的一对一权力运动。组织最高层的领导者也要组成一个工作集体，实施集体领导。利克特认为，在一个组织的最高层实施集体领导，具有如下的优势：

1. 实施集体领导，不仅可以使每个成员有机会将自己的专业知识、才能贡献给组织，而且成员之间不同的能力、素质、性格、眼界、专业等条件可以优势互补，发挥整体性优势。

2. 通过集体领导的实施，集体的每个成员都习惯于从最高领导者的角度思考与理解问题，从而能提高每一个集体领导成员的全局观与领导能力。

3. 集体领导的实施，可以确保集体内信息交流的畅通与充分，最大限度破除信息沟通的障碍，降低沟通成本，保证决策能得到有效的贯彻执行。

4. 集体领导可以最大程度减少因人员变动给组织领导带来的震荡与波动，也能减少因信息不对称而带来的人员摩擦和各自为政的情况，这样不但能有效节约人力成本，而且能维护组织的和谐与团结统一。

三、领导行为连续统一体理论

连续统一体理论是由美国著名管理学家罗伯特·坦南鲍姆和沃伦·H. 施密特于 1958 年共同提出的一种领导行为理论。罗伯特·坦南鲍姆（Robert Tannenbaum，1915—2003），1948 年获得芝加哥大学劳资关系学博士学位，长期在加利福尼亚大学洛杉矶分校工商管理学院执教，担任人才系统开发教授，从事"人事制度发展"研究，并为美国及其他国家的企业提供咨询顾问服务，在领导行为、敏感性训练和组织发展等方面具有开拓性贡献。沃伦·H. 施密特（Warren H. Schmidt）是坦南鲍姆在加利福尼亚大学洛杉矶分校时的同事（1955—1977），两人长期在领导方式分类和选择问题方面进行合作研究，在 1958 年合作出版的《如何选择领导方式》（*How to Choose a Leadership Pattern*）一书中，提出了"领导行为连续统一体"理论，对领导者行为的研究做出了重要贡献。

（一）领导方式的类型

坦南鲍姆和施密特按照领导者运用职权的程度和下属享有自主权的程度（自由度）提出了领导行为连续体模型（图 3-8），将领导方式视为一个连续变化的带状结构，其中绝对的领导专权和绝对的下属自由是带状结构的左右两个

[①] 孙耀君主编：《西方管理学名著提要》，江西人民出版社，2005 年版，第 220 页。

极端。坦南鲍姆和施密特按照从左到右的方向，划分出了 7 种具有连续性的典型领导方式。

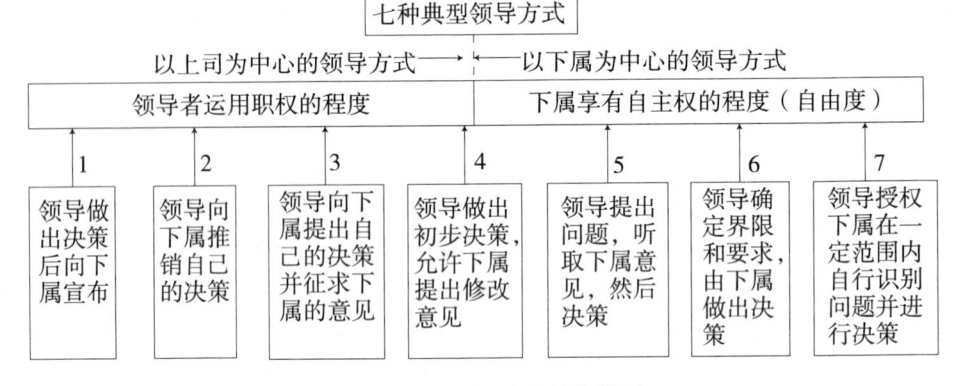

```
                    七种典型领导方式
         以上司为中心的领导方式 ←→ 以下属为中心的领导方式
         领导者运用职权的程度          下属享有自主权的程度（自由度）
    ↑         ↑         ↑         ↑         ↑         ↑         ↑
    1         2         3         4         5         6         7
  领导做    领导向    领导向    领导做    领导提    领导确    领导授权
  出决策    下属推    下属提    出初步    出问题，  定界限    下属在一
  后向下    销自己    出自己    决策，    听取下    和要求，  定范围内
  属宣布    的决策    的决策    允许下    属意见，  由下属    自行识别
                     并征求    属提出    然后      做出      问题并进
                     下属的    修改      决策      决策      行决策
                     意见      意见
```

图 3-8　领导行为连续体模型

1. 领导做出决策后向下属宣布。这种领导方式的特点是由领导独自进行问题思考与决策，下属无法参与其中，只能在领导宣布决策后执行决策。

2. 领导向下属推销自己的决策。同前一种领导方式相类似，在该方式中仍由领导自行分析问题，做出决策，但是领导者不是通过强制性方法，而是通过说服让下属接受其决定，从而可以在一定程度上消弭不同意见，减少执行阻力。

3. 领导向下属提出自己的决策并征求下属的意见。这种领导方式仍旧是由领导者自行做出决策，但在决策制定后，领导也会同下属进行沟通，对决策做出解释，使下属能充分了解自己的政策意图，确保有效执行。

4. 领导做出初步决策，允许下属提出修改意见。这一领导方式的领导者，通常在保证自己识别与判定问题的主动权不受影响的前提下，允许下属对决策过程施加一定的影响。

5. 领导提出问题，听取下属意见，然后决策。这一领导方式的领导者，在决策过程中，会同下属进行交流，听取和吸收下属意见，并在所做决策中加以反映。

6. 领导确定界限和要求，由下属做出决策。这一领导方式的领导者，已经将决策权转移给下属，只对待解决问题的范围及决策的原则、条件和限度等问题提出明确的要求。

7. 领导授权下属在一定范围内自行识别问题并进行决策。在这一领导方式之下，下属拥有充分的群体自由。领导者力图使自己与组织中的其他成员保持平等关系，并承诺自己会带头遵守组织所做的决策。

(二)领导方式的选择

坦南鲍姆和施密特认为,领导方式的选择与确定受到领导者、被领导者以及领导环境三个方面因素的影响,具体为:

1. 领导者方面的因素。包括领导者的个性与所秉持的价值观;领导者和下属的关系;领导者个人行为的偏好与倾向;领导者的自我认知。

2. 被领导者方面的因素。包括:被领导者的独立性与自主性;被领导者的责任意识和担当精神;被领导者对命令与任务的理解力与认同感;被领导者所具有的知识、经验与能力;被领导者对组织的忠诚度。

3. 领导环境方面的因素。包括:①组织文化氛围。不同的组织文化对领导行为的选择有着重要的影响,有的组织文化倾向于接纳善于处理人际关系的领导,而有的组织文化更喜欢有决断力、个人魄力强的领导。②群体效能。组织成员对于他们作为一个整体所具有的能力的自信心,对共同目标的认同程度,成员之间的凝聚力与相互接受和容纳的水平,会对群体的效能产生较强的影响。③工作任务的难易程度与性质。④时间压力。决策与完成工作的时间宽松与否,在一定程度上决定着领导者是否允许或能够让被管理者参与决策或相关工作。"那些经常处于'危机'和'紧张状态'的组织一般都不习惯于向下级授权。"[①]

鉴于以上因素,坦南鲍姆和施密特总结认为,一个成功的领导者能时刻留心观察与思考,敏锐捕捉各种信息,分析与把握某一特定时刻影响其行动的各种因素,准确地理解自己的下属,正确地认识组织与社会环境,从而做出满足各种因素要求,符合组织发展需要的领导行为。

第七节 行为科学管理理论的总结

行为科学管理理论在行为科学范式指导下,在对古典管理理论进行继承与反思的基础上,因应现实需要,进行了全面的理论反思与创新发展,不论是基本观念还是研究内容都有了极大进步,呈现出新的特点。当然,由于受作为这一时期管理理论基础性理论的行为科学自身存在的各种缺陷的影响,加之管理环境和管理对象的复杂性,行为科学管理理论不可避免地存在着不足,有待新的理论加以弥补与完善。

---

① 方振邦等编著:《管理思想百年脉络》(第3版),中国人民大学出版社,2003年版,第163页。

一、行为科学管理理论的发展

(一) 基本观念的发展

与古典管理理论因强调管理原则而带有浓厚的"价值判断"色彩不同,行为科学管理理论受行为科学的影响,已不再将研究重点聚焦于对"应该如何"之类的问题的回答,最多只是提出一些"工作假设"(working hypotheses),更多的是应用行为科学所提倡与推崇的科学方法进行事实收集、原因分析与假设验证。因此,这一阶段的管理理论,就研究者的基本观念而言,已经从对"应然"的研究转变为对"实然"问题的关注。

(二) 组织理论的发展

1. 从静态的研究到动态的研究

古典管理理论大多是从形式、结构、制度、规则以及责权分配等"静态"角度来研究与探讨管理问题,行为科学管理理论受行为主义的影响,将研究的关注点转向了组织中的"人",围绕组织中人与人的交互行为、需求满足、沟通激励、权力运行等问题开展了大量的研究。

2. 开始了对非正式组织的关注与研究

古典管理理论的研究对象仅仅局限于通过正式制度建立的具有明确职责与结构的正式组织,而通过霍桑实验,行为科学管理理论发现在正式组织之外还存在着非正式组织。相较正式组织而言,非正式组织具有独特的结构和特征,并且对组织管理发挥着极为重要的影响。行为科学管理理论开启了对非正式组织关注与研究的序幕。

3. 组织平衡论的提出

古典管理理论认为,个人一旦加入组织,成为组织一员之后,其个人利益就应该服从组织利益,个人的利益绝对不能优于组织利益。组织与成员之间具有一种互相需要、彼此满足、相互成就的观点并不被古典管理理论所承认。但行为科学管理理论认为,只有组织和组织成员的利益得到合理的平衡,组织才能发展,组织成员也才能安心工作。因此,组织应该对其成员提供满足他们合理需求的各种条件,以换取他们对组织全身心的贡献,实现两者的"双赢"。

4. 群组角色的重视

古典管理理论认为,一个组织成员在组织中的地位与作用是由组织的正式制度所规定的,不同地位的组织成员所发挥的功能与作用也不一样,地位越高作用越大,功能越重要。但是,行为科学管理理论则认为,尽管组织成员在组织中的地位不同，但他们都发挥着同等重要的功能与作用，个人在组织中的地位是相对的而非绝对的。只有领导而无下属，则组织中的工作将无法贯彻落实；反之，只有下属而无领导，组织将陷入混乱，下属也无法正常工作。因此，行为科学管理理论认为，组织中人人都有其重要性，不能因地位的高低而有不同的对待态度。

（三）管理方式的发展

1. 从监督制裁向激发自主性转变

古典管理理论认为，人具有好逸恶劳的本性，只有通过监督与惩罚等管理方式的使用，才能确保组织成员认真工作，实现组织目标。而行为科学管理理论则持相反的观点，认为人具有自觉、主动工作以实现人生追求与价值的需要。因此，主张在管理实际中尊重组织成员的人格，满足组织成员的合理需求，为组织成员创造与组织发展共同成长进步的条件，营造组织发展与成员成长相互促进的良好局面。

2. 由专断管理向开明管理转变

古典管理理论认为，有效管理的基础在于权力自上而下的单向运动；下级对上级决策的唯命是从与忠实执行，是组织目标实现的关键。因此，在整个管理过程中，居于执行地位的下级没有就其所执行的决策发表意见的机会与可能，只能忠实执行。但行为科学管理理论则倡导鼓励下属参与决策、发表意见，认为上下级密切沟通、相互合作的民主管理方式，是确保组织氛围融洽与工作效率提升的关键。

3. 由静态权力观向动态权力观转变

古典管理理论认为，管理者的权力与其职位有关，来源单一且固定不变。行为科学管理理论则主张，管理者权力的大小主要根据下属对管理者权力的接受程度而定。因此，这就要求管理者在实际管理过程中，不能单凭职权进行管理，更需要通过提升自身的专业素养、能力、经验、品德等个人能力，以赢得下属的尊重，提升下属对自己权力的接受程度。只有这样，管理者的权力才能在组织中得到有效的实现和运行。

二、行为科学管理理论的不足

行为科学管理理论以行为科学作为理论基础，在很多方面对古典管理理论进行了修正，推动了管理学的发展。但仔细检视，也可发现这一时期管理理论存在着如下的缺失与不足。

第一，就方法论而言，行为科学管理理论所依托的行为科学，重视事实真相的研究，强调资料的收集与分析，容易陷入就事论事的窠臼，不能将相互间的理论融会贯通，缺乏整体的学术性构建，给人一种支离破碎的理论观感。

第二，就研究对象而言，行为科学管理理论过分偏重对组织中人员行为的研究，在某种程度上有否定组织结构与制度规定的企图和倾向。然而，就现实而言，组织成员的行为只是影响组织整体运行的因素之一而非全部，所以行为科学管理理论中的行为科学研究取向只能作为古典管理理论的修正与补充，而不能完全取代之，否则就形成了一偏之见。但在这一阶段的某些管理理论中，这种一偏之见确实存在。

第三，就研究目的而言，行为科学管理理论受行为科学影响，致力追求"客观性"，极力避免"价值判断"。这一研究取向，在某种程度上有违于社会科学的研究宗旨。社会科学与自然科学的不同之处就在于，后者可以只研究事实而不去探究事实的"好"与"坏"、"应当"与"不应当"等价值问题，但社会科学从本质而言是无法完全规避对价值问题的探讨的。因此，一味通过追求"客观性"以塑造自身"科学"形象的行为科学管理理论，反而远离了社会科学的初衷与使命。

总之，行为科学的出现为管理学的发展开辟的新的方向，引起了管理理论革命性的变革与发展。然而，由于行为科学自身存在着诸多的缺失与不足，致使以行为科学为理论基础的行为科学管理理论出现了各种的弊端，为管理学下一阶段的发展留下了有待弥补的空间。

第四章 "丛林时代"的管理思想

第二次世界大战是资本主义世界长期矛盾的集中爆发，战争在以最残酷、最直接的方式缓解西方资本主义国家内外矛盾的同时，刺激了科技的进步和生产的发展。特别是在美国，战争"创造了新产品、新技术、新市场，以及具有更高技术水平和更广泛基础的劳动大军"[①]。战后，在马歇尔计划的帮助下，西欧国家也逐步摆脱了战争的阴霾，迎来了经济、社会的复苏与发展。在20世纪50年代之后，西方资本主义国家进入了经济发展的"快车道"，实现了经济社会的空前繁荣。"战后时期展示了一个繁荣、扩展和多样性的新时代。重新获得的繁荣以及工业的进一步发展将为不断演变的管理思想创造一个新的焦点。"[②] 在这一时代背景下，管理学的发展进入了哈罗德·孔茨（Harold Koontz）所谓的"丛林时代"，即管理学多学派并出，相互竞争、相互学习的多元、多路径发展时期。"虽然戈登和豪厄尔的报告提出了管理研究方法的多样性，但是具体描述这种不同并为它贴上'管理理论丛林'这一颇为生动标签的是哈罗德·孔茨。"[③] 本章将对管理学"丛林时代"中的部分管理思想进行介绍。

第一节 "丛林时代"管理思想概述

孔茨认为，导致管理学进入"丛林时代"的原因是多方面的，总的看来包括以下几点：第一，管理学者对组织、领导、管理和决策等不同管理学术语的使用以及这些术语含义的不同造成了"语义上的丛林"；第二，这些不同的术语是在不同的情境和环境下使用的，因此使得管理学难以被界定为一个知识体系；第三，某些管理原理往往无法有效指导管理实践，或者在实践中无法得到

---

① [美]丹尼尔·A.雷恩：《管理思想史》（第5版），孙健敏、黄小勇、李原译，中国人民大学出版社，2009年版，第432页。
② [美]丹尼尔·A.雷恩：《管理思想史》（第5版），孙健敏、黄小勇、李原译，中国人民大学出版社，2009年版，第432页。
③ [美]丹尼尔·A.雷恩：《管理思想史》（第5版），孙健敏、黄小勇、李原译，中国人民大学出版社，2009年版，第459页。

合理的解释，这就容易造成对管理原理的误解，从而导致出现全面否定管理原理整体框架的问题产生；第四，计算机科学、心理学、社会学等与管理学有着密切关系的学科的专业术语的不同，造成了相互对话的障碍，使得"管理学家无法或不愿彼此理解"，这种障碍的另一个原因是"个人或专业团体希望保护个人思想或小集团利益的想法"①。

一、哈罗德·孔茨"管理丛林"的思想

孔茨认为，当时的管理丛林是由管理过程学派、经验主义学派、人类行为学派、决策理论学派、社会系统学派和数理学派等六大流派构成，具体而言：

第一，管理过程学派。又被称为传统观点学派或者普适性观点学派，强调管理是一个通过操纵有组织的群体中的人，使事情得以完成的过程。亨利·法约尔（Henri Fayol）是这一学派的创始人，他致力于确认和分析管理者的职能，从而试图在管理理论和实践之间架起一座桥梁。

第二，经验主义学派。该学派认为对管理者工作成效的考察，可以进一步加深对于有效管理技巧的理解，并将这一认识视为该学派的基本假设。因而，经验主义学派将管理看作是"对经验的研究"，并将案例分析或者欧内斯特·戴尔（Earnest Dale）的"比较方法"作为管理学的教学方法和广义管理的方法。

第三，人类行为学派，也被称为人类关系、领导学或者行为科学方法。这一学派使用心理学和社会心理学的知识来强调管理中人的因素，认为管理就是通过人来完成的工作，因而非常重视对管理中人际关系的研究。

第四，社会系统学派。这一学派的源头可以追溯到切斯特·I.巴纳德（Chester I. Barnard）那里，并从社会学中汲取理论养分，认为管理就是由不同的群体之间的互动与合作而形成的相互关联的文化系统。

第五，决策理论学派。该学派聚焦于满意的决策如何做出这一问题，具体包括对决策主体、决策方式以及如何从各种选项中确定行动路径的整个过程的探讨。这一学派多从经济学中汲取学术养分，特别是经济学中的消费者选择理论可以视为这一学派的理论基础之一。

第六，数理学派。这一学派将管理视为一个"数学模型和程序的系统"，认为管理或决策的制定可以"通过数学符号和关系来表达"，运筹学和运筹分析的相关理论有力地支持了该学派的发展。

在随后的《管理学》一书中，孔茨修正了"管理丛林"理论，在原来6个

---

① ［美］丹尼尔·A.雷恩：《管理思想史》（第5版），孙健敏、黄小勇、李原译，中国人民大学出版社，2009年版，第460页。

学派的基础上，又加入了集体行为学派、系统学派、管理任务学派、经营学派、麦肯锡 7 - S 理论学派和权变学派（孔茨在书中将该学派称之为"随机制宜或因情况而异法"）等学派，使管理丛林的构成数量增加为 12 个[①]。但由于孔茨总是从方法而非内容的维度认识不同的管理学派，因此，他更倾向于将不同的学派称之为不同的方法，这一点在其《管理学》一书中有所体现。孔茨所总结的 12 种管理方法具体内容详见表 4 - 1。

表 4 - 1　12 种管理方法

特征与贡献	局限性	图　解
	经验法或案例法	
通过案例研究经验，鉴别成功与失败	由于情况是完全不同的，故并不企图去确定一些原则，限制了发展管理理论的价值	
	人际行为法	
着重于人际行为、人的关系、领导和激励方面，以个人心理学为基础	不顾计划组织和控制。心理训练不足以让人成为一名有效的主管人员	
	集体行为法	
强调在集体中人的行为，以社会学和社会心理学为基础，主要研究集体行为模式。大集体的研究常称为"组织行为"研究	往往没有完整的概念、管理原则、理论和技术。需要更紧密地结合组织结构设计、配备人员，以进行计划和控制	
	协作社会系统法	
把人际行为和集体行为两个方面引导到一个协作系统中，并把此概念扩大到任何一个具有明确目的协作集体中	对于管理研究的范围过于广泛。同时，它忽视了许多管理概念、原则和技术	

---

① ［美］哈罗德·孔茨等：《管理学》（第 9 版），郝国华等译，经济科学出版社，1993 年版，第 42 - 60 页。

续 表

特征与贡献	局限性	图　解
社会技术系统法		
着重于生产、办公室业务以及在技术系统和人际关系之间有紧密关系的其他方面	只强调蓝领和低层的办公工作，忽视了更多的其他管理知识	技术系统 机器　办公业务 社会系统 个人态度　集体行为
决策理论法		
着重于做出决策、个人或集体决策以及决策过程上。某些理论家把决策作为出发点去研究集体活动，研究的范围也就不再能明确限定了	比起决策来，还有更多的管理工作。在同一个时间，着重点过于狭隘而又过于广泛	决策过程　个人决策 企业活动的全部范围　决策理论　决策的价值 组织结构的性质　决策信息　集体决策
系统法		
系统概念有广泛适用性。系统有范围，但它们也与外部环境相互影响，即是开放系统。能认识到研究一个组织和许多子系统内的计划和控制关系的重要性	各系统与子系统的内部关系分析，以及组织同它们的外部环境相互影响的分析，但几乎不考虑新的管理方法	对外部环境开放
数学的或"管理科学"方法		
管理工作被看成是数学过程、概念符号和模型，是一种纯粹的逻辑过程，用数学符号和数学关系来表示	管理工作的许多方面并不能模型化。数学是一种有用的工具，但很难说是一种学派或是一种管理方法	$B=F(x\,y)$　是

续 表

特征与贡献	局限性	图　解
	随机制宜的或因情况而异的方法	
管理实务取决于环境（也即是随机制宜的，或因情况而异的）。随机制宜理论认识到已知的解决方法对企业行为模式的影响	没有一种可以到处适用的最佳方法；难以确定所有的随机制宜有关因素并指明与它们的关系，因为这些关系可能是很复杂的	原因→结果 取决于 随机制宜 情况
	管理任务法	
最初的研究是对5位总经理的观察，在此基础上确定了主管人员的十项任务	最初的样本量很小，有些活动不属于管理的范围。活动实际上就是计划、组织、人事、领导和控制。但一些重要的管理活动却未被加以考虑（如主管人员的考评）	主管人员的任务 三项人际关系任务 四项决策任务 三项信息任务
	麦金西的7-S结构体系	
这七个S是：(1)策略（strategy）；(2)结构（structure）；(3)制度（system）；(4)作风（style）；(5)人员（staff）；(6)共有价值观（sharedvalues）；(7)技巧（skill）	虽然这家富有经验的咨询公司现在采用这样一种结构体系，它类似于1955年以来由孔茨等发现的体系。在肯定它的实用性的同时，应指出其所用的专门名词不确切，而且对问题也没有进行深入讨论	策略 结构 技巧 制度 人员 作风 共有价值观
	经营法	
从其他领域和管理方法中吸取并导出概念、原则、技术和知识，企图发展具有实际应用的科学和理论来对管理和非管理的知识加以区别。围绕计划、组织、人事、领导和控制等管理职能制定出分类体系	不同于某些作法那样把"代表"或"协作"看成是一种独立的职能。例如，协作是管理人员的本质并且是管理工作的目的	从上面各种方法中吸取知识 经营方法 把各种方法和实用的科学与理论结合起来

管理学"丛林"现象的发生，一方面固然是管理学大发展的结果，表征着管理学的学术包容与开放及其对现实管理问题的积极回应，是管理学热切向其他学科学习，吸收不同学科学术养分，融合发展的成果。就这一点而言，孔茨对管理"丛林"现象是肯定的，他承认每个学派都对管理理论做出了一定的贡献，有助于管理者在完成自己的任务时开阔眼界。但是，另外一个方面，管理"丛林"现象的出现，也昭示着管理学的分裂和对立。如果回归孔茨的本意，他是决然不希望管理学"丛林"的出现的。他由衷地希望随着产生管理丛林问题的有效解决，"管理丛林能够得以清理"①。

二、海因茨·韦里克对孔茨"管理丛林"思想的发展

海因茨·韦里克（Heinz Weihrich）在孔茨的基础上，进一步将当时通行的管理学理论归纳为经验主义学派、经理角色学派、管理科学学派（又称数学学派）、流程再造学派、系统管理学派、权变管理理论学派、社会技术系统学派、群体行为学派、人际关系学派、全面质量管理学派、管理过程学派、麦肯锡7-S理论学派、决策理论学派和社会协作系统学派等14种学派（表4-2）。

表4-2 14种管理学派归纳简表

管理学派	特点/贡献	局限性
经验主义学派	通过案例进行实证性研究，从中找出成功或失败之处	每个企业所面临的情况都不同，通过这种方法无法发现规律性，对管理理论的贡献非常有限
经理角色学派	最早的研究始于对5位高层管理者的观察，在此研究基础上，提出了管理者的3类角色，这3类分别是人际关系角色、信息角色和决策角色	早期研究样本量过小，有些角色并非是管理者，而另外一些则可归入到计划、组织、领导和控制中，同时忽略了一些非常重要的管理角色（如管理者评价）
管理科学学派	管理被视为数学过程，可由概念、符号或模型描述，认为管理过程是纯逻辑的过程，并可以利用数学符号和相互关系来加以表达	该学派热衷于数学模型，而实际上管理的很多问题是无法量化的。数学是一种有用的工具，但绝不是管理科学的一个分支

---

① [美]丹尼尔·A.雷恩：《管理思想史》（第5版），孙健敏、黄小勇、李原译，中国人民大学出版社，2009年版，第460页。

续 表

管理学派	特点/贡献	局限性
流程再造学派	对管理流程进行重新设计	忽略了外部环境因素，也可能忽略了顾客需要，没有考虑整个管理过程和运营方法的系统性
系统管理学派	系统概念具有广泛的适用性。系统是有边界的，但与外界存在着互动关系。例如，组织就是一个开放系统。此方法认识到了组织中计划、组织和控制这些职能之间的相互依存性	很难将其视为一种新的管理方法，尽管该理论的拥有者如是说
权变管理理论学派	管理活动与环境息息相关（即所谓的权变或情景）。权变管理理论充分认识到了不同情境下的不同企业行为模式	管理者很早就意识到，做任何事情都不会有所谓的最佳途径，要想确定所有的权变因素及这些因素之间的关系是非常困难的
社会技术系统学派	充分考虑了人际关系与群体行为对协作系统的影响，清晰地扩展了协作群体中协作的概念	对于管理学来说，研究的切入点过于宽泛了，同时忽略了许多管理概念、原理和方法
群体行为学派	强调群体中人的行为，其理论依据为社会学和心理学。主要研究群体行为模式，对大规模群体的研究通常被称之为"组织行为"研究	与现有的管理概念、原理、理论和技术难以融合，需要将其与组织设计、计划和控制等管理职能更好结合起来
人际关系学派	研究的重点是人际关系、人类关系、领导及激励问题。该理论建立在个体心理学基础之上	忽略了计划、组织和控制。心理协调并不能保证一个人肯定会成为一个高效的管理者
全面质量管理学派	追求可靠和满意的产品及服务（戴明）；产品或服务具有适用性（朱兰）；与质量要求相一致（克劳斯比）。常用术语：持续改进、关注细节、团队工作、质量教育	对究竟什么是全面质量管理到现在也没有统一的看法

续表

管理学派	特点/贡献	局限性
管理过程学派	将其他领域和管理方法的概念、原理、技术和知识整合在一起，其目的是通过实际应用来创建科学的理论和方法，将管理知识与非管理知识区分开来，根据管理的计划、组织、领导和控制职能来建立分类系统	不像有的学者那样，将表述与协调视为不同的管理职能。例如，协调是管理者职权的核心，也是管理工作的目的
麦肯锡7-S理论学派	7-S分别指战略、结构、系统、方式、人员配置、共享价值、技能	麦肯基是一家非常有名的咨询公司，而且它所采用的模型与孔茨1955年创建的模型极其相似，但所采用的术语并不准确，也未对该问题进行深入的讨论
决策理论学派	主要研究如何决策，是个人还是集体决策，决策的流程如何。有些学者利用决策作为研究企业所有活动的跳板，研究的边界不再可以清晰界定	管理问题绝不仅仅是决策问题。同时，研究的焦点要么过于狭窄，要么过于宽泛
社会协作系统学派	技术系统对社会系统（人的态度、群体行为）影响重大。此研究方法主要聚焦于生产、办公运行及其他人与技术关联较大的领域	片面强调蓝领和低层次办公室的工作，而忽略了大量的其他管理工作

海因茨·韦里克对管理学派的归纳总结纲举目张，为我们认识和了解"管理学丛林"提供了较为清晰的路径。由于海因茨所总结的全面质量管理学派、麦肯锡7-S理论学派等更偏重于管理的技术与方法，我们将在随后的章节中加以介绍，本部分主要对以下学派的内容进行介绍。

第二节　管理科学学派

　　管理科学学派是在第二次世界大战期间发展起来的，强调运用数学方法和量化统计技术辅助管理和决策的学派。管理科学学派可以溯源到泰勒的科学管理理论，但更直接的原因则是第二次世界大战对新管理技术与方法的需求。为确保战争期间巨大的物资供给和后勤保障，满足国防需要，学者们将数学统计与量化技术和方法运用于后勤物资的供给分配等各项军事工作中，逐渐形成了一套运用计量模型对管理过程和管理资源进行系统性定量分析，以实现决策与执行优化的技术和方法。这套方法早期被称之为"运筹学"，具体包括规划论、图论、决策论、对策论、排队论、存储论和可靠性理论等[①]。这套战时管理技术和方法，在战后逐步运用于企业等民用领域，并成立了专门从事管理科学研究与传播的各种组织与学会，有力推动着管理科学学派向着更加成熟和稳定的方向发展。管理科学学派的理论就是以运筹学为基础，将现代科学技术和研究方法运用于管理学研究和实践的理论产物。1953 年，美国成立了管理科学学会并创办《管理科学》（*Management Science*）期刊，标着以"发现、拓展和统一有助于了解管理实践的科学知识"为宗旨的学术共同体在美国建立。管理科学学派注重对管理中定量分析模型的研究和应用，以确保管理活动的标准化、程序化、高效化和最优化。管理科学学派的主要代表人物及其著作包括：埃尔伍德·斯潘塞·伯法（Elwood Spencer Buffa, 1923—2005）的《现代生产管理》《生产管理基础》、爱德华·鲍曼（Edward H. Bownman）和罗伯特·费特（Robert B. Fetter）合著的《生产管理分析》、韦斯特·丘奇曼（C. West Churchman）与伦纳德·阿诺夫（Leonard E. Arnoff）等人共同撰写的《运筹学导论》等。在管理科学学派看来，所谓的管理，就是利用数学模型和程序系统使管理职能更有序高效、合乎逻辑的过程，从而保证以最优方式实现组织目标的技术和方法。由于管理科学力求通过管理工作中科学量化模型与技术的使用，尽量排除管理工作中的主观性和经验性，确保管理获得最优与最高效的管理方案，就这一点而言，可以将管理科学学派视为泰勒科学管理理论在新条件下的继续发展与丰富。但是，管理科学与泰勒的科学管理的不同之处在于，管理科学已经突破了科学管理工时研究、动作研究的狭小领域，将科学在管理中的使用范围拓展到整个组织的所有工作面向，实现了科学管理的整体化。

　　随着电子计算机和信息技术的迅猛发展，信息化时代为管理科学提供了更

[①] 孟庆顺等：《管理学》，中国广播电视出版社，2014 年版，第 107 页。

为便捷高效精准的工具，为管理科学的发展注入了新的动力。管理科学学派代表人物埃尔伍德·斯潘塞·伯法对计算机条件下，生产中的"人—机"系统进行了开创性的研究。他指出，由于计算机技术和自动化技术的不断进步发展，使生产系统中人的作用发生了根本性的变化。尽管人和自动化机器在工作中承担的功能基本相似，但各自在不同性质任务前的工作能力是不相同，因此，在进行"人—机"系统设计时，只有实现人与设备在工作能力上的相互配合，才能发挥"人—机"系统的作用。

当前，管理科学的技术与方法在城市交通、大型工程建设、国家宏观战略决策等复杂管理工作中得到普遍运用。综合而言，管理科学学派具有如下特点。

一、从系统的角度看待管理

管理科学学派的整个理论体系是建立在系统论基础上的，要求从整体的角度看待管理，重视管理各个组成部门相互间的关系与影响。伯法在其名著《生产管理基础》中认为，管理者需要从系统观点出发来认识自身工作，这样能够更全面更深入地理解和认识自己的工作。伯法认为，所谓的系统，就是指"一群相互作用或相互依存的要素形成的一个统一的整体，这些组成要素为着某种共同目标而统一起来，形成一个统一体"[1]。从系统的角度看待管理具有两方面的重要意义：其一，可以帮助管理者化繁为简，更为清晰和直观地了解和把握管理中的复杂现象和事务，厘清管理各个组成部分的相互关系与相互作用；其二，通过设计出多种可供选择的系统，用以求得管理问题的答案，并对其实践成果进行评估。

二、运用多学科知识进行管理研究

管理科学学派是多学科交叉研究的产物。该学派认为，尽管不同学科的研究对象与研究方法不尽相同，但综合运用不同学科的知识与研究方法，可以更全面、更深入地认识管理问题，提出的对策也更具可操作性和实效性。因此，科学管理学派主张要综合经济学、心理学、社会学、物理学、化学、电子通信技术等多学科知识用于管理研究。

三、注重运用量化模型进行管理研究

管理科学学派的显著特征就是大量使用数学和量化模型开展管理问题的研

---

[1] 方振邦等：《管理思想百年脉络》（第3版），中国人民大学出版社，2003年版，第239页。

究，进行管理决策分析，从而最大程度排除主观因素干扰，确保整个管理活动的客观性、科学性和准确性。

总之，管理科学学派将量化技术运用到管理学研究和问题解决过程中，在继承泰勒科学管理研究传统的基础上，推陈出新，促进了管理学量化研究与运用路径的发展，提升了管理学研究与运用的科学化水平，为解决复杂性管理问题提供了重要的理论与工具。但是管理科学学派过度依赖量化和模型进行管理研究和问题解决，容易导致对管理过程中人的能动性和各种主观因素的忽视，这是该学派在理论上的不足之处。

第三节 经验主义学派

经验主义学派重视对管理实践中成功经验或失败教训的提炼总结，从中发现对管理实践具有普遍性和一般性的规律与知识，用于改进和提升管理实效。经验主义学派代表人物彼得·德鲁克（Peter F. Drucher, 1909—2005）指出："管理是一种实践而不是一种科学或一种专业，虽然它包含这两方面的因素。"[①] 他突出了经验在管理实践中的重要性，强调管理需要"将过去靠直觉完成的工作转换成系统化的工作方式，将凭经验行事的方法归纳为原则和概念，以合乎逻辑、协调一致的思维方式取代对事物的偶然认识。"[②] 这一学派观点庞杂、人物众多，但都以实用主义为导向，以为各种组织提供对改进管理绩效具有实效性、可操作性的咨询建议和技术方法为主要目标，他们的理论都是源于对管理实践经验的总结和提炼，具有较强的针对性和实践性。因此，这一学派学者大多是和企业公司等组织有着密切关系，参与到组织实际运作过程中的人，或者本身就是各种企业和公司的高层管理人员。其中，较为著名的代表人物有美国通用汽车公司的董事长和总经理、事业部管理体制创立者之一的艾尔弗雷德·斯隆（Alfred P. Sloan, 1875—1966），美国福特汽车公司的创始人、流水线生产与管理技术的发明者与倡导人的亨利·福特（Henry Ford, 1863—1947），美国戴尔协会主席、著名管理学家欧内斯特·戴尔（Ernet Dale, 1917—1996）和经验主义管理学派集大成者、世界著名管理咨询专家、管理学大师彼得·德鲁克。

经验主义学派认为，组织的管理应该从组织实际出发，以管理经验为主要的研究对象，强调对管理经验或者教训进行理论化的概括和总结，形成对改进

[①] ［美］彼得·德鲁克：《管理的实践》，齐若兰译，机械工业出版社，2008年版，第8页。

[②] ［美］彼得·德鲁克：《管理的实践》，齐若兰译，机械工业出版社，2008年版，第310页。

现实管理工作具有指导价值的建议和对策。因此，经验主义学派强调案例研究和教学在管理学研究及其运用中的重要性。他们认为，所谓管理原则在实际管理工作中的效用是有限的，不必太过倚重这些原则，只要通过研究和分析管理一线的管理者的各种成功与失败案例，将从中汲取到的经验与教训应用于管理工作，就可以改进现有管理绩效，避免管理失误对组织造成损失。在经验主义学派学者的倡导和推动下，案例研究成为风靡全球的管理学研究与教学的一时之选，在世界各大知名管理学教学研究机构和管理咨询组织广为应用，对管理学的发展和管理实践的进步做出了积极贡献。在经验主义学派的影响和带动下，"管理咨询"这个新兴的行业蓬勃发展，职业管理咨询师成为颇具吸引力、受人追捧的职业，其中最为著名的就是麦肯锡管理咨询公司及其创始人詹姆斯·麦肯锡和马文·鲍尔。由于经验主义学派对案例的推崇和使用，该学派又被称为案例学派。

下面，我们将通过对经验主义学派集大成者彼得·德鲁克管理思想的介绍，以窥经验主义学派管理思想之一斑。

彼得·德鲁克是现代管理学的创建者，被誉为"现代管理学之父"，于1909年出生于奥地利维也纳的一个高级知识分子家庭，从小来自家庭的良好教育，为德鲁克一生的成长奠定了良好的基础。德鲁克于1937年移民美国之后，终其一生都在专注于管理的教育、研究与咨询工作，在长达近70年的职业生涯中，德鲁克先后出版了近40本与管理有关的著作和数百篇论文，这些著作和论文目前已被翻译成30多种语言文字在世界范围内广为传播，对世界大多数国家的管理实践和管理理论带来了广泛和深刻的影响。其中，德鲁克于1954年出版的《管理的实践》（*The practice of Management*）一书在管理学发展史上具有里程碑意义。"该书的出版标志着现代管理学作为一门学科的诞生"[①]，德鲁克管理学大师的地位也由此奠定。汤玛斯·彼得在评价德鲁克在管理学发展史上的地位时指出："在德鲁克之前，世界上并没有真正的管理学。"[②] 2002，为表彰德鲁克为管理学发展进步做出的卓越贡献，时任美国总统乔治·布什为德鲁克颁发了"总统自由勋章"——这是美国公民可以获得的最高荣誉。2005年11月11日，德鲁克逝世于其位于美国加州克莱尔蒙特的家中，享年96岁。

如果说泰勒对于管理学的贡献在于在管理的研究中成功地用科学替代了经验，使管理研究走上了科学化的道路，从而开辟了科学管理的新境界，那么德

[①] 方振邦等：《管理思想百年脉络》（第3版），中国人民大学出版社，2003年版，第168页。

[②] ［美］彼得·德鲁克：《卓有成效的组织管理》，［日］上田生编，齐思贤译，东方出版社，2009年版，第1页。

鲁克"则是从社会、历史的高度，通过分析和预测组织及其管理的变迁，将管理由一项技术性工具，提升到思想性、文化性、战略性与社会性层次，使人们对管理的本质和作用的理解得以升华"[1]。德鲁克选择了一条将管理视之为哲学的新道路，由此开创了人文化管理的更高境界。

一、管理的界定

德鲁克将管理视为现代社会至关重要的环节，他认为："只要西方文明继续存在，管理层都将是社会基本而主要的机构。"[2] 这是因为，在德鲁克看来，管理不单决定于现代工业体系，而且也决定于现代企业的需要。更为重要的是，管理还体现了现代西方社会所认可和坚持的那种通过系统地组织各种社会资源有可能对人的生活形成控制以及社会经济的变革能够为人类争取自身进步发展，实现社会公平正义提供强大动力的信念。管理层则是现代社会中专门负责使资源转变为生产力的社会机构，也是负责有组织的发展经济的机构，体现着西方社会的时代精神。德鲁克继承了法约尔管理职能主义的传统，从职能的角度来认识和理解"管理"。他强调只有通过对管理的职能进行分析，才能对什么是管理这一问题做出明确回答。德鲁克认为管理具有如下三个职能[3]。

第一，管理企业。德鲁克认为，企业组织需要承担经济责任，它们之所以存在，或者说他们存在的价值就是为了提供商品和服务，以促进社会发展，并遵循社会的政治信念和伦理观念。因此，经济绩效就成为决定企业性质最重要的原则，也就是企业的本质，这就要求企业组织的任何决策、任何行动都需要把经济绩效放在首位。"管理层只能以所创造的经济成果来证明自己存在的价值和权威。"[4] 因此，管理的第一个职能就是对企业进行管理，以确保企业能获得经济绩效，这就要求，管理不能只是被动的适应，也要采取积极主动的行动，促使企业获得期望的成果。"只有当管理者能以有意识、有方向的行动主宰经济环境、改变经济环境时，才能算是真正的管理。"[5]

---

[1] 彭新武：《西方管理思想史》，机械工业出版社，2018年版，第102页。
[2] [美]彼得·德鲁克：《管理的实践》，齐若兰译，机械工业出版社，2008年版，第3页。
[3] 这里需要指出的是，德鲁克对管理职能的讨论，是以企业为主要研究对象的，所以他认为的管理职能主要是指企业管理的职能。
[4] [美]彼得·德鲁克：《管理的实践》，齐若兰译，机械工业出版社，2008年版，第6页。
[5] [美]彼得·德鲁克：《管理的实践》，齐若兰译，机械工业出版社，2008年版，第10页。

第二，管理管理者。德鲁克认为，管理的第二项职能就是利用人力和各种资源打造能创造经济绩效的企业，也就是管理管理者。管理者是企业中最昂贵的资源，这一方面是由于企业培养一个管理者的成本巨大，另一方面也在于优秀的管理者能将企业中的其他资源进行有效的配置与使用，实现资源转化，从而确保企业能产生经济绩效。从这一角度而言，只有管理管理者才能造就企业。因此，管理管理者也就是使管理者的职责得到更好的发挥，从而高效应用企业资源，使资源能充分发挥生产力，确保企业获得经济绩效。

第三，管理员工和工作。管理的最后一项职能就是对企业员工和工作进行管理。这意味着管理者一方面需要对企业中的工作进行合理安排和优化，使之成为最适合员工的工作；另一方面，也需要对员工进行合理的安排与组织。这就要求既能根据员工不同的生理、能力特质进行人力资源的开发与利用，做到人尽其能，又能在充分尊重员工个性与权利的基础上，运用参与、满足、激励、领导等职能，激发员工的积极性与能动性。德鲁克强调，对于企业组织来说，管理企业使之获得经济绩效是管理的首要职能，但是对于不是企业的非经济组织而言，管理管理者和管理员工与工作则是组织管理更为优先的职能，因为"社会的基本信念和目的都要求在这两个领域内得以实现"[1]。

二、管理者的任务与职责

德鲁克认为，传统上把管理者界定为"对其他人的工作负有责任的人"的观点存在着明显的缺陷，这一传统的定义强调了管理者是为其他人的工作承担责任的人这一特征，但这个特征并非管理者最为重要的特征。在德鲁克看来，管理者首要的特征是对贡献的责任，因此如果按照职能和责任来界定管理者的话，组织的管理者实际上是由以下三类人员构成的"管理群体"：其一是承担传统职能的管理者，即那些对其他人工作承担相应责任的人；其二是承担着特殊工作，但不对其他人的工作责任承担责任的人；其三或者是某种工作团队和工作小组的组长，或者是将如下两种职能结合起来的人——"面向高层管理的咨询与企业在一定领域中的'道德伦理'职能以及对特定领域的参谋人员承担监督和管理责任的职能"[2]，即高层领导的高级幕僚。按照这一标准来界定管理群体，能够清晰地识别和理解一个组织的管理人员和专业技术人员的区别与联系。在德鲁克看来，要成为一个管理者，必须要凭借高超的能力完成相应的任

---

[1] ［美］彼得·德鲁克：《管理的实践》，齐若兰译，机械工业出版社，2008年版，第6页。

[2] ［美］彼得·德鲁克：《管理：使命、责任、实务》（实务篇），王永贵译，机械工业出版社，2017年版，第18页。

务以获得卓越的成就。其中,管理者需要承担两项具体的任务。

(一)创造一个基于工作的共同体

管理者需要尽可能地利用组织的各种资源和优势,尤其是人力资源,来抵消和祛除组织在发展过程中所面临的困难和自身的缺陷,使组织成为一个基于工作和以绩效为导向的共同体。管理者为了能完成这一任务,就需要掌握协同和平衡的能力与技术。首先,管理者需要在管理企业、管理管理者和管理员工与工作三项职能之间进行协调,保持三者之间的平衡,不顾此失彼,影响组织的整体功能。其次,管理者要确保管理过程中的每一项具体工作能与组织的整体目标和绩效相协调,对为达成组织目标所需的各种具体工作做出合理安排,实现部分和整体的平衡。

(二)统筹兼顾组织的长远发展和当前任务

管理者需要确保他所做的一切工作,既能满足组织长远发展的需要,有利于长远目标的实现,又能兼顾当前的任务,不损害组织短期的利益,实现长期目标与短期目标、长远利益与当前利益的协调统一。如果无法做到长远与短期的协调统一,那么至少要在两者之间求得平衡,确保组织利益损失最少。为了实现组织绩效,管理者在履行两项职能之外,应该完成以下五项具体工作。

1. 制定目标

管理者的首要具体工作就是为组织制定目标,使组织有明确的发展方向。管理者所制订的目标需要包括:第一,组织需要达到的具体目标;第二,为了实现这一具体目标,组织需要采取的行动和准备的资源;第三,这一具体目标又可细分为哪些更为明确和具体的小目标。管理者在制订完目标之后,更重要的工作是要准确而清晰地将这一目标决策的内容告知与之有关的执行人员,以便所制订的目标能得到有效执行。

2. 组织工作

管理者需要对为实现组织目标所开展的活动和使用的资源进行有效的组织。首先,管理者需要确定为实现组织目标所需开展的人的工作有哪些,这些工作之间的相互关系是什么,以及开展这些工作所需要的资源是什么。其次,管理者需要对这些工作进行合理划分,使之成为可以进行管理的各项活动,在此基础上,进一步将各项活动细分为可以进行管理的各项作业。最后,管理者需要围绕这些作业将组织中的各种资源进行结构化,确保这些作业有序开展和组织目标的最终实现。

3. 激励和沟通工作

管理者需要把组织打造成一个基于工作的共同体，这就要求管理者能通过有效的激励措施和沟通方式激发组织成员的工作积极性和对组织的忠诚，使大家团结一致。在德鲁克看来，对于管理者而言，激励和沟通最需要的是一种社会技能。就这一点而言，"正直的品格往往比分析的能力重要得多"。[①]

4. 评价工作

管理人员需要对组织成员的工作绩效进行衡量和评估，以确保组织成员能沿着正确的目标方向高效工作。由于组织工作的差异性，对工作造成影响的因素，对组织中不同成员的关联度和重要性是不同的，因此管理者需要根据每一个员工的实际情况，制订与之相符的考核标准。这样的考核标准，既要体现组织整体目标绩效的要求，又能尽可能照顾到员工本人的实际情况，对工作起到实际的推动作用。除此之外，管理者还需要同员工进行有效的交流和沟通，确保员工能知晓和理解这些考核标准。

5. 人才培养

人是组织中最为宝贵的财富，是生产力中最为活跃的因素，也是组织发展和创新的活力之源。"人员是一种独一无二的资源，它要求使用这种资源的人一定要具有特殊的品质……始终意味着要培养人才，培养的方向决定着人——既作为人员，又作为一种资源——是否能够变得更富有效率，或最终完全失去效率。"[②] 因此，管理者需要将对包括他自己在内的组织成员的能力培养视之为一项重要的工作，从而确保组织成员的工作技能和水平能持续提高，以适应组织发展的需要。在德鲁克看来，管理者对下属的培养，也是促进自身发展、成就自身的重要方式。"管理人员是否按照正确的方向来培养其下属，是否帮助他们成长并成为更重要和更有价值的人，将直接决定他本人是否能得到开发，是成长还是萎缩，是更有价值还是更加贫乏，是进步还是退步。"

三、目标管理

德鲁克对于管理学发展做出的最初也是最为重要的贡献，就是在 1954 年出版的《管理的实践》一书中提出了"目标管理"这一涵盖了管理哲学、管理原则与管理方法等不同层面知识在内的全新理论，改变了对管理的既往认知，具有划时代的意义。"以他（德鲁克，著者加）为奠基人的'目标管理'理论使

[①] [美]彼得·德鲁克：《管理：使命、责任、实务》（实务篇），王永贵译，机械工业出版社，2017 年版，第 26 页。

[②] [美]彼得·德鲁克：《管理：使命、责任、实务》（实务篇），王永贵译，机械工业出版社，2017 年版，第 27 页。

管理学从科学管理进一步向更哲学性的方面发展，从而减少了管理中的一系列问题，其所持'目的比功效更重要的观点'有着不可替代的作用。"[1] 在管理学发展史上，以泰勒科学管理理论为代表的古典管理理论主要以工作为中心，强调效率和纪律，忽视人的主观因素和社会性。行为科学管理理论则又强调人的社会性和价值，存在忽视人与工作相结合的缺陷。目标管理则是一种试图综合以工作为中心的管理和以人为中心的管理的一种努力。目标管理以组织成员参与管理为核心，通过实施目标管理，可以使管理者的工作从对下属的控制转变为同下属合作，一起制订组织的发展目标，研究实施方案和开展对工作成果的绩效评估，从而有效地调动和激发员工的"主人翁"精神和工作积极性，力图使组织在实现组织业绩目标的同时，员工个人的价值和目标也能得到尊重和实现，提高他们的满意度，使工作需要和人的需求得到兼顾。

具体而言，目标管理（Manegemant by Objective，简称 MBO）就是以组织目标过程即目标制订、目标实施和目标绩效评估为主线，以兼顾工作需要和人的需求为基本点，以员工参与为主要特征的一种目标绩效导向式管理方式。其中，组织目标可以根据其性质划分为战略目标、策略目标以及方案和任务，不同层次的管理者负责制订不同层次的目标。德鲁克认为，目标管理的实施，必须具备以下条件：组织高层管理者的参与；组织成员有参与目标制订与实施的积极性；目标的制订有充足的信息资料作为支撑；管理者能有效控制目标的实现方式与手段；组织中具有容错和纠错机制，能有效激励和保护组织成员。

目标管理一般按照如图 4-1 所示的流程来实施。

德鲁克的一生都在追求用管理改变社会，强调实践是管理学的精髓。他通过管理咨询这一媒介，实现了对现实管理活动的深度介入，用他对管理的独到见地影响和改变着现实中的管理，开辟了管理实践和管理学研究的崭新境界。现代管理学中经常使用的诸如分权、营销、顾客满意度、绩效、时间管理等等概念都可以追溯到德鲁克那里。正如同为管理学大师和杰出实践者的韦尔奇所言："全世界的管理者都应该感谢这个人，因为他贡献了毕生的精力，来清理我们社会中人的角色和组织机构的角色，我认为彼得·德鲁克比任何其他人都更有效地做到了这一点。"德鲁克犹如现代管理学的一座"灯塔"，为世界上众多的后来者照亮了前进的道路。

---

[1] ［英］马尔科姆·沃纳：《管理思想全书》，韦福祥译，人民邮电出版社，2009年版，第156页。

第一阶段	第二阶段	第三阶段
目标的制定	目标的实现	成果的检验和评价
①做好目标制定的准备工作，为目标制定者提供情报并给予适当的激励。 ②由企业高层制定战略性的目标。 ③由各级管理人员试探性地制定策略性目标。 ④各级管理人员提出各种意见，相互讨论，并做出修改。 ⑤对各级目标和评价标准达成协议。可以看出，在第一个阶段，目标的制定是由大到小的，并且在不断明确，不断细化，便于操作。	⑥在一般监督下为实现目标进行过程管理。与以往传统管理方法不同，这种过程管理主要由组织的一般成员进行自我管理和自我控制，上级只是根据例外原则对重大问题进行监督，通过各种途径激励组织成员充分发挥自身的主动性、积极性、创造性，以实现个人目标。由于组织成员的个人目标和各级管理人员的策略性目标是建立在组织战略性目标的基础之上的，所以，当个人目标及策略性目标实现的时候，组织战略性目标自然而然也就实现了。	⑦对目标实现的成果进行检验和评价。对于成绩，上级管理者要予以奖励，总结经验，以便继续进步；对于不足，要尽量让组织成员自我总结，上级仅仅给予指导和意见，避免问题再次出现。 ⑧把经验用于新的管理过程。目标管理是一个循环往复的过程，每次循环的经验都应当用于下次目标的管理过程中。

图 4-1　目标管理流程图

第四节　系统管理学派

第二次世界大战是西方管理学发展的"分水岭"。二战之前，无论是古典管理理论还是行为科学管理理论，都只侧重于对管理的某一方展开研究，或侧重于管理的技术与方法，或侧重于组织的结构与功能，或侧重于对组织成员的激励。但第二次世界大战之后，新科学新技术的不断进步，在推动社会生产力迅猛发展的同时，也促进了各国生产生活方式的巨大改变，以跨国企业、国际组织为代表的超大型组织如雨后春笋般不断出现，遍及全球。复杂的内部组织结构和管理过程加上多变的外部管理环境，都要求一种新的管理理论来回答如何从组织整体要求出发，保证组织整体运行的高效有序这一问题。系统管理学理论正是这一时代要求的产物。系统管理学理论盛行于20世纪60年代，是以一般系统理论为基础的一种整合性管理理论。系统管理学的源头最早可以追溯到福特汽车工厂的实践和福特的"融合统一论"。切斯特·I.巴纳德在《经理人员的职能》一书中，第一次将系统的观念引入到组织管理的研究。他指出："我们称之为组织的系统，实际上就是由人的行为构成的系统。使这些行为成为一个系统的原因，是不同人的努力在系统中得到了协调。"[①] 这里，他提出了组织是"协作系统"的观点。此后，管理科学学派和决策理论学派等不同学派的管理学家都将"系统分析"作为一种基本研究方法，广泛运用于管理学研究。20世纪60年代，随着路德维希·冯·贝塔郎菲（Ludwig Von Bertalanffy, 1901—1972）一般系统论的创立和流行，受一般系统理论的影响，管理分析逐渐从内部分析转变为外部分析，重视组织外部环境对管理的影响。在一般系统理论同管理学交叉融合的过程中，系统管理学派逐渐发展成熟。其中为系统管理学派的理论做出了突出贡献的当属理查德·约翰逊（Richard A. Johson）、弗力蒙特·卡斯特（Fremont E. Kast）、詹姆斯·罗森茨韦克（James E. Rosenzwig），他们三人1963年在合著的《系统理论与管理》一书中，对系统管理理论的基本观点进行了较为全面的阐述，是系统管理学派的奠基之作，标志着系统管理学派的诞生。

系统管理学派以一般系统理论为基础，融合了控制论和信息论的相关理论，认为组织是一个由具有共同目标、存在相互关系的各个因素（子系统）所组成的一个承担特定功能的系统。同时，组织又是其生存于其中的环境的一个有机组成部分，是管理环境系统的一个构成要素，与环境中的其他要素保持着互动关系，进行着资源的交换，发生着相互的影响。组织需要不断进行自我调适，以适应外部环境，求得更好的生存与发展空间。系统管理学派将组织视为开放系统的这一思维突破，改变了人们长久以来所形成的组织是一个封闭"黑箱"的认识，在管理学发展史上具有开创性的贡献。

一、一般系统理论

一般系统理论是系统管理学派的理论基础。系统管理学派正是在一般系统论的基础上，吸收了控制论和信息论的相关理论而建立的。从本质上说，一般系统理论是进行科学研究的一种具有普适性的方法论，是系统科学发展第一阶段上的理论成果和重要组成部分。系统科学是20世纪形成的新兴学科，由一般系统论、系统工程论、信息论、控制论、运筹学和以"耗散结构理论""协同学""超循环

---

① [美]切斯特·I.巴纳德：《经理人员的职能》，王永贵译，机械工业出版社，2016年版，第58页。

理论"为代表的自组织理论等组成。系统科学和管理科学有着密切的学科关联。英国学者迈克尔·杰克逊（Michael Jackson）和保罗·基斯（Paul Keys）将两者的关系，总结为如图 4-2 所示的系统科学与管理科学的关系演变图。

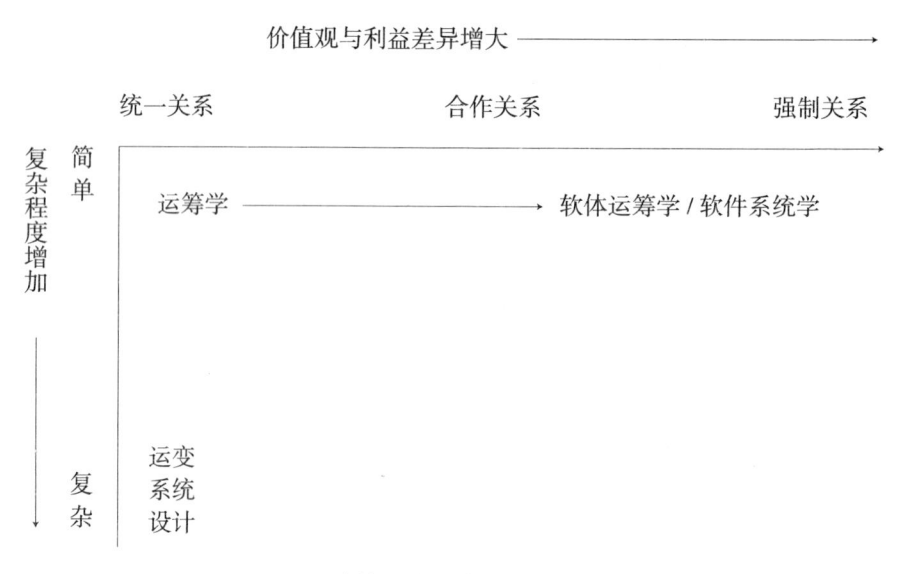

图 4-2 系统管理学与管理科学的关系演变图

系统科学和管理学的第一次结合，就是管理学对一般系统理论的借鉴和吸收，促成了系统管理学的产生。"一般系统理论"最早是由奥地利生物学家和哲学家路德维希·冯·贝塔郎菲于 1937 年在芝加哥大学举办的一次学术会议上提出来的，贝塔郎菲在随后的论文和著作中，对一般系统理论的主要观点和相关内容进行了介绍和阐述。贝塔郎菲在 1968 年出版的《一般系统理论的基础、发展和应用》(Genaral System Theory: Foundations, Deveopment, Applications) 一书中，对"动态开放系统"进行了详细而全面的阐述，试图从不同学科中总结出他们的共同属性并建构一种理论模型，从而为不同学科的研究提供一个共同的学理基础，该书被认为是一般系统理论走向成熟的标志。一般系统理论的主要观点如下。

1. 整体观

一般系统理论将事物视为由各个不同部分按一定关系组成的有机整体，这一有机整体不是各个部分的简单之和，而是在整体与部分之间存在着内在联系，各组成系统部分的目标与整体的目标必须协调一致，共同服从和服务于整体目标。

2. 开放观

一般系统理论认为，"系统"具有开放性，能与系统存在于其中的环境进行信息和能量的交换，系统本身也是其生存其中的环境的一个组成部分，是环境系统的次系统。系统和环境相互影响、相互作用，形成一种"输入—转换—输出"的交换模式。其中，信息的反馈机制，是确保这一"输入—转换—输出"模式得以正常运转、保持动态平衡的关键。

二、系统管理理论

一般系统理论同管理学相融合，形成了系统管理理论；系统管理理论是一般系统理论在管理实践中的运用和发展。将一般系统理论运用于管理实践，就是用系统观点、系统分析和系统管理的理论和方法指导管理实践，具体而言有以下部分。

（一）系统观点

通过一般系统理论的整体观和开放观，系统管理理论将组织视为由以下五个分系统所构成的系统。

1. 目标与价值分系统。包括组织的战略目标、各组成部分的策略目标、组织成员的个人目标以及组织的文化与价值因素。

2. 技术分系统。包括组织产品生产、服务供给和管理工作中所使用到的工具、设备等有形资源与技术以及程序、方法、知识、经验等无形资源与技术。

3. 社会心理分系统。包括组织成员的个人动机、需求等行为因素以及组织成员之间的相互关系。

4. 组织结构分系统。包括组织的职位设置、职能说明、组织制度以及各种组织协调机制等内容。

5. 管理分系统。这是组织系统运转的核心，管理通过执行决策、组织、激励、协调等管理职能，实现组织其他子系统间的相互连接，也是组织同外部环境进行交换的关键。

（二）系统分析

系统分析是一种辅助进行科学决策的重要工具，由美国兰德公司的贡献而广为世人所知和使用。兰德公司认为，所谓的系统分析"就是系统地探讨决策原本的目的，对能实现目的的可行方案（政策和策略）的费用、有效度及风险进行有条件的比较，当被探讨的可行方案有缺陷时做成新的可行方案，从而帮助决策者选择行动的一种方法"[1]。系统分析由如下要素构成。

---

[1] 谭跃进：《定量分析方法》（第3版），中国人民大学出版社，2012年版，第31页。

1. 目　标

明确组织目标是进行系统分析的基础，组织需要在弄清现存的困难、挑战与优势和资源的基础上，明确组织发展的目标，从而为系统分析确定正确的方向。

2. 行动方案

行动方案是组织实现目标的各种可能路径、方法与举措。系统分析就是需要在多种行动方案中为组织确定一种最优选择。

3. 费　用

费用是组织用于实现目标所消耗的所有资源的货币表达。需要通过系统分析明确费用的构成，并计算组织的"寿命周期总费用"（life cycle cost）。

4. 模　型

模型是对组织（系统）本质的描述，是行动方案的数理表达。系统分析通过模型计算，可以获得有关各种行动方案性能、费用、结果等信息的数据，从而为方案选择提供可靠的依据。

5. 效　果

效果就是行动方案所实现的成果，这一成果一般用效益和有效性两个指标进行衡量。效益一般用货币指标表示，而有效性则由非货币指标表示。

6. 准　则

准则是组织目标的具体化，是组织（系统）用以评价各种可行方案的价值尺度。

7. 结　论

结论就是系统分析的结果形式，包括分析报告、决策咨询、意见建议等多种形式。结论不等于决策，只是供决策使用的重要参考，结论要简单明了，便于决策参考。

以上七个要素，组成了如图4-3所示的系统分析要素结构。

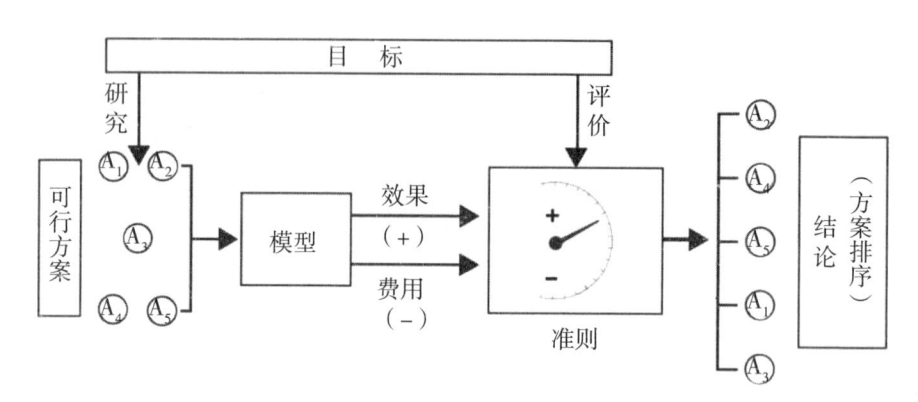

图4-3　系统分析要素结构

系统分析的要素图显示，系统分析是在明确系统目标的基础上进行的。经过系统研究，在确定多个可行方案之后，建立分析模型，进行计算与模拟，实施"效果—费用"分析，并根据准则对多个可行方案进行比较选择，以排定各种方案的优先顺序，最后形成供决策者决策参考的结论。因此，我们可以将系统分析的步骤，总结如图4-4所示。

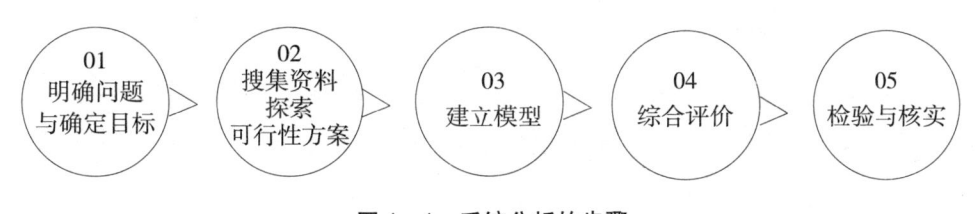

01 明确问题与确定目标 → 02 搜集资料探索可行性方案 → 03 建立模型 → 04 综合评价 → 05 检验与核实

图4-4 系统分析的步骤

第五节 "丛林时代"管理思想的总结

第二次世界大战之后，西方资本主义国家社会生产力得到了空前的解放和发展，随之而来的是经济生产方式和社会生活方式发生了极大的变化。在这些变化的刺激下，管理学进入了多途并进的大发展时期，各种新管理思想、管理技术和管理方法不断涌现，为管理实践提供了丰富理论和实践指导，推动着管理实践不断创新发展，确保了大型组织的有序化、合理化、高效化运行，成为第二次世界大战之后世界经济社会长期繁荣发展的有力保证和重要推手。

一、现代管理学的贡献

从管理学发展史的角度审视第二次世界大战之后西方管理学的发展，其突出的贡献在于：

第一，在对管理对象的认识上。现代管理学改变了以往将组织视为一个封闭结构的传统看法，视组织为一个"开放系统"，强调组织与外部环境的交流互动和组织内部各组成部分的相互影响。

第二，在管理学的研究方法上。现代管理学在延续古典管理理论和行为科学管理理论定量研究传统的基础上，也强调定性研究在管理学研究中的重要性，提倡定性研究与定量研究的综合使用。这一点，在经验主义管理学派中体现得尤为明显。

第三，在管理学研究的内容上。现代管理学的研究内容更具有针对性，趋于专门化，大多是围绕管理工作某一方面的具体问题展开深入研究，比如管理的决策问题、管理的领导问题、管理者的角色与职能问题、管理的技术与方法问题等，从而形成了不同的管理学流派。

第四，在管理方法的提倡上。现代管理学积极倡导和鼓励将最新的信息技术、计算机技术等新科学、新理论、新技术引入管理实践和管理学研究，进一步提升了管理的精准性、高效性和可控性，将管理实践及其管理学研究推向了一个更具现代性的高度。

二、现代管理学的不足

孔茨在《管理理论丛林》一文中，对"丛林时代"管理学存在的各种不足进行了总结。他认为，这些不足表现为以下几个方面。

（一）管理学的概念与表述语义混乱

由于现代管理学呈现出"学术丛林"状态，各学派齐头并进，在一些基本的概念和表述方面各有所指，并不统一，造成了管理学相关概念和表述的语义混乱，不利于各学派间的交流互鉴和管理学知识的整合。例如在对"组织"这一概念的理解上，管理过程学派大多用它来表示一个组织的工作职权结构，即作为管理主体的正式组织。但社会系统学派则视组织为一切群体活动中的人的关系的总和，把社会结构与组织几乎等同视之。而在经验主义管理学派那里，组织就是工商企业的代名词。

（二）对管理学的研究对象缺乏统一认识

现代管理学的不同学派都是就管理活动的某一方面存在的具体问题展开深入研究的，并以此为基础建立起自己的知识体系，或侧重于管理职能、或聚焦于管理技术与方法、或强调组织结构。总之，现代管理学不同学派的学者都是基于自身研究的问题和学科背景来认识和理解"管理"的，缺乏对管理的整体性认识，存在"只见树木，不见森林"的弊端。

（三）不重视对之前管理知识的传承与发展

现代管理学的学者们受科学主义的影响，大多对古典管理理论和行为管理理论时期的相关管理学知识的客观性和科学性提出了质疑，这在管理科学学派中尤为突出。现代管理学的学者们认为，法约尔、古利克等人对管理经验的总结和概括及其所提出的管理原则，是一些缺乏科学性的先验性假设，这在一定程度上造成了管理理论的混乱，容易造成学科发展的中断和相关资源的浪费。

第五章　西方管理思想的最新进展

20世纪末,世界政治经济发生了深刻的变化,进入了一个被彼得·德鲁克称为的"不连续的时代"[①],即新的潜在的现实与既定制度、惯例之间关系日益紧张的时代。造成这种紧张关系的潜藏在社会和文化现实之中的重大变化主要来源于四个方面:第一,新技术,以及基于新技术的新产业的迅速崛起。第二,新的多元化机构的涌现。这些机构让传统上被普遍接受的政府理论和社会理论失去了对现实的指导与解释力,从而危及政府履职的能力,并有将其摧毁的可能。第三,世界经济的联系空前紧密,全球化趋势不断加强,发达国家和发展中国家之间的矛盾取代了一国国内国民经济内部的阶级冲突。随着美苏对抗在20世纪最后几年的结束,地缘政治的变化开始深刻影响与制约着一国政策的制定与经济的发展。第四,知识最终成为新资本与经济的重要资源,拥有知识的机构管理者成为新的权力中心和领导者。不连续时代的出现,从某种意义上而言是组织管理生存于其中的环境的巨大变化,管理实践和管理理论需要对这一变化做出积极的回应与调整,以适应新的环境。在此背景之下,管理理论进入了现代发展时期。"在当代,管理思想度过了它多样化的青春期,并在寻求其成熟的专业化态势。"[②] 这一趋势是管理学百年发展历程中不同维度思想的呈现、汇聚与融合。其中,以亨利·法约尔(Henri Fayol)的工作为基础拓展而成的一般管理理论和管理活动研究,人本主义者、人类管理学家和其他一些人本取向的研究者的行为理论,组织结构的发展观点以及科学管理先驱及其继承者为代表的问题解决范式,它们是现代管理思想最为重要的四个理论源头。而战略管理、全面质量管理以及治理理论等新的具有较强理论包容性和延展性且以实用主义为主要特征的理论,则是管理思想在现当代发展的最新成果。本章将对战略管理、全面质量管理等相关问题进行介绍。

---

① 详见[美]彼得·德鲁克:《不连续的时代应对社会巨变的行动纲领》,吴家喜译,机械工业出版社2020年版的相关内容。
② [美]丹尼尔·A.雷恩:《管理思想史》(第5版),孙健敏、黄小勇、李原译,中国人民大学出版社,2009年版,第453页。

第一节 战略管理思想

战略（strategy）就其本质而言就是基于缜密思考与设计的关于确保在竞争中胜出的计划与方案。关于系统化的战略运用，最早可以追溯到中国春秋末期孙武所著的《孙子兵法》一书。"孙子的著作和其他经典著作提供了一种为生活注入僵化的喻义的方法，这些著作提醒我们注意许多指导管理思想理念的隐义的本质……《孙子兵法》这类著作的深入研究也许有利于激发修正现代战略实践的灵感。"[①] 现代战略管理诞生于1960年代的美国，并随着管理环境的变迁和管理实践的发展而不断发展。

一、战略管理的发展沿革

战略管理思想自20世纪60年代在美国诞生以来，先后经历了战略规划理论诞生期（1960年代）、环境适应理论流行期（1970年代）、产业组织理论与通用战略理论发展期（1980年代）和资源基础论与核心能力理论流行期（1990年代后）等不同阶段的发展，每一个阶段都呈现出了不同的特点和研究侧重点。

（一）战略规划理论的诞生期

战略管理最早被称之为"政策"，或者简单地被叫做"战略"，是用于对组织发展方向的描述。1960年代的哈佛商学院开设了商业政策课程，试图通过在教学与研究过程中对哈佛商学院最为经典的案例教学法的使用，来提高组织高层管理者解决实际问题的能力。在此过程中，安德鲁斯（K. R. Andrews）和克里斯滕森使用单向法构建了战略规划的基本理论体系。战略规划思想是战略管理的理论源头与基础。战略规划的实质是将战略视为如何匹配（match）公司能力（capability）与其竞争环境的商机，这一体系包括资料的收集与分析、战略制定、评估、选择与实施等环节。以此为基础，伦德（Learned）等人提出了至今仍在使用的 SWOT 战略分析框架。（表 5-1）

[①] ［英］马尔科姆·沃纳：《管理思想全书》，韦福祥译，人民邮电出版社，2009年版，第623页。

表 5-1 SWOT 战略分析框架

使命	组织基本的目的	
SWOT分析	制定支持使命的战略	
内部分析	外部分析	好的战略 能够支持使命 同时又能发挥组织的优势 抓住机会 化解威胁 避免劣势
优势 （独特竞争力）	机会	
劣势	威胁	

SWOT 即四个英文单词的首字母：Strengths（优势）、Weakness（劣势）、Opportunities（机会）、Threats（威胁）。组织优势就是使组织能够拟订及实现战略的技术和能力，其中又分为组织的一般优势（common strengths）和独特优势（distinctive competence）。一般优势是同行业组织相较其他行业组织所共同具有的优势。具备一般优势并不能给组织带来竞争优势，只能带来所谓的"竞争对等"（competitive parity），即许多竞争对手都具有相同的技术和能力，所以都拟订同样的战略，发挥相同的影响力。相反，独特优势却是一个组织所具有的特有优势。拥有独特优势的组织才会获得竞争优势以及获得高于平均水平的绩效。组织的独特优势往往会引发竞争对手的模仿，从而构成战略模仿（strategic imitation）。但在实践中，并不是所有的独特优势都能够被其他组织模仿。如果一个独特优势不能被模仿，则组织凭借这一独特优势所发展的战略称为持续性竞争战略（sustained competitive strategy）。组织劣势，就是不能使组织拟定及实现战略的技术和能力。组织机会，即有利于组织正常运作与发展的外部条件，反之则为组织的威胁。

从整体上看，SWOT 分析可以分为两部分：其一，为优劣式分析（SW 分析），主要着眼组织自身实力及其与竞争对手的比较；其二，为机会和威胁分析（OT 分析），关注的重点在于外部环境的变换及其对组织潜在的影响上。SWOT 分析可以形成以下 4 种决策战略（如表 5-2 所示）。

表5-2 其于SWOT分析框架的4种决策战略

企业外部资源	企业内部资源	
	优势（strength）	劣势（weakness）
	列出：优势	列出：劣势
机会（opportunity）	SO 战略	WO 战略
列出：机会	利用优势去抓住机会	利用机会去克服劣势
威胁（threat）	ST 战略	WT 战略
列出：威胁	利用优势避免威胁	将劣势和威胁最小化

1. 优势—机会（SO）战略

是一种发挥组织内部优势并利用组织外部机会的战略。任何组织都希望自己可以处于这样的一种决策环境中，即可以充分利用自身优势去捕捉和利用外部环境变迁所创造的机会。组织通常会设法采用 WO、ST 或 WT 战略以使组织达到 SO 战略状态。

2. 劣势—机会（WO）战略

该战略的目标是通过利用外部环境机会来弥补组织内部自身的劣势。这一战略适用于组织存在一些外部环境机会，但组织有一些内部的劣势妨碍它利用这些外部机会。

3. 优势—威胁（OT）战略

该战略是利用组织的优势规避或减轻外部威胁。

4. 劣势—威胁（WT）战略

该战略的重点是在减少组织内部劣势，同时规避和减少外部环境威胁，属于一种防御性战略技术。一个面对大量外部威胁且自身内部劣势明显的组织，所处的环境的确是不安全和不确定的。

伊戈尔·安索夫（H. I. Ansoff）在反思战略规划思想不足的基础上，提出了"战略管理"理论，因而被称之为战略管理学之父。他认为，战略管理与之前经营管理的不同之处在于，战略管理是面向未来的动态地、连续地完成从决策到实现的过程，因此，组织战略就是组织为了适应外部环境，对目前所从事的和将来要从事的组织活动所进行的战略决策。组织生存是由环境、战略和组织三者构成的，组织的目标与效益只有当在这三者协调一致、相互适应的状态下才能实现。战略行为是组织对外部环境的适应以及由此而造成的组织内部结构化的过程。因此，组织在制定战略之前，就必须对外部环境进行充分评估。安索夫提出了外部环境的 PEST 分析框架，即通过对组织环境中的政治（Political）、经济（Economical）、社会（Social）和科技（Technological）因素进行评估，以辨识组织长期的变化驱动力及外部环境各要素对组织的不同影响，从而确定关键的环境因素，以为制定战略和调整组织内部结构的基础，从而使组织与外部环境相协调。在1965年出版的《公司战略》一书中，安索夫提出了构成组织战略的四个要素：一是产品与市场的范围，是指组织的产品和市场的范围在所处行业中居于什么位置。二是组织成长方向，是指组织为了更好地成长与发展，应该选择何种产品和市场的组合以作为自己的成长方向。三是竞争优势，是指组织在竞争中所具有的占据优势的产品和市场特征，这一特征是确保组织获得利润和取得成果的关键因素。四是协同，是指组织通过识别自身能力与机遇的匹配关系来成功拓展新的业务。基于协同的战略可以像纽带一样把组织多元化的业务有机联系起来，从而使组织可以更有效地利用现有资源和优势开拓新的发展空间。基于此，安索夫就此提出了四种产品与市场组合的不同战略类型，即市场渗透战略、市场开发战略、产品开发战略和多维经营战略（图5-1）。

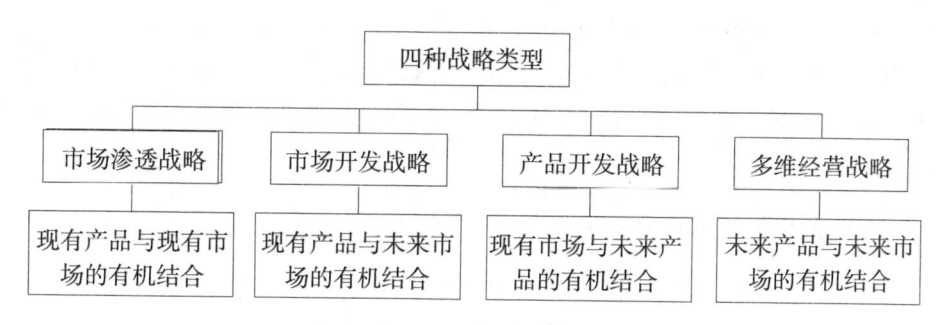

图 5-1 企业的四种战略类型

小阿尔弗雷德·D. 钱德勒于1962年出版的《战略与结构》（Strategy and Structure），伊格尔·安索夫1965年出版的《公司战略》，R. N. 安东尼1965年出版的《计划与控制系统》和肯尼斯·安德鲁斯在1965年出版的《经营策略：原理和案例》等著作是这一阶段战略管理思想研究成果的集中体现，为后期战略管理思想的发展建构奠定了坚实的学科基础。

（二）环境适应理论的流行阶段

随着美苏"冷战"的加剧和"第三世界"力量崛起对世界政治经济格局带来的冲击，20世纪70年代之后，西方世界进入了一个具有高度不确定性和变动性的时期。"特别是1973年和1979年两次石油危机的爆发彻底打碎了战略规划的坚定信念。"① 管理者面对变动不居的外部环境和激烈的竞争现实，逐渐意识到，之前的战略管理（战略规划）思想无法给出圆满的解决问题的答案与对策。这是因为，环境的不确定性必然导致组织不断尝试与修正自己的决策，组织的战略正是这些不断调试与修正结果的累加。就此而言，战略是事后的产物，无法在变化的环境中对组织的行动提出具有针对性与建设性的意见建议，战略的适用性受到了质疑，战略管理亟须实现某种程度的转向和突破。在此背景之下，以关注组织环境的不确定性及其对组织的影响为主要内容的战略管理环境适应学派应运而生，为组织如何更好地适应环境提出了建议。环境适应学派的思想是在扬弃战略规划学派思想的基础上，结合时代特征不断发展起来的，强调激烈的竞争和不确定性，为战略研究引进了脚本分析，即假设各种不同的市场环境，从而设计出各种不同的对策来应付这些变化。这一学派主张组织需要及时适当地调整行动方向和具体活动以适应环境的变化，把能否有效把握与管理"不确定性"视为组织的核心能力。

奎因（J. B. Quinn）的逻辑渐进主义（Logic Incrementalism）、明茨伯格（H. Mintzberg）和沃特斯（J. Waters）的"应急战略"（Emergent Strategy）以及日本管理学家伊丹敬之（Hiroyuki Itami）的战略适应思想等是这一阶段战略管理的典型代表。

（三）竞争优势理论的发展期

进入20世纪80年代，随着世界产业格局全球分布的深度调整以及亚洲国家和地区经济腾飞给世界政治经济带来的新机遇与挑战，国际竞争日趋激烈，不同的组织都面临着各异的生存与发展压力。如何在激烈的竞争中保持与强化既有优势，从而在竞争中得以胜出，是不同组织面临着的共同问题。在此背景下，战略管理思想除了继续对环境因素投以关注与研究之外，更多的研究重心已经转移到如何使组织在激烈的竞争中获得持续性的竞争优势。就此问题，不同的管理学家沿着各异的研究路径开展研究，其中影响最大的当属哈佛大学迈克尔·波特（Michael Porter）教授所开展的将产业组织理论引入战略管理的研究。波特的战略理论认为，组织要通过产业结构的分析来选择有吸引力的产业，并通过寻找价值链上的有利环节，利用成本领先或性能差异来取得竞争优势②。波特对竞争环境进行了研究，认为，组织最关心的是它所在行业的竞争强度，而竞争强度又决定于潜在进入者的进入威胁、买方议价能力、供方议价能力、

---

① 姜杰：《管理思想史》，北京大学出版社，2014年版，第211页。
② 周三多、邹统钎：《战略管理思想史》，复旦大学出版社，2002年版，第6页。

替代品生产者威胁和行业现有组织间竞争五种力量。正是这五种力量的联合强度影响和决定了组织在行业中的最终赢利能力，并就此提出了成本领先（把成本控制到比竞争者更低的水平）、差异化（提供与竞争者不同的产品或服务）、专一化（专注于特定市场、特定产品或服务以及特定的地理范围）三种竞争战略。他强调，组织需要从这三种战略中确定一种以赢得竞争优势，从而开辟了通用战略研究的先河。波特后来对三项通用战略进行了修正，提出了新的通用战略，即成本领先、差异化、成本专一化和差异专一化战略。

这一时期，除了波特的研究之外，麦肯锡公司的研究认为，战略的实施能力是和战略制定能力同样重要的竞争优势来源，就此提出了著名了战略实施与组织发展架构，即7S架构，对成功地实施战略与实现组织变革所需的要素进行了分析，即战略、技能、共享价值观、结构、系统体制、员工和风格。还有的研究认为，没有任何一个战略过程或战略能力能单独形成持久的竞争优势，组织必须不断改变其战略、资源与能力以适应不断变化着的环境，由此强调一个合格的战略管理者应该由之前的规划者、战略制定者转变为战略发现者、知识的创造者以及变化的推动者，战略规划应该被战略思考所代替，突出了学习过程对于战略管理的重要性。

波特的《竞争战略》（1980）、《竞争优势》（1985）、《国家竞争力》（1990）和亨利·明茨伯格的《职业战略》（1987）是这一阶段战略管理研究的主要代表成果。

（四）资源基础论理论的流行期

20世纪最后十年是世界政治经济发生重大变革的关键历史时期，"冷战"最终以东欧社会主义国家政治体制的变革和苏联的解体而结束，世界政治开始从两个集团的竞争与对抗格局向着多极化方向深刻演变，为世界经济一体化发展奠定了基础性的政治格局。与此同时，信息技术、生物科技和新材料科学的突破性发展，刺激着新产业的诞生与发展，世界产业格局与国际分工由此面临着深刻的调整，加之微观方面产品生命周期缩短，客户个性化与差异化需求不断增加所导致的组织间的竞争日益激烈，提早出现的人口老龄化和少子化现象，进一步为这一激烈的组织竞争增加了不可逆的社会性因素，使得组织的生存与发展面临着前所未有的复杂挑战。

在此背景下，组织管理者逐渐认识到竞争无常规，组织无法通过单独的通用战略与组织特征来确保在竞争中胜出，需要更深入地寻找组织竞争优势的根源。这里所谓的竞争优势是指促成组织比竞争者更为成功的独特因素，这些因素无法被竞争者学习或者模仿，也可以称为核心竞争力，即"可以作为战胜竞争对手的竞争优势来源的一系列资源和能力"[1]——那些有价值的、稀缺的、难以模仿的和不可替代的能力就是核心竞争力（见表5-3）。

表5-3 核心竞争力的四个标准

有价值的	帮助公司抵御威胁或利用机会
稀缺的	不被他人拥有
难以模仿的	历史性：独特而有价值的组织文化或品牌名称
	模糊性：竞争力的起因和应用是模糊的
	社会复杂性：管理者、供应商以及顾客间的人际关系、信任和友谊
不可替代的	不具有战略对等性

由此逐渐形成了所谓的战略管理的"资源基础论"。该理论强调，一个组织即便身处吸引力与机遇缺乏且面临较大经营风险的环境之中，也可以凭借该组织的内部独特资源与能力创造竞争优势从而赢得竞争，但其中的关键就在于组织需要握有对客户具有价值的、稀缺的且竞争对手无法模仿的资源与能力。在资源基础论者看来，组织所握有的这些独特的能力不仅是组织现有的资源与能力，更依赖组织有意识有目的的挖掘与培养。

资源基础论有两个分支："一个以沃纳菲尔特为代表，强调资源的作用；一个是普拉哈拉德和哈莫尔为代表，强调能力的作用。"[2] 这一时期的代表人物有伯格·沃纳菲尔特、戴维·J. 科利斯、辛西娅·A. 蒙哥马利C. K. 普拉哈拉德、加里·哈默尔、蒂斯·皮萨诺和谢恩等。伯格·沃纳菲尔特发表于《战略管理杂志》上的《企业资源基础论》（1984）、普拉哈拉德和哈默尔共同发表的《企业核心能力》（1990）、《作为延伸杠杆的战略》（1993）和《竞争大未来》（1994）、蒂斯·皮萨诺和谢恩共同发表的《动态能力与战略管理》（1992）和戴维·J. 科利斯、辛西娅·A. 蒙哥马利共同发表的《凭借资源展开竞争：90年代的公司战略》《创造公司优势》等文以及《公司战略：企业的资源与范围》一书，是这个阶段战略管理研究的代表作。

在资源基础论的启发和推动下，一时间围绕如何形成组织核心竞争力问题，战略管理思想呈现出多样化发展的态势，时基竞争战略（time-based competition）、归核化战略（refocusing）、大规模定制战略（mass customization）、虚拟

---

[1] [美]迈克尔·希特等：《战略管理概念与案例》（第12版），刘刚等译，中国人民大学出版社，2017年版，第75页。

[2] 姜杰：《管理思想史》，北京大学出版社，2014年版，第212页。

组织（virtual organization）等战略管理新思想频出，对管理实践产生了深刻的影响。战略管理"一干多枝"的理论格局从20世纪末延续到了新的世纪。新世纪战略管理思想的发展，正是在此基础上，向着更加多样化和更具实践性的方向演化，为新世纪的西方管理实践提供了强大的理论指导（见表5-4）。

表5-4 战略思想的演变历程

代表人物	年代	核心	理论贡献	分析工具
Ansoff, 1965; Andrews, 1971	1960s	一般管理角色	最早的公司战略与竞争战略理论	公司远景，独特竞争力，SWOT分析
Chandler, 1962; Wrigley, 1970; Bower, 1970; Vancil, 1978	1960s–1970s	组织结构	结构跟随战略；"契合"；分权	M型组织
Rumelt, 1974; Montgomery, 1985	1970s	多元化的范围与方式	业务组合作为战略变量；"协同"	相关性的测量以及经营绩效的度量
BCG, 1968; Haspeslagh, 1982	1970s	资源配置	组合管理	增长份额矩阵
Jensen, 1985; Copeland, 1990; Schmalensee, 1985; Rumelt, 1991	1980s	公司对战略经营单位经营业绩的贡献	公司价值的有限证据；公司所控市场	自由现金流；基于价值的战略
Porter, 1987; Goold $ Campbell, 1987; McKinsey, 1989	1980s	公司优势的源泉	公司优势分类	公司角色
Wernerfelt, 1984; Prahalad&Hamel, 1990; Barney, 1991	1980s	企业独特性与成长	有形与无形资产与能力	宝贵资源的特征

资料来源：Collis, David J. and Cynthia A. Montgomery (1997), Corporate Strategy; Resources and the Scope of the Firm, The McGraw-Hill Companies, Ins 16.

二、战略管理的流派分野

由于不同管理学者对战略本质及其战略价值和实现方式的理解与认知的不同,战略管理在发展进程中形成了不同的学术流派,呈现出了战略管理多流并进的思想发展格局。亨利·明茨伯格在回顾战略管理发展历程时指出:"从20世纪60年代早期以来,战略管理领域也走过了一段很长的道路。最初,其文献与实践活动都发展得较为缓慢;到70年代,战略管理中有一个流派得到快速发展;80年代,则是另一流派迅速发展;到了90年代则出现了多个前沿领域齐头并进的局面;而现在正在形成百家争鸣的势头。早期那些著名的学派也促生了后来一个又一个更为复杂、差别也更细微的学派。"[①] 亨利·明茨伯格以动物做比喻,将战略管理划分为设计学派、计划学派、定位学派、企业家学派、认知学派、学习学派、权力学派、文化学派、环境学派、结构学派等10个学派(见表5-5),不同的学派对于战略的本质及战略形成的过程有着不同的理解与认识。明茨伯格将10大学派又分为了三大类,其中第一类由设计学派、计划学派和定位学派构成。这一大类战略管理思想是从战略本质的整体视角进行说明的学派,它们相对更关注如何明确地表述战略,而不关注战略形成过程中的一些具体工作。随后的第二大类学派由企业家学派、认知学派、学习学派、权力学派、文化学派、环境学派组成,这一类学派侧重于描述战略的制定和执行过程,重视对战略形成过程中的具体问题进行思考,较少关注对理想的战略行为的描述。最后一类是结构学派,该学派其实是其他学派的综合。这一学派推重整合,将战略制定过程、战略内容、组织结构和组织所处的情境等战略部分加以聚类,以呈现战略变革过程的不同阶段与周期,涉及长期以来关于战略变化的大量文献和管理实践。

---

① [加] 亨利·明茨伯格等:《战略历程》,魏江译,机械工业出版社,2020年版,第281页。

表 5-5 十个学派的各维度比较概要

学派	设计学派	计划学派	定位学派	企业家学派	认知学派	学习学派	权利学派	文化学派	环境学派	结构学派
象征动物	蜘蛛	松鼠	水牛	狼	猫头鹰	猴子	狮子	孔雀	鸵鸟	变色龙
信奉的格言	"三思而后行"	"及时处理,事半功倍"	"让事实来说话"	"带我们见你的头儿"	"心诚则灵"	"失败是成功之母"	"枪打出头鸟"	"虎父无犬子"	"酌情决定"	"万物皆有时节"
奠基人	Selznick (1957), Andrews (1965)	Ansoff (1965)	Purdue (1970), Porter (1980, 1985)	Schumpeter (1950), Cole (1959) 及其他经济学者	Simon (1947, 1957), Marchand Simon (1958)	Lindblom (1959, 1968), Cyert and March (1963), Weick (1969), Quinn (1980)	Allison (1971) (微观派), Pfeffer and Salancik (1978), Astley (1984) (宏观派)	20世纪60年代后期的瑞典的 Rhenman and Normann, 其他地方没有明显的起源	Hannan and Freeman (1977), 权变性理论家 (例如20世纪60年代后期的 Pugh 等)	Chandler (1962); McGill 研究组 (20世纪70年代后期的 Mintzberg Miller等), 还有 Milesand Snow (1978))
学科基础	无 (比喻为建筑)	(有一些与工程学、城市规划学、系统理论、控制论有一定联系)	经济学 (产业组织学、军事、历史学)	无 (尽管早期著作出自经济学家)	心理学 (认识方面)	无 (可能有一些面上与心理学和教育学中的学习理论有关; 数学中的模糊理论	政治学	人类学	生物学、政治社会学	历史学

续表

学派	设计学派	计划学派	定位学派	企业家学派	认知学派	学习学派	权利学派	文化学派	环境学派	结构学派
倡导和支持者	案例研究教师，领导嗜好者，尤其是在美国	"职业"经理，MBA学生，参谋机构的专家，顾问，特别是在美国和法国较为流行	如计划学派，尤其是分析人员，咨询机构和军事学者，美国最著名	知名的商业出版社，浪漫个人主义者，各地的小企业主，特别是在发展中经济体	有心理学嗜好的人，其中一个分支为悲观主义者，另一分支为乐观主义者	倾向于实验性，不确定性，适应性的人士，日本和北欧较流行	喜欢权利，谋政治的人士，智的法国较流行	倾向于社会，精神和集体的人士，北欧和日本较流行	人口生态学家，实证主义者，在盎格鲁—撒克逊的国家较流行	综合者
意指/实际词汇	适合/思考	形式化规划	分析/计算	展望/集权	塑造担忧或想象	学习/赌博	掠取/赌博	联合/维持	处理/投降	结合，改造，汇总，彻底变革
关键词	一致/匹配，独特竞争力，SWOT，形成/执行	规划，预算，日程，方案	一般战略，战略集团，竞争分析	大胆举措，洞愿景，勤奋努力	蓝图，框架，图构，解释，认识模式	渐进主义，涌现战略，意义建构，冒险，精英核心能力	讨价还价，冲突，联合，利益，相关者，集体战略，联盟	价值观，信仰，神话，象征主义	适应，演化，权变，选择，复杂性，利基	架构，原型，阶段，生命周期，转型，变革，转变，复兴
战略本质	计划性远景，具有唯一性	分解的计划（或定位）	是有计划的一般性定位，以及手段	是个人的独特观念（远见）	观念性远景	学习模式	政治性与协作性的形式和定位，以及手段	集体性愿景	专门定位（在流行的社会生态学中叫利基）	左边任何一个

续表

学派	设计学派	计划学派	定位学派	企业家学派	认知学派	学习学派	权利学派	文化学派	环境学派	结构学派
基本程序	个人的，经过判断，深思熟虑的	正式的，深思熟虑的	分析，深思熟虑的	想象，直觉，主要是深思熟虑的（定位可涌现）	精神上的，涌现的	涌现的，非正式	冲突的，涌现的（微观）深思熟虑的（宏观）	思想上的，集体的，深思熟虑的	被动的，强加的，涌现的	综合，插曲，排序，再加上左边内容（转变是深思熟虑）
变革模式	偶然的，量变	周期性，渐进的	逐个的，经常	偶然，机会性，革命性	不经常	持续不断的，或逐个的，带有偶然的量变见识	经常，逐个	不经常	很少，量变（权变理论）	偶然，革命性
核心行动者	首席执行官	计划人员和程序员	分析师	领导者	智者	学习者（任何人）	有权之人（微观），整个组织（宏观）	集体	环境	左边内容中符合情景的任何人
环境、领导和组织	领导主导，环境顺从	组织主导，环境顺从	组织主导，分析环境	领导主导，组织可塑，环境利基	认知源于领导，环境压倒一切	领导（任何学习者）主导	权利受到组织的统治	组织（一旦建立）主导	环境主导	左边的都可以

续表

学派	设计学派	计划学派	定位学派	企业家学派	认知学派	学习学派	权力学派	文化学派	环境学派	结构学派
最适用的环境	稳定的和可理解的	简单和稳定，可理想地控制	简单、稳定和成熟（可以计量的）	动态但简单（所以可被领导所领会）	复杂的	复杂，动态（不可预测）	制造不和、恶意的（微观），可控的或协作的（宏观）	被动的	竞争性的，描绘出的	左边的都可以
适用的组织形式	机械型	大型机械型	大型机械型	个人企业型	任何型	灵活的组织机构，还有专业机构	灵活的组织机构和专业机构（微观），封闭机械型（宏观）	教会式以及停滞的机械型	机械型	以上均可，最好是为了灵活组织机构教会式的
发展进程（最可能的）	重构概念	发展和规划	评价	新建、转向，保持小规模	原有概念，重构概念，惯性	演化，尤其是没有先例的变化	波动（微观），主导，协作（宏观）	稳定（加固，惯性）	成熟，衰亡	转变（如转向，复兴）其他情况下以上均可

下面我们将各选取三类思想中的一个思想进行介绍，以求管窥战略管理十大流派思想之一斑。我们具体选定设计学派、学习学派和结构学派思想的相关内容进行介绍。

（一）设计学派

设计学派是战略管理思想形成过程中最具影响力的学派。这一学派所提出的主要概念一直作为西方管理学教学课程的基础和战略管理实践的重要组成部分沿用至今。设计学派就是着眼于对战略制定模型的设计，以期寻求组织内部能力与外部环境的匹配。建立"匹配"是设计学派的核心目标。设计学派的思想起源可以追溯到菲利普·塞尔兹尼克于1957年出版的《经营中的领导力》（*Leadership in Administration*）和小阿尔弗雷德·D. 钱德勒于1962年出版的《战略与结构》（*Strategy and Structure*）两部对于战略管理具有开创性和奠基性的著作。塞尔兹尼克将"独特竞争"的概念引入到对组织"内部状态"和"外部期望"的讨论中，认为应该实现两者的整合，将战略深入到组织的社会结构中，从而为后来的"战略执行"思想奠定了基础。钱德勒通过研究，构建了设计学派关于经营战略以及经营战略与结构相互关系的思想体系。对设计学派的壮大与发展做出更具实质性贡献的管理学者当属哈佛大学商学院勒恩德和安德鲁斯等教授所领导的"通用管理小组"。作为合作者，他们共同编撰了《经营策略：内容和案例》（*Business Policy：Text and Cases*）一书，该书迅速成为战略管理领域最流行的教科书。由于该书全面、清晰地表达了设计学派的思想，成为设计学派思想重要的传播工具。"到了20世纪80年代，这本教科书成为完全代表设计学派思想著作中为数不多的幸存者之一，而其他多数教材逐渐支持更复杂的计划学派和定位学派。"[①] 透过这本经典著作，我们得以窥探设计学派的主要思想。

1. 战略的形成是一个有意识的、深思熟虑的过程

设计学派认为有效的战略产生于人类研究的思维过程，管理者只有在尽可能深思熟虑地制定战略时，才会对自己所做的事情有真切的认识与理解。就此而言，战略制定并非一项与生俱来的先天性技能，而是需要经由后天的学习才能正式获得的。

2. 组织的最高领导就是战略家

在设计学派看来，组织最终只有一位战略家，而这名战略家就是居于组织

[①] ［加］亨利·明茨伯格等：《战略历程》，魏江译，机械工业出版社，2020年版，第18页。

层级体系顶端的那位最高管理者，即组织的领导者，或称之为首席执行官。设计学派强调战略和真正强有力的领导者之间存在着显著的关联性。对于战略管理中的领导者而言，并不意味着他必须去发明战略，而是需要通过他的工作使那些对于组织而言具有根本性的关键创新行为具有持久性，并在组织所做的重多战略中进行取舍，在做一名合格的取舍监督员的同时，确保组织成员对组织战略能够充分知晓与理解。

3. 形成战略的模型必须保持简单和非正式

设计学派认为，组织的战略思想应该成为一种简单的实践者理论，一种普通人的概念性图解。任何对战略所做的详细描述和形式化都将有损于战略形成的基本模式。因此，确保人们头脑中战略清晰的方法就是保持战略形成过程的简单。

4. 战略应该是个性化设计过程的优秀成果之一

设计学派认为，战略与组织的具体情况有着密切关系，而与一般的变量体系无关。因此，战略必须为每个个案服务，由此导致设计学派往往呈现出对于战略自身的内容探讨得不多，而是集中讨论战略形成过程的特点。就设计学派的观点而言，战略形成的过程首先应该是建立在战略家出众的个人能力基础之上的"创造性活动。"

5. 战略设计完成的标志是战略形成一个完整的愿景

设计学派反对战略形成的渐进与涌现的观点，并不认同战略制定过程应该延续到战略执行结束以后的阶段，而是认为，战略制定就是为组织构造一副宏观的战略蓝图（总体思想）用于指导组织活动的过程。战略是最高思想、最终选择，当战略以组织愿景的形式出现时，就意味着战略制定过程的完成，这一愿景是完全制定好并具有可执行性的。

6. 战略应该是明确的，因此它需要保持简单

正如安德鲁斯所强调的："简单是上乘艺术的本质，战略制定的观念让复杂的组织变得简单化。"为了使组织成员能更好地理解战略，战略必须制定得简单，而且能被战略制定者清晰地表达。

7. 战略的执行与战略的制定是两个不同的过程

设计学派认为，战略制定与战略执行两者之间存在着显著的差别。只有当独特的、内容丰富的、明确而简单的战略完全制定好之后，战略才能被执行。正是这一差别的存在，使得组织结构必须服从战略设计，以便战略得以执行。因此，在设计学派看来，一个新的战略被制定出来之后，战略制定者就需要对组织结构的更新等问题进行必要的考虑，以确保战略的有效执行。"只有当我们了解自己的战略以后，才能确定出适合的组织结构。"

总之，尽管设计学派关于战略管理的相关思想在具体实践中存在着很大的局限性，而且通常被过分简化，但是该学派对战略管理思想的发展还是做出了许多不容忽视的重要贡献。设计学派发展了一些可以用于讨论高级战略的术语，这些术语蕴含着一个核心观点，即认为战略就是在外部机遇与自身能力之间保持基本平衡。这一观点，构成了后期说明性学派的基础。另外，设计学派关于"匹配"的思想也对战略管理的后期发展有所贡献。后期学者进一步发展了这一思想，认为"匹配"是转化为适应性的动态过程。由此可见，设计学派对那些将战略的主要活动看做是组织与环境契合的观点产生了持续性的影响。"不管设计学派的具体前提条件有多少是错误的，这些重要的贡献依然存在。"[①]

（二）学习学派

学习学派认为战略是个人或者是群体（更多时候）在开始研究某种情境以及研究组织如何应对情境的能力时自然形成的。该学派关注战略如何形成，而不是如何被规划出来。一般认为，学习学派发端于查尔斯·林德布罗斯（Charles Lindblom）发表的《"蒙混过关"的科学》一文。在该文中，林德布罗姆指出，政府公共政策的制定过程并不是个单纯、有序的过程，由于政策制定者们试图应付一个对于他们而言过于复杂的世界，因此使得政策制定过程显得复杂与混乱。林德布罗姆的观点逐渐发展为所谓的"断续渐进主义"的详尽理论。该理论认为，政策制定是一个典型的永无止境的持续进行过程。在这个过程中，对于任何问题都只能一点点地去修补与调整，而不能整个地一次性处理。"不断修补琐碎之处的渐进主义者可能看起来不像英雄人物，但他才是聪明睿智的解决者，他就像一个与世间万物搏斗的勇者，但是他很明智地知道这对他很难。"[②] 在林德布罗姆看来，政府政策的制定过程是一个"系列的""补救性质的""且零碎"的过程，在这一过程中，没有任何人会对最终的目标甚至不同决策之间的关系做出思考。尽管很多人参与到了政策制定的过程之中，但是他们很难接受任何一个核心权威的协调。由于没有明显的相互协调，人们会从不同的角度去分析与认识公共政策的各个方面，甚至同一个问题或同一个问题不同领域的各个方面，从而导致政策制定过程的混乱，呈现出了"断续性"。尽管林德布罗姆的断续渐进主义理论在描述政策形成方面还存在着一些不足，但他的研究的确为思考战略形成的新学派指出了一条道路。

[①] [加] 亨利·明茨伯格等：《战略历程》，魏江译，机械工业出版社，2020年版，第18页。

[②] [加] 亨利·明茨伯格等：《战略历程》，魏江译，机械工业出版社，2020年版，第146页。

随后，詹姆斯·布赖恩·奎因（Jame Brian Quinn）继续将林德布罗姆的研究推向深入，创立了被称为逻辑渐进主义的理论。奎因认同林德布罗姆关于战略过程的渐进性观点，但不接受林德布罗姆战略过程"断续"的认识。他坚持认为，战略过程中核心领导的存在是克服战略断续的关键，核心领导能够将各个战略过程连贯起来并引导组织形成一个最终战略。"真正的战略会使内部决策和外部事件融合起来，并在高层管理团队的核心成员中形成新的、广泛认同的行动思想。在运作良好的组织里，管理者会率先引导这些行动和事件的支流，使其逐渐汇合成清晰的战略。"[①] 因此，组织的高层管理者，在奎因的逻辑渐进主义理论中占据着重要的位置。在奎因看来，组织的高层管理者在管理过程中通过有选择地推动人们朝着被广泛接受的组织目标前进，将理解、信任和责任的种子播进创造战略的过程中，通过这样一个有高层管理者所主导的战略规划过程，组织成员建立起了开展战略的动力和对战略的心理认同，通过不断整合同时发生的战略并规划好战略实施的渐变过程，高层管理者缔造了组织战略并成功掌握了进行有效战略管理的核心技巧。正是奎因"逻辑渐进主义"理论的提出，标志着战略管理学习学派的正式兴起。

在奎因研究的基础上，由纳尔逊和温特（Nelson and Winter）提出的演化理论、战略投资风险理论和战略涌现等理论相继提出，共同构成了学习学派的理论基础。根据这些理论，可以将学习学派的主要观点总结如下：

第一，学习学派认为，组织环境具有复杂性和不可预测性的特征，通常还伴随着对战略必不可少的知识的扩散活动，组织环境的这一特征使得管理者有意识的控制通常不可行。在这种情况下，战略规划和战略实施变得难以明确区分。

第二，战略的制定必须以持续性的学习为基础。在学习过程中，尽管组织领导者是主要的学习者，必须加强学习，但学习学派更强调作为构成组织的全体成员的共同学习。因为，组织成员中往往有着对战略管理发挥重要作用的潜在战略家。

第三，组织领导者的作用不再是预先构思出深思熟虑的战略，而是管理战略学习的过程，这样才能推动新战略的产生。因此，组织领导者即战略管理者，就需要能巧妙地处理思考与行动、控制与学习、稳定与变革之间的微妙关系。

第四，学习学派坚信，任何一个有能力和资源去学习的行动者都可以成为某种意义上的战略家，构思和创造组织所需要的战略雏形。因此，组织的战略

---

① [加] 亨利·明茨伯格等：《战略历程》，魏江译，机械工业出版社，2020年版，第147页。

有可能在不同的地点由不同的人以各种不同的方式提出。只是这些不断涌现的战略雏形有的获得了组织管理者的青睐和倡导，得到在整个组织或高层管理者那里推广的机会，从而得到发展，而有的战略雏形则可能湮没在组织之中，未能获得重视。总之，组织中的战略雏形，只有被识别之后，才能成为正式的经过深思熟虑的战略。

第五，战略首先表现为从过去行为中得出的模式，只是在后来才可能成为未来的计划，最终又演变为指导总体行为的观念。

学习学派在普拉哈拉德和加里·哈默尔等人的不断努力下又有了新的理论进展，核心能力、战略意图、延伸和杠杆等概念与理论即是学习学派的最新理论成果，集中体现在《企业核心能力》（1990）、《战略的延伸与杠杆》《1993》以及《竞争大未来》（1994）等论文与专著之中。

（三）结构学派

作为自成一类的结构学派，可以被视之为对各学派的综合，着眼于对战略变革过程的描述与研究。结构学派视战略形成为一个变革的过程，认为"如果组织选择了一种存在状态，那么战略制定就是从一个状态向另一个状态跃迁的过程"[1]。因此，结构学派研究的重点在于对既定状态性战略相对稳定性的描述，同时对偶尔向新战略显著飞跃的过程与原因做出解释。结构学派在方法论上的特殊之处就在对其他社会科学研究普遍排斥的结构方法的运用，通过总括而非建立理论，开展对战略变革过程的描述与解释。

结构学派的研究可以追溯到20世纪60年代早期钱德勒所做的开拓性研究。在《战略与结构：工业企业的历史篇章》一书中，钱德勒按照历史学研究传统，开展了对杜邦、西尔斯、通用汽车和标准石油公司四家当时美国最知名的公司的研究，以了解这些公司是如何形成战略和结构的，从而提出了一种在四个时序上能明确进行阶段划分的战略和结构理论，并得出了"战略先行于结构"的著名观点。钱德勒认为，组织的战略周期由以下四个阶段构成：

第一阶段是最初的资源获取阶段。在这一阶段上，组织需要完成设备、人员和工作场所的准备，并购已经拥有这些资源的组织，建立起自己的营销与分销渠道，并获取对资源供应商的控制。

第二阶段是资源利用阶段。在这一阶段上，组织的管理者们开始高效合理地利用组织所拥有的资源开展组织活动，并为协调生产能力而在组织中建立起

---

[1] ［加］亨利·明茨伯格等：《战略历程》，魏江译，机械工业出版社，2020年版，第246页。

职能结构。

第三阶段是组织的变化期。这一阶段发生于组织最初的市场遭受到限制时。当这一问题发生时，组织将采取新的多样化形式进入新的市场或领域，从而迎来一个新的增长期。

第四阶段是组织结构的二次变革期。这一阶段上，组织的结构将发生第二次变革，构建起由杜邦公司所首创的多事业部结构。在这一结构中，每个经营领域都由特定单位进行管理，并向组织总部定期报告情况，以便于组织做出总体性的财务控制。

随后，20世纪70年代早期普拉迪普·康德瓦拉（Pradip Khandwalla）在麦吉尔大学管理学院所开展的研究进一步推动了结构学派理论的发展。他认为，组织效能与运用诸如分权或者特殊计划方法等特定举措无关，反倒是与多个措施之间的相互作用有关。也就是说，组织有效地运作是因为把各种形式不同的特性以互补的形式结合到一起，形成了某种结构的原因。康德瓦拉的研究，刺激了同侪对结构问题的研究兴趣。在他研究的基础上，麦吉尔大学启动了一项大型研究计划，用于对战略稳定期和变革期的研究。通过研究，形成了一个对战略稳定周期进行阶段划分的谱系，并认为完整的战略稳定周期由发展期（主要工作包括聘用人员、建立制度、巩固战略地位等）、稳定期（主要工作包括对战略、结构等的调适）、适应期（主要工作包括结构与战略定位的边际性变化）、奋斗期（主要工作包括在过渡期、动荡期或者实验性地对新方向的感觉与探索）和革命期（主要工作包括许多特征同时迅速地改变）构成。

米勒（Miller）对于战略管理结构学派思想的贡献在于提出了战略变革是"量子变化"的观点，这一观点构成了结构学派的中心观点。米勒认为，战略变革是一种量子运动，这意味着战略变革的过程是多种因素同时变化的过程，而不是先在战略层面、结构层面，接着再在体制层面的次第变迁过程，从而提出了和奎因渐进式变革路径不同的革命性战略变革路径理论。

根据以上对结构学派具有代表性观点的回顾，我们可以将战略管理结构学派的核心内容总结如下：

第一，结构学派认为，在大多数情况下，可以将组织描述为某种由自身特性所构成的稳定结构。组织在某一特定的时间段内，采用特殊的结构形式，与特殊类型的环境相匹配，形成特定的行为，从而构建一套特殊的战略。

第二，组织的战略稳定期，往往会被一些变革过程所打断，即战略转向另一种结构的量子变化。

第三，这些相继的组织结构和变革过程可能会随着时间的推移而自发地规律化，形成如组织的生命周期一般的模式化序列。

第四，战略管理的关键就是维持战略的稳定状态，或者说大多数时候是适应性的战略变化，但应周期性地加以确认。

三、战略管理思想的发展趋势

进入 21 世纪，科学技术的突飞猛进和世界政治形势的深刻变化，全球经济一体化的发展趋势呈现出了新的时代特征，推动着管理学的不断发展。在此背景下，"一干多枝"发展的战略管理思想，也在新世纪展现了新的发展趋势，具体如下。

第一，战略管理思想多领域适用性特征进一步强化。战略管理领域的边界日益模糊，日益激烈的竞争压力和变动不居的组织环境，冲击着传统组织结构的稳定，组织战略所关注的内容更趋多样化和复杂化，战略管理的内涵与实践领域不断拓展，战略管理的适用性不断强化，战略管理在从企业管理到公共管理的各个管理领域都得到运用。

第二，"柔性管理"思维日益受到战略管理思想的重视。"柔性管理"思维强调管理中非制度性、非强制性、非限制性手段与方法的使用，重视组织战略的灵活性和弹性。所谓的战略弹性是指组织的自身能力系统和知识系统及其他们的优化组合，在面对复杂多变的环境和不确定的未来时所展现出来的一种主动应变的能力。面对日趋激烈的竞争，战略管理将更加强调组织的知识结构、资源结构以及知识和资源等相关管理要素的组合，以确保战略的灵活性和弹性。

第三，战略管理思想更加强调知识、信息等无形资源在组织竞争中的重要性。新世纪的战略管理思想不再将重点放在强调战略目标与组织资源相"匹配"的传统战略管理路径上，转而提倡以资源互补、资源共享和强化科技力量为基础的弹性战略，以期通过各种途径来创造性地增加和整合资源，或者通过科技与知识相结合的方式来寻找替代性资源，以克服和弥补组织自身资源不足的问题。

第四，战略管理思想更加重视组织联盟的构建。新世纪，组织竞争的格局与方式发生了深刻的改变，组织之间单独的一对一的互相竞争已经被所谓的组织群之间的竞争所取代。因此，战略管理思想揭示了组织在新的竞争态势下需要加入或营造更有影响力，能为组织自身带来实际价值的组织生态系统，以此为自己在激烈的竞争中赢得一个有利的位置。

第二节 全面质量管理思想

泰勒科学管理理论在实践中的运用使得组织的职能分工成为现代管理的必备要素，产品生产与质量检查两道工序在组织中实现了分离，形成了专门的产品质量检测部分，用以进行产品质量控制。随着管理学的发展，数理统计方法逐渐被引入到组织质量监控过程中来，运用数理统计方法，可以将每一个环节的产品生产质量控制在一个合理的状态之下，确保有效率地生产出符合质量要求、满足客户需求的合格产品。在哈休特、道奇和罗米格等管理学家的努力下，逐渐形成了以事前控制为基本特征的统计质量控制理论，构建了全面质量管理思想的基础。20世纪50年代以来，随着社会生产力的极大提高，产品生产质量迅速增加，市场竞争的焦点从"数量竞争""价格竞争"转向了"质量竞争""特色竞争"。在此背景下，旨在通过确保组织产品质量，以为组织谋求竞争优势的全面质量管理思想开始萌发。全面质量管理思想，最早可以追溯到1961年费根鲍姆（A. V. Feigenbaum）的《全面质量管理》一文。在该文中，费根鲍姆首次对全面质量管理这一概念进行了界定。他认为，所谓全面质量管理就是"为了能够在最经济的水平上并考虑到充分满足顾客要求的条件下进行市场研究、设计、制造和售后服务，把企业内各部门的研制质量、维持质量和提高质量的活动构成为一体的一种有效关系。"[①] 但只有到了威廉·爱德华兹·戴明（W. Edwards. Deming）那里，全面质量管理才真正成为一种具有世界影响力的管理理论，对当代管理实践产生了深刻的影响。

一、全面质量管理思想的发展沿革

全面质量管理最初发轫于20世纪50年代的美国，在传入日本后得到了巨大发展，在为战后日本经济社会的复苏与腾飞做出了积极贡献的同时，也引起了世界其他国家的关注，由此成为一种具有世界影响力的管理学说，在世界上不同的国家传播与实践。20世纪80年代后期，全面质量管理理论得到了进一步深化和发展，到了90年代初，在新公共管理运动的持续推动下，全面质量管理开始突破原有领域，走向公共管理。我们可以将全面质量管理思想的发展划分为理论创立期（20世纪50年代—70年代末）、理论深化期（20世纪80年代）和理论拓展期（20世纪90年代之后）三个历史阶段，具体情况如下。

（一）全面质量管理理论的创立期

全面质量管理理论是以早期的统计质量控制论为基础创立的，其中威廉·爱德华兹·戴明、约瑟夫·M. 朱兰（Joseph M. Juran）以及费根鲍姆是质量管理从统计质量控制论向全面质量管理转变的关键性人物。作为公认的全面质量管理的创立者，戴明在汲取了朱兰和华特·施沃德（Walter Sheward）等统计方

---

① 姜杰：《管理思想史》，北京大学出版社，2014年版，第228页。

法应用专家思想的基础上，坚持认为质量和客户的满意应该建立于产品而不是那些在出事后来检查错误的质量监察的传统理念，从而逐步建立起了自己关于质量管理的观点。他的观点的基础是以客户为中心，提高产品质量和生产率，并减少在生产和运输中所造成的浪费，并以团队行动、集体合作及给予员工能够帮助他们很好地完成工作的各种条件和技能，来取代竞争、恐惧以及不良的管理[1]。随后，为帮助二战后的日本经济重建，戴明和朱兰受派前往日本。在日本，戴明和朱兰积极向日本推荐刚刚在美国发轫的全面质量管理思想，并积极推动这一管理新理论和新思想在日本管理实践中的使用，对日本经济的迅速恢复和发展做出了积极贡献。20世纪70年代之后，日本各界进一步认识到全面质量管理的重要性，将当时最为先进的计算机技术和统计科学引入到质量管理过程中，推动着全面质量管理的发展。在这一阶段的后期，在日本得到发展壮大的全面质量管理理论开始"反哺"其发源地美国，美国各企业在看到全面质量管理理论在日本实践获得巨大成功之后，也开始在管理中大规模推行全面质量管理。

（二）全面质量管理理论的深化期

随着全面质量管理实践的不断深化，实践对理论发展产生了反作用，推动着全面质量管理理论的深化发展。全面质量管理逐渐从前期的 TQC（Total Quality Control）演化为 TQM（Total Quality Management）。与 TQC 相比，TQM 的内涵更加丰富和深刻，是一种综合的、全面的质量管理方式与理念。1987年，国际标准化组织根据全面质量管理的思想和内容，进行了国际标准化指标的开发，形成了对世界产品质量管理而言具有里程碑意义并影响深远的 ISO 体系。

（三）全面质量管理理论的拓展期

20世纪70年代以来，西方资本主义国家在公共管理领域掀起了旨在缩减政府规模、压缩财政支出、提高管理效率，打造更具回应性和灵活性政府的新公共管理运动。随后，这股运动浪潮从北大西洋沿岸国家波及全球，形成了持续至今的政府改革运动。这场政府改革运动的主轴之一就是管理主义的复兴，即对私营部门中行之有效的管理方法的积极借鉴与吸收，以提高公共管理的效能。在此过程中，全面质量管理理论由于在私营部门领域的卓越表现而受到政府等公共部门管理者的青睐，在公共管理中得到广泛和大量的使用，使全面质

---

[1] ［英］马尔科姆·沃纳：《管理思想全书》，韦福祥译，人民邮电出版社，2009年版，第141页。

量管理理论实现了在使用领域的突破。随着新公共管理运动的不断深化和拓展，全面质量管理在公共管理改革中的作用日益凸显，如今同绩效管理、目标管理等管理思想一道，成为指导政府改革的支柱性理论之一，而且是最为重要的理论。

二、全面质量管理理论的特点[①]

全面质量管理代表了质量管理理论发展的最新阶段，是与产品质量检验和统计质量控制相比较而产生的概念。它以全体人员为主体，以数理统计方法为基本手段，运用新老七种工具，实行"PDCA"质量循环，把专业技术、经营管理和统计方法有机结合起来，建立了一套完整的质量管理体系，以保证用最经济的方法研究、生产、销售用户满意的产品，从而达到组织长期成功的一种管理途径。具体来说，全面质量管理主要有以下几个特征：

第一，全面质量管理是一种管理理念的转变，而不单是传统质量管理思想的扩充和发展。全面质量管理推翻了传统质量观所认为的"高质量必然导致高成本"的观念。通过以预防为主，实施事前控制和事中控制的方法，将不合格的产品和服务遏止于萌芽之中，从而也可以实现在低成本的情况下获得高质量。除此之外，全面质量管理的观念还包括：大部分质量问题在作业开始前就已产生，质量决定于起源，需将质量内化到生产的各个环节和各个阶段；零缺陷不仅是可能的而且应当成为企业追求的目标；作业人员应当对产品质量负责，同时因为作业人员具有专业技能，管理者和技术人员应主动满足作业人员的需求；运用团队合作的精神，由设计、生产、营销等人员组成任务小组。这些转变是对传统质量管理的一次革新，可以称作是质量管理历史上的"第二次革命"。

第二，以预防为主，力争从根源处控制和提高质量，是全面质量管理的一个重要特征。事后的检验面对的是已经既成事实的产品质量，无法预防废品的产生。统计质量控制也只是通过对生产过程的控制来保证产品的质量，虽然也强调以预防为主，但是并没有扩展到影响产品质量的各个环节。而全面质量管理理论认为，优良的产品质量是通过对市场调查、产品设计、生产制造和售后服务等环节的控制而实现的。全面质量管理理论要求把质量管理工作的重点，从"事后把关"转移到"事前预防"和"事中监控"上来，从关注生产结果转变为注重生产因素和生产的各个环节，实行"预防为主"的方针，力争做到"防患于未然"。将"事前""事中"和"事后"三个环节有机结合起来，在强

[①] 参见姜杰的《管理思想史》，北京大学出版社2014年版，第203-231页的相关内容。

调"事前预防"和"事中监控"的基础上，关注"事后把关"，防止不合格品出厂或流入下一道工序，并把发现的问题及时反馈，防止其再出现、再发生，以保证产品质量能持续不断改进。

第三，全面质量管理是全面、全过程和全员参加的质量管理。全面的质量管理是指管理的对象不仅包括产品质量（满足用户需求的属性，即使用价值），还包括工序质量（制造过程能保证产品符合设计标准的质量，受人员、机器、材料、方法、士气和环境的影响）、工作质量（经营管理工作、技术工作和组织工作）以及服务质量。全过程质量管理的价值理念是，产品或服务形成和发展的每一个环节都影响着产品最终的质量状况和质量标准，因此，全过程的质量管理是包括了从市场调研、产品的设计开发、生产（作业），到销售、服务等全部有关过程的质量管理。全员参加的质量管理即要求全部员工，无论高层领导者还是中层管理者，不管是普通办公职员还是一线工人，都要参与到质量保证和质量改进活动中来。总之，全面质量管理就是要发动组织中的所有人力，把产品的形成过程、销售过程，乃至使用过程的各个环节或全部因素控制起来，形成一个综合性的质量管理体系，做到以预防为主、防检结合、重在提高。

第四，全面质量管理是科学技术、经营管理和统计方法三者相结合的管理。全面质量管理理念的实现依赖于科学技术、经营管理理论和统计方法的结合与运用。全面质量管理是对传统的质量管理的彻底革新，是质量管理的更高境界。随着全面质量管理理念和思想的不断发展和普及，质量管理逐渐被提升到了经营管理的层次上来，"质量管理是企业经营的生命线"等思想也逐渐演变为企业和组织的一种经营管理理念。全面质量管理理论产生以来，科学技术和统计方法对生产的推动和产品质量的提高起了非常重要的作用。

第五，全面质量管理是一种运用多方法、多手段的管理。随着信息时代的到来和全球化浪潮的不断推进，影响产品质量和服务质量的因素也愈显复杂：既有物的因素，又有人的因素；既有技术的因素，又有管理的因素；既有企业内部的因素，又有企业外部的因素。要把这一系列的因素系统地控制起来，全面管好，就必须根据不同情况，区别不同的影响因素，广泛、灵活地运用多种多样的现代化管理办法来解决质量问题。

目前，全面质量管理中除了运用统计方法外，还广泛使用了各种其他的非统计方法。常用的质量管理方法有所谓的七种老工具：排列法、因果法、直方图法、控制法、相关法、分层法、调查法。还有七种新工具：亲和法、关联法、系统法、矩阵法、分割法、PDPC法、箭头法。此外，近年来质量功能展开（QFD）、故障模式和影响分析（FMEA）、业务流程再造（BPR）等一些新方法也得到了开发和广泛运用。

第三节　管理思想最新发展的总结

孔茨将二战后管理学的发展称为"丛林时期",以形容这一阶段管理学迅猛发展过程中学派纷呈的局面。但是在后"丛林时代"的世纪之交,管理学并没有实现学科的整合,反而学派纷呈的局面比之前的"丛林时代"有过之而无不及,且表现出了学派内子学派不断分化的新特征。为积极应对世纪之交激烈变动的国际政治经济局势和不断加剧的竞争态势,在科学技术这一把"双刃剑"突飞猛进发展的刺激与推动下,西方管理思想发展进入了一个以高度分化为特征的发展时期,以应用性、交叉性和工具性为特征的管理理论不断涌现,推动着管理实践的不断深化与发展。除了上面重点介绍的战略管理思想和全面质量管理思想之外,治理理论、学习型组织理论、文化管理理论等理论都是这一阶段对管理实践产生过重要影响的理论。

一、当代管理思想的总体特征

这一阶段管理学思想的发展体现出了以下特征:

第一,从产品的市场管理向价值管理转变。这一阶段的管理注重组织价值的管理,即强调要通过组织管理的每一个过程、每一个环节保证组织向市场和社会所提供的产品和服务能够获得升值,从而提高组织的管理效率。进入21世纪,组织面对着的是复杂多变的外部环境。随着环境的变化,组织能否在激烈的竞争中胜出,越来越取决于组织整体对环境响应的敏捷性和变化的适应能力,这就要求管理需要从关注局部转向关注整体。只有整体优化配置组织的全部资源,特别是人力、智力、物力和财力资源,让组织中内外不同的管理要素形成着眼组织目标实现的以协同为基础的结构,才能最大限度调动组织力量,发挥组织竞争优势,实现组织目标。因此,更加重视管理的整体优化是管理思想在当代发展的一大趋势。现代信息技术的集成化发展在另一方面为整体管理思想的实现提供了技术保证,核心能力理论、学习型组织理论,以及各种基于信息技术而产生的各种管理模式都印证了这一点。

第二,人本管理思想不断深入。这里所谓的人本管理是指以人为本的管理,即把人视为管理的主要对象及企业的最重要的资源,通过激励、调动和发挥员工的积极性和创造性,引导员工去实验预定的目标[①]。西方管理学的发展历程可以说是一个对人性的认识不断深化的过程,在此过程中,管理思想中先后形

---

① 郭咸纲:《西方管理思想史》,北京联合出版公司,2014年版,第359页。

成了经济人、社会人、复杂人等假设。"社会人"的相关理论及其发展,成为人本管理的立论基础。在这一阶段的管理思想发展中,人本管理的理念和思想进一步得到深化,在学习型组织理论和流程再造理论中有所体现。学习型组织充分体现了以人为本的管理思想。通过五项修炼,创造出有利于组织成员自我激励、自我管理和自我评价的组织环境,造就整体搭配、互相配合的团队精神,形成"输出资源而不贫,派出间谍而不叛"的群体整合功能,达到人性化和制度化之间的平衡,以及员工个人事业发展与组织发展之间的协调一致。这些思想都充分实践了人本管理的思想。哈默与钱皮的流程再造应理论也认为应当坚持"以员工为中心"的指导思想,把员工的期望与组织的目标统一起来,而不仅仅是裁员、缩编。流程再造之后,员工的工作目标、工作绩效衡量标准、工作目标、地位以及管理者的角色都将发生变化。

第三,注重通过不断创新以改善组织绩效。在全球化和信息化的时代,经营环境持续动荡,技术变革加速,组织生存与发展所面临的不确定性大大增加,使企业的生存越发困难。如何确保组织在变动的环境和激烈的竞争中能长期发展,就成为当代管理学关注的重点问题之一。为此,这一阶段的管理学更加重视创新在确保组织生存与发展,提高组织管理绩效方面的积极作用,强调组织企业只有不断地创新、不断地寻求绩效改善的途径、不断地超越自我,才能确保组织的生存与发展,这一观点与要求在全面质量管理,流程再造,六西格玛管理等管理思想中都有充分的体现。

二、当代管理思想的贡献

当代管理思想对于现实管理实践及其理论发展的贡献可以总结如下:

第一,当代管理思想以应用性和实效性为基本理论导向,加强了对组织生存与发展有着密切关系的政治、经济、社会和文化等外部因素的研究。与此同时,注重将统计学、信息技术等最新科学发展的成果引入到管理学研究中,进一步提升了管理学的理论描述、解释与预测的功能,管理理论对管理实践的影响与推动作用得到强化。

第二,如果说之前的西方管理思想是西方特定历史文化背景的产物的话,那么当代的管理思想则展现了较突出的文化互鉴的特色,东方文化中关于管理的一些思想观点也被当代管理思想吸收利用,在战略管理中对中国古代战略思想的吸收借鉴就是一例明证。从这一点可见,当代管理思想的开放性和兼容性。当代西方管理思想的这种兼容并收的理论特征,在一定程度上推动与促进了中西方管理思想的互鉴发展,在推动了西方管理思想进步发展的同时,也刺激着东方管理思想的复苏与建设。

第三，当代西方管理思想以实用性为导向，减少了之前关于管理理念等形而上问题的讨论，工具理性特征明显，因此为拓展管理学的适用领域创造了条件、提供了可能。正因为此，当代管理学不仅突破了传统的私营部门的适用领域，进入了公共管理与非营利组织管理的领域，而且在学理上也促进了各种新的诸如公共部门绩效管理、公共部门全面质量管理等新的交叉性理论与学科的出现，为繁荣管理学的"百花园"做出了贡献。

三、当代管理思想的不足

尽管当代管理思想在很多方面对于管理实践和管理理论的发展有着积极的贡献，但是，这一时期的管理思想也存在着一些明显的不足，具体包括：

第一，当代管理思想的实用性导向和工具理性取向，使得该时期的管理思想缺乏对基础性理论研究的了解及对各种学科新成果的积极吸收，这样反倒侵蚀了管理学自身的学理基础，管理学传统的研究范式显得无所适从，导致这一阶段的管理思想的理论性和学理性特征不明显。

第二，当代管理学思想学派纷呈，派内有派，因此管理学的术语、概念和观点呈现出多样化爆发态势，造成了管理学内部交流的困难，缺乏凝聚学术共同体的学术共识与焦点问题，使得这一阶段的管理学呈现出了某种程度的"碎片化"，不利于管理学整体性的发展与进步。

第三，当代管理学思想在大发展的同时，管理学的人才培养即管理教育没有得到同步的发展，人才培养的观点、方法、技术等仍停留在之前一个阶段的水平，这一点在后发展国家中尤为凸显。管理教育的相对滞后，影响了管理思想的传播的同时，也抑制了具有创新能力的管理实践者和管理学者的培养，不利于管理学的未来发展。

主要参考书目

1. ［法］亨利·法约尔. 工业管理与一般管理［M］. 迟力耕, 张璇译. 北京: 机械工业出版社, 2007.
2. ［加］亨利·明茨伯格. 管理工作的本质［M］. 方海萍等译, 杭州: 浙江人民出版社, 2017.
3. ［英］大卫·马什格里·斯托克. 政治科学的理论与方法（第2版）［M］. 景跃进等译, 北京: 中国人民大学出版社, 2006.
4. ［英］埃里克·霍布斯鲍姆. 工业与帝国——英国现代化历程［M］. 梅俊杰译, 北京: 中央编译出版社, 2016.
5. ［美］R. R. 布莱克、J. S. 莫顿. 新管理方格［M］. 孔令济、徐吉贵译, 北京: 中国社会科学出版社, 1986.
6. ［英］斯图尔特·克雷纳. 管理百年［M］. 闾佳译, 北京: 中国人民大学出版社, 2017.
7. ［英］斯图尔特·克雷纳. 管理简史［M］. 覃果等译, 海口: 海南出版社, 2017.
8. ［英］林德尔·厄威克. 管理备要［M］. 孙耀君等译, 北京: 中国社会科学出版社, 1994.
9. ［英］戴维·毕瑟姆. 官僚制（第2版）［M］. 韩志明, 张毅译, 长春: 吉林人民出版社, 2005.
10. ［美］理查德·L. 哈格斯等. 领导学——在实践中提升领导力（第九版）［M］. 朱舟译, 北京: 机械工业出版社, 2017.
11. ［英］马尔科姆·沃纳. 管理思想全书［M］. 韦福祥译, 北京: 人民邮电出版社, 2009.
12. ［美］丹尼尔·A. 雷恩. 管理思想史（第5版）［M］. 孙健敏、黄小勇、李原译, 北京: 中国人民大学出版社, 2009.
13. ［美］弗朗西斯·福山. 政治秩序的起源——从前人类时代到法国大革命［M］. 毛俊杰译, 桂林: 广西师范大学出版社, 2012.
14. ［美］曼瑟尔·奥尔森. 集体行动的逻辑［M］. 陈郁, 郭宇峰, 李崇新译，上海：格致出版社，1995.

15. ［美］赫伯特·西蒙. 管理决策新科学［M］. 李注流等译，北京：中国社会科学出版社，1982.

16. ［美］赫伯特·西蒙. 管理行为——管理组织决策过程的研究［M］. 詹正茂译，北京：机械工业出版社，2009.

17. ［美］弗雷德里克·温斯洛·泰勒. 科学管理原理［M］. 朱碧云译，北京：北京大学出版社，2013.

18. ［美］斯蒂芬·P. 罗宾斯. 管理学（第七版）［M］. 孙健敏、黄小勇、李原译，北京：中国人民大学出版社，2004.

19. ［美］加雷思·琼斯，珍妮弗·乔治. 管理学基础［M］. 黄煜平译，北京：人民邮电出版社，2004.

20. ［美］哈罗德·孔茨，海因茨·韦里克. 管理学（第九版）［M］. 郝国华等译，北京：经济科学出版社，1993.

21. ［美］W. 理查德·斯科特等. 组织理论——理性、自然与开放系统的视角［M］. 高俊山译，北京：中国人民大学出版社，2011.

22. ［美］彼得·德鲁克. 管理的实践［M］. 齐若兰译，北京：机械工业出版社，2008.

23. ［美］彼得·德鲁克. 管理使命、责任、实务（实务篇）［M］. 王永贵译，北京：机械工业出版社，2017.

24. ［美］彼得·德鲁克. 卓有成效的组织管理［M］.［日］上田生编，齐思贤译，北京：东方出版社，2012.

25. ［美］格罗弗·斯塔林. 公共部门管理（第8版）［M］. 常健等译，北京：中国人民大学出版社，2012.

26. ［美］安吉罗·克尼基，布莱恩·威廉姆斯. 管理学基础［M］. 梁巧转等译，北京：中国财政经济出版社，2004.

27. ［美］戴维·林德伯格. 西方科学的起源［M］. 张卜天译，北京：商务印书馆，2019.

28. ［美］勒芬·斯塔夫罗斯·斯塔夫里阿诺斯. 全球通史（下卷）［M］. 吴象婴等译，上海：上海社会科学院出版社，1999.

29. ［美］乔治·梅奥. 工业文明的社会问题［M］. 时勘译，北京：机械工业出版社，2016.

30. ［美］亚伯拉罕·马斯洛. 动机与人格（第3版）［M］. 许金声等译，北京：中国人民大学出版社，2012.

31. ［美］亚伯拉罕·马斯洛等. 马斯洛论管理［M］. 邵冲，苏曼译，北京：机械工业出版社，2017.

32. ［美］道格拉斯·麦格雷戈. 企业的人性面［M］. 李宙，张雅倩译，北京：北方妇女儿童出版社，2017.

33. ［美］切斯特·I. 巴纳德. 经理人员的职能［M］. 王永贵译，北京：机械工业出版社，2016.

34. ［美］约瑟夫·熊彼特. 经济发展理论［M］. 何畏，易家祥等译，北京：商务印书馆，1990.

35. ［美］埃德加·沙因. 组织文化与领导力（第4版）［M］. 章凯等译，北京：中国人民大学出版社，2014.

36. ［西汉］司马迁. 史记［M］. 北京：中华书局，1982.

37. ［东汉］班固. 汉书［M］. 北京：中华书局，1962.

38. ［清］段玉裁. 说文解字注［M］. 许惟贤整理，南京：凤凰出版社，2015.

39. ［清］王先谦. 荀子集解［M］. 沈啸寰，王星贤整理，北京：中华书局，2012.

40. ［清］梁启超. 先秦政治思想史［M］. 长沙：岳麓书社，2010.

41. ［清］张之洞. 劝学篇［M］. 冯天瑜等译注，北京：中华书局，2016.

42. ［清］容闳. 西学东渐记［M］. 北京：生活·读书·新知三联书店，2011.

43. 彭森等. 中国经济体制改革重大事件［M］. 北京：中国人民大学出版社，2008.

44. 吴敬琏. 当代中国经济改革教程［M］. 上海：上海远东出版社，2010.

45. 张后铨. 招商局史：近代部分［M］. 北京：中国社会科学出版社，2007.

46. 钱穆. 国史新论［M］. 北京：生活·读书·新知三联书店，2001.

47. 刘文瑞. 管理学在中国［M］. 北京：中国书籍出版社，2018.

48. 张旭昆. 西方经济思想史十八讲［M］. 上海：上海人民出版社，2007.

49. 朱基. 管理现代化［M］. 北京：企业管理出版社，1985.

50. 张帆. 行政史话［M］. 北京：商务印书馆，2007.

51. 蔡敦浩. 管理学［M］. 台中：沧海书局，2006.

52. 陈佳贵. 新中国管理学60年［M］. 北京：中国财政经济出版社，2009.

53. 周三多，陈传明，贾良定. 管理学——原理与方法（第6版）［M］. 上海：复旦大学出版社，2015.

54. 芮明杰. 管理学教程［M］. 北京：首都经济贸易大学出版社，2004.
55. 张润书. 行政学［M］. 台北：三民书局，2014.
56. 罗珉. 管理学范式理论的发展［M］. 成都：西南财经大学出版社，2005.
57. 风笑天. 社会研究方法（第5版）［M］. 北京：中国人民大学出版社，2018.
58. 郭咸纲. 西方管理思想史［M］. 北京：北京联合出版公司，2014.
59. 韩水法. 韦伯［M］. 台北：东大图书公司，1998.
60. 彭新武. 西方管理思想史［M］. 北京：机械工业出版社，2018.
61. 汪新建. 西方心理学史［M］. 天津：南开大学出版社，2011.
62. 孟庆顺等. 管理学［M］. 北京：中国广播电视出版社，2014.
63. 谭跃进. 定量分析方法（第3版）［M］. 北京：中国人民大学出版社，2012.
64. 陈嘉莉. 管理学原理与实务［M］. 北京：北京大学出版社，2016.
65. 李秀林等. 辩证唯物主义和历史唯物主义原理（第3版）［M］. 北京：中国人民大学出版社，1990.
66. 王海明. 伦理学原理［M］. 北京：北京大学出版社，2001.
67. 张贯一等. 组织行为学［M］. 北京：科学出版社，2007.
68. 靳涛. 诺贝尔殿堂里的管理学大师：赫尔伯特·西蒙［M］. 石家庄：河北大学出版社，2005.
69. 孙耀君. 西方管理学名著提要［M］. 南昌：江西人民出版社，2005.
70. 方振邦等. 管理思想百年脉络（第3版）［M］. 北京：中国人民大学出版社，2003.
71. 罗哲. 管理学（第2版）［M］. 北京：电子工业出版社，2010.
72. 苏东水. 中国管理学术思想史［M］. 北京：经济管理出版社，2014.
73. 许康. 中国管理科学历程［M］. 石家庄：河北科学技术出版社，2000.
74. 黄群慧. 新中国管理学研究70年［M］. 北京：中国社会科学出版社，2020.
75. 吴照云，张兵红. 中国管理科学体系的未来建构［J］. 经济管理，2018（9）.
76. 蔺亚琼. 管理学门类的诞生：知识划界与学科体系［J］. 北京大学教育评论，2011（2）.
77. 罗纪宁. 创建中国特色管理学的基本问题之管见［J］. 管理学报，2005（1）.

附录　中国管理思想发展的回顾与展望

中国是一个有着5000多年不间断文明史的国家。与源远流长的文明相伴，管理思想在中华文明的早期就已萌芽成长，并在随后的时间里不断演进、拓展、升华，呈现出了思想沿革周期长、思想内容覆盖广、思想内涵价值高和思想实用性强的特点。其中，诸如行政管理、军事管理、农业管理等专门领域的管理思想甚至长期领先于世界其他文明区域的同类思想，成为中华文明最具标识性的组成部分和典范示例，为推动中华民族进步和世界文明的发展做出了积极贡献。

近代以来，特别是由洋务运动所开启的有目的的制度性现代化运动的实施，为中国社会化大生产及工商业的发展与西方科学文化的系统性"东来"创造了条件。在新的历史因素的综合作用下，中国管理思想开启了一个从"思想"向"科学"蜕变发展，构建体现管理科学底色，反映中华文化特色，满足现实管理需要的中国管理学的历史进程。中国管理思想在这近两百年的"科学化转换"进程中，与不同历史时期的时代特征相适应，形成了不同的成果，在有力推动中国式现代化发展的同时，也为世界管理学的发展贡献了中国智慧。

第一节　中国古代管理思想的脉络

中国是一个有着漫长且传承有序的文明史的国家，管理思想在中华文明中占据着重要的地位。梁启超在总结我国文明特点时指出："中国学术，以研究人类现世生活之理法为中心，古今思想家皆集中精力于此方面之各种问题……盖无论何时代何宗派之著述，未尝不归结于此点。"[①] 因此，管理思想作为一种与人的活动及人群的团结合作有着密切关系的思想类型，在中国就相对早熟和异常发达。由于中国古代管理具有演进时间长、内容覆盖面广等特征，受制于本书篇幅和主题的限制，我们无法对长达数千年的管理思想演进情况和具体内容进行详述，只能勾勒出三条理解与认识中国古代管理思想史的脉络，以提示有兴趣于此问题的先进后学深研。

---

① 梁启超：《先秦政治思想史》，岳麓书社，2010年版，第3页。

一、古代管理思想的历史发展

中国管理思想的萌芽可以从夏朝算起。"管理学术起源是古代文明起源的重要组成部分,是人类社会发展到一定历史阶段的产物,是随着人们日常交往渐趋频繁,尤其是社会关系的日益复杂化而出现的……最晚到公元前 3000 年左右……开始建立国家机器,管理学术体系也就应运而生。"① 在前后近五千年的时间内,中国至少经历了从封建制度向郡县制度变革的"周秦之变"和从专制制度变革为共和制度的两次根本性制度变迁,并在不同的制度背景下经历了夏、商、周、秦、汉、魏晋南北朝、隋、唐、五代十国、宋辽夏金、元、明、清等不同历史时期。每一个历史时期具有不同的历史基础与条件,面临的主要突出矛盾和时代主题也各不相同,因而形成了与之相对应的研究取向与学术气质,这使得学术研究与沿革具有了明显的阶段性特征。韦政通②认为,中国的学术思想史可以划分为先秦的诸子时代、两汉与魏晋时期的儒学制度化与玄学时代、隋唐的佛学时代、两宋的儒学复兴时代和明清新思想的发展时代等不同阶段,每个阶段都具有特色鲜明的学术思想成就。例如,先秦时代,聚焦如何实现"定于一"的大一统目标,百家竞流,诸子交锋,在空前自由繁荣的学术氛围之下,为中华文化奠定了"轴心时代"的文化基础,影响深远,延宕及今。又例如明清之际,由于东西方交流的频繁化,西方先进的科学文化不断东来,形成了"西学东渐"的又一个新高潮,在激发与促进中国传统文化中科学因素萌生与发展的同时,面临着专制政治越来越严的压迫。双方之间的张力,将中国学术思想导入了以考据、训诂、校勘等为主要研究策略的路径之中,使得学术与思想越来越与社会实际生活相脱节,逐渐失去了活力,趋向僵化。除此之外,魏晋时代的玄学虚无,两宋及明朝的理学、心学都成为一个时代学术与思想的大潮流,吸引着包括管理思想在内的其他学术与思想的不同分支向它汇流。因此,理解与把握我国古代管理思想的发展,首先需要在总体把握我国学术思想发展整体趋势的基础上,结合思想发展不同阶段上的具体特征,紧扣不同阶段上不同主体面临的实际管理问题,根据具体管理实践经验,对我国管理思想的发展进程进行"断代"总结与研究,这样可以更好地把握我国管理思想发展与变化的历史性、阶段性和特殊性。

二、古代管理思想的学派

中国传统思想是分为学派的,每一个学派都有着属于自己学派的学术信念、

---

① 苏东水:《中国管理学术思想史》,经济管理出版社,2014 年版,第 3—4 页。
② 韦政通:《中国思想史》,上海书店出版社,2004 年版。

研究主题、学术传统和精神气质。学派分立，相互竞流，使中国古代学术思想呈现出了多元一系的特征。战国早期，学术思想分为儒、墨两家，《韩非子·显学篇》就以儒家和墨家为显学。司马迁之父司马谈，"愍学者之不达其意而师悖，乃论六家之要旨"，撰《六家与旨》，分先秦学术为儒、墨、道、法、名、阴阳六家。刘向、刘歆父子将全部古代学术分为"七略"。所谓"略"，就是"类"的意思。其第一类称为"六艺略"，第二类称为"诸子略"。班固在《汉书·艺文志》中，将"诸子略"具体分为儒、墨、道、法、名、阴阳、纵横、农、杂、小说等不同学派，称之为"九流十家"。在漫长的历史时间里，随着时代条件的改变，"九流十家"中，有的学派因无法适应新的历史环境而被时代淘汰，退出了历史舞台；有的学派或主动或被动融入其他学派，在为其他学派注入新的养分的同时，自己却消亡于时代车轮之下。经过时间的淘洗，儒、道、法三家成为最具生命力与影响力的学派，共同构筑了中国思想文化的底色，对包括管理在内的社会生活的方方面面产生了重要的影响，成为管理思想等一切思想产生与发展的"元思想""元理论"，深刻影响着中国的历史进程与思想文化发展方向。儒、道、法三家的思想主张有着显著的差别。尽管各家内部也存在相同的学术观点，但三家学术分野的边界是相对清晰可辨的。以伦理为本位的儒学学派、以"道法自然"为宗旨的道家学派和以"法术势"为根本追求的法家学派所给予管理实践的指导、启示与智慧是不同的，形成了不同的管理思想"范式"。因此，理解与把握中国古代管理思想的发展，需要深刻全面理解不同学派的思想"范式"，结合管理实际与规律的要求，把握不同学派的"管理"思想要素，以此分门别类地形成儒、道、法思想视域下的管理思想，从而更好地把握中国古代管理思想发展与变化的学术性和思想性。

三、古代管理思想的行业领域

社会是由不同行业和领域所组成的有机体。一般而言，随着社会的进步与发展，社会将呈现出行业分化越来越细、行业的专业化和组织化水平越来越高的趋势。成书于战国时期的《管子》一书，就认为中国社会存在着士、农、工、商四个行业分类或阶层。钱穆先生根据《管子》的这一分类认为："余故谓中国社会自春秋战国以下，当称为'四民社会'。而自战国以下，又递有演进，仍可加续分别，以见与西方社会之进程有不同。"[①] 在中国古代不同职业的发展过程中，形成了一些具有指导管理实践价值的思想，为我们提供了一条经由农业、军事、政治、经济、教育等不同职业（行业）领域的管理思想来认识

---

① 钱穆：《国史新论》，生活·读书·新知三联书店，2001年版，第44页。

与理解中国古代管理思想发展的脉络。首先，在中国古代不同行业领域的管理思想中，关于行政管理或政府管理的思想可谓异常发达，论述精深，构成了我国古代管理思想的主体部分。古代传统典籍大多蕴含着深邃的行政管理思想，乃至于有赵普"半部《论语》治天下"的典故，而《贞观政要》《商君书》等专门记录和论述为君为臣、治国理政之道的书籍，更是成为记载我国古代行政管理思想的经典之作。其次，中国古代的军事管理思想也在世界管理思想史上占有重要的地位。在英国管理思想史家马尔科姆·沃纳（Malcolm Warner）主编的包括古今中外130多位管理大师学术精髓的《管理思想全书》（*The IEBN Hand book of Management*）一书中，春秋时期的孙武是唯一入选的中国管理思想家。该书给予孙武的军事管理思想以极高的评价，"《孙子兵法》是世界上现存的、最古老的系统论述军事的著作，比克劳塞维茨（Carlvon Clausewitz）的《战争论》（On War）早了22个世纪，它的某些思想被20世纪伟大的军事战略家哈特（B. H. Liddlell Hart）上校认为是永恒的真理。该书中所阐述的许多原理被大量地应用于非军事领域，特别是外交、人际关系和企业战略方面"。[1] 再次，中国古代的经济管理思想对于现代管理理论与实践也有较为重要的参考价值。司马迁在《史记·货殖列传》中提出的经济管理思想可谓独树一帜。他说："夫神农以前，吾不知已。至若《诗》《书》所述，虞夏以来，耳目欲极声色之好，口欲穷刍豢之味。身安逸乐，而心夸矜势能之荣。使俗之渐民久矣，虽户说以眇论，终不能化。故善者因之，其次利道之，其次教诲之，其次整齐之，最下者与之争。"[2] 司马迁认为，最好的经济管理方式是自由放任的自由经济方式，而最差的经济管理方式就是与民争利。成书于汉朝昭帝时期的《盐铁论》详细记载了当时汉朝最高决策层制定经济政策的讨论过程和主要观点，为后世留下了中国古代关于政府在经济发展过程中的角色与功能的重要经济管理思想。最后，作为以农立国的文明国家，中国古代的农业管理思想也甚为发达，春秋时期就有以许行为代表的农家思想，所谓"农家者流，盖出于农稷之官。播百谷，劝耕桑，以足衣食，故八政一曰食、二曰货。孔子曰'所重民食'，此其所长也"[3]。尽管农家作为一个思想流派在后来的发展中逐渐泯灭于历史的长河中，但农家的农业管理思想在历史的发展中得到了传承，在北齐贾思勰的《齐民要术》、元朝王祯的《农书》、明朝徐光启的《农政全书》等典籍中，都记载了大量农业管理思想，至今对我们仍有着重要的启示与借鉴价值。

---

[1] [英]马尔科姆·沃纳：《管理思想全书》，韦福祥译，人民邮电出版社，2009年版，第621页。

[2] 司马迁：《史记》，中华书局，1982年版，第32－53页。

[3] 班固：《汉书》，中华书局，1962年版，第17－43页。

综上，上述三条线索为我们认识与理解我国古代博大精深、广泛浩荡的管理思想提供了不同的认知视角，有助于我们顺藤摸瓜，从不同的维度厘清管理思想发展的脉络。但与此同时，我们还可以将三条线索结合起来，通过对三条线索交汇点上有关管理思想的认识，更加深刻地把握和理解中国古代的管理思想。

第二节 近代中国管理学的发展

1840 年的鸦片战争是中国近代史的开端。由于在鸦片战争中的失败，中国社会的性质发生了改变，从一个独立自主的王朝国家开始逐渐沦为半殖民地半封建社会。在西方资本主义国家坚船利炮的步步紧逼之下，清朝统治阶级中的开明派为了"师夷长技以制夷"，以"自强"和"求富"口号相号召，开始了被动学习西方先进科学文化、创办近代军事民用工业、发展民族商贸业的探索实践，中国社会漫长而艰辛的现代化转型之路正是从此迈出了第一步。"洋务运动"是我国进行现代性构建，建设近代工商业的历史起点，也是我国管理思想向管理理论"科学化转换"的历史起点。"洋务运动"通过引进西方先进的科学技术，建立近代工业企业，培养通"洋务"的人才，为中国管理学的诞生与发展提供了知识、实践和人才上的准备。"正是在近代企业建立的条件下，通过管理人员的广泛实践，管理才逐渐作为一门科学受到人们的关注和研究，其经验和案例得到整理，其理论和模式日益形成。所谓中国的管理科学化，从这个时期起就伴随着企业这种新兴事物逐步展开。"[1]"洋务运动"期间及后续一段时间内，中国"放眼看世界"的第一批学者、官僚和实业家们开始了对中国管理问题的思考与探索，为随后我国管理学的产生与发展做出了重要的早期贡献。1916 年泰勒的科学管理理论由穆湘瑶介绍传入中国，时值"新文化运动"发轫之际，在随后向"德先生""赛先生"学习热潮的推动下，泰勒的"科学管理理论"在中国迅速传播，并在中国民族工商业管理实践中得到应用。在西方科学管理理论和中国管理实践不断融合互动的过程中，中国管理学就此诞生并得到发展。有鉴于此历史实事，我们可以 1916 年泰勒科学管理理论传入中国为时间界限，将 1840 年以来中国的管理思想（管理学）的发展历程划分为近代中国管理思想的发展阶段（1840—1915）和近代中国科学化管理理论的发展阶段（1916—1949）两个阶段。两个阶段具体情况可以概括如下。

---

[1] 许康：《中国管理科学历程》，河北科学技术出版社，2000 年版，第 53 页。

一、近代中国管理思想的发展（1840—1915 年）

一方面，1840 年的鸦片战争迫使中国社会传统的生产生活方式发生改变，是近代中国和中华民族接踵而来的苦难的开端。但另一方面，鸦片战争也在中国封闭、愚昧、颟顸的专制统治"铁桶"上打开了一个"口子"，为先进的中国人睁眼看世界，学习先进的科学文化知识提供了历史契机。西方工业革命和资本主义革命的文明成果像一块被投入水潭的"巨石"，在传统中国这一潭死水中掀起波澜，开启了中国"外源式"的现代化之路。马克思就此评论道："满族王朝的声威一遇英国的枪炮就扫地以尽，天朝帝国万世长存的迷信破了产，野蛮的、闭关自守的、与世界文明隔绝的状态被打破，开始同外界发生联系，这种联系从那时起就在加利福尼亚和澳大利亚黄金的吸引下迅速地发展起来。"[①] 在西方现代文明的影响下，古老的中国开始了翻天覆地的变化。近代中国在西方现代文明的胁迫下走向现代的历史过程，正是马克思"殖民主义双重使命论"的最好诠释。

在和西方先进文明的接触过程中，以魏源为代表的第一批开明士大夫抛弃了与现实不符的"西学中源"观点，逐渐认识到西方文明的优势与长处，开始对西方先进科学文化知识和工业成果的相关资料进行有意识的收集、整理，并急切地向国人推介和宣传。魏源的《海国图志》是这一时期介绍世界地理知识、自然科学、工业技术和生产设备等各方面知识和信息最为全面、完整和权威的书籍，代表着那个时期中国人认识与了解世界的最高水平。魏源在认识新世界，向国人介绍新文明的过程中，对中国在强势的西方文明面前何以自处和如何向西方学习的问题上进行了深入思考，提出了著名的"师夷长技以制夷"的原则。在对"长技"的解释中，魏源认为，所谓"长技"包括"战舰""火器"之类的硬技术和"养兵练兵之法"等软技术。"这两类技术工作对统治者或领导机构而言都归结为管理即组织、指挥问题。"[②] 为此，魏源在《海国图志》中提出了许多极具远见的意见。例如，在引进西方技术设备方面，他主张按照"先军事后民用的"顺序进行购买、移植和仿造，优先急办独立自主的近代军事工业，"则人习其技巧，一二载后不必仰赖外夷"；接着以军事工业为基础，发展民用工业，产生商船、机器等民用物资，"凡有益民用者，皆可于此造之"；最后独立自主发展民族工业，"沿海商民有自愿仿设厂局以造船械，或自用，或出售者听之"。魏源超越于同时代学者的地方就在于，他首先认识到为了

---

① 《马克思论恩格斯论中国》，人民出版社，2018 年版，第 6 页。
② 许康：《中国管理科学历程》，河北科学技术出版社，2000 年版，第 38 页。

反抗西方，求以自存，就必须向西方学习。正如后学王韬所评论的："当默深先生时，与洋人交际未深，未能洞见其肺腑，然师长一说，实倡先风。"尽管这些意见中的很大一部分由于受当时政治、经济和社会条件的制约无法得到施行，但它们终究反映了那个时代先进国人面对新世界新文化的理性思考与认识，值得后来者尊重。

面对鸦片战争带来的"此三千余年一大变局也"（李鸿章语）的历史新局面，在切身领教到西方"坚船利炮"的威力之后，清朝统治集团和士大夫阶层中的开明派对西方科技的认识与态度开始逐渐转变。在太平天国运动席卷大半个中国之际，西方的军事武器和管理技术参与到了清王朝对太平天国运动的镇压之中，为挽清朝统治的危楼于既倒做出了贡献，从而加速了开明派对西方新文明新科学新技术认知转变的速度。1861年，清朝最高统治集团中的开明派在辛酉政变中掌握权力，开始渐次推动以富国强兵，抵抗外力为目的，以学习西方军事制造为主要内容的洋务运动。"中国欲自强，则莫如学习外国利器；欲学外国利器，则莫如觅制器之器，师其法而不必用其人。"[①] 为了制造"外国利器"，一批具有近代工厂特征的军工厂开始在以曾国藩（1811—1872）、李鸿章（1823—1901）、左宗棠（1812—1885）、张之洞（1837—1909）、沈葆桢（1820—1879）为代表的地方洋务派的主导下得以兴建，安庆军械所（1861年）、江南制造局（1865年）、金陵机器局（1865年）、福州船政局（1866年）、天津机器局（1867年）是其中的代表。随后，为了"寓强于富"，洋务派以"官督商办"的形式开办了诸如轮船招商局（1872年）、开平矿务局（1877年）、上海机器织布局（1882年）等民用企业。正是在对这些军事和民用企业的经营管理开展讨论的过程中，中国最早以工厂为对象的管理思想，在"中体西用"总纲的指导下得以产生。针对这些早期工厂（企业）的管理思想散见于以冯桂芬（1809—1874）、王韬（1828—1897）、容闳（1828—1912）、薛福成（1838—1894）、马建忠（1845—1900）和盛宣怀（1844—1916）等为代表的地方洋务派幕僚、智囊的有关论述中。

冯桂芬是提出"全面采西学"，推动中国内政、外交、军事和文化全面改革思想的第一人。"法苟不善，虽古先吾斥之；法苟善，虽蛮貊吾师之"，强调对"善"的内容的学习而不论这一"善"来源于何处。在冯桂芬看来，中国"人无弃材不如夷，地无遗利不如夷，君民不隔不如夷，名实必符不如夷"[②]，在"算学、重学、视学、光学、化学"等方面也"多为中人所不及"，因此在

---

① 顾廷龙、戴逸：《李鸿章全集·信函》（一），安徽教育出版社，2008年版，第313页。
② 张勇、蔡乐苏：《中国思想史参考资料集：晚清至民国卷》（第1卷），清华大学出版社，2005年版，第16页。

这些方面需要向西方学习。当然，这种学习是有条件的，需要以"中国之伦常名教为本原，辅以诸国富强之术"①为原则，这就是后来"中体西用"说的理论源头。冯桂芬的思想特点在于，"他承上启下，是改良思想的直接的先行者，是三四十年代到七八十年代思想历史中的一座重要桥梁"②。冯桂芬的这一思想后经张之洞的系统化改造，提出"旧学为体，西学为用，不使偏废"③，强调对西方先进科学文化知识和技艺的吸收学习，需要在维护中国君主专制制度的根本前提下进行，通过对西方先进科学文化知识和技艺的学习利用，以"补"传统旧制度之"阙"，"起"清朝统治之"疾"。自此，"中体西用"说成为洋务运动实质上的指导思想。这一时期关于企业经营管理的各种思想基本上都是以"中体西用"说为主线形成的，讨论的重点大致集中在企业的经营管理体制和具体组织管理方式两个方面。

首先，在经营管理体制的讨论中，对"官督商办"——以民间出资经营，政府总其大纲——问题的讨论居于核心地位。这一时期最一流的思想家和实业家们都在不同程度上参与到了对这一问题的讨论中来。王韬"对于西方资本主义的了解和介绍在当年中国几乎无出其右者。"④ 在企业组织形式方面，王韬主张发展私营企业，"民间自立公司"，推行雇佣劳动制。"其利皆公之于民，要令富民出其资，贫民弹其力，利益普沾。"在政府和私营企业的关系上，王韬仍主张"官督商办"："愚见以为官办不如商办。官办费用浩繁，工役众伙顾避忌讳之虑甚多，势不能尽展其所长，商办则以殷实干练之人估价承充……最要者莫如官商相为表里，其名虽归商办，其实则官为之维持保持。"

马建忠认为："治国以富强为本，而求强以致富为先。"⑤ 兴建铁路在马建忠看来，就是"所以立富强之基者"。他根据自己在欧洲考察时所获得的第一手资料，对西方国家铁路"官督商办"的历史与做法进行了比较分析，认为"铁道之兴，动费巨千万，则筹款宜亟也。其款或纠集于商，或取给于官，或官与商相维合办"⑥。在此过程中，"商"与"官"之间形成了不同的合作模式。英、美两国，"其纠集于商者，有官不过问，任其自集股，自设局者矣。其弊也，同行争市减价，得不偿失，终于倒闭"。俄、德两国，"故有以官督察，使不得制无用之铁道者，兼有铁道便于行军而不便于贸易者，于是官自办之"。在

---

① 冯桂芬、马建忠：《采西学议》，辽宁人民出版社，1994年版，第5页。
② 李泽厚：《中国近代思想史论》，生活·读书·新知三联书店，2008年版，第40页。
③ 张之洞：《劝学篇》，冯天瑜等译注，中华书局，2016年版，第195页。
④ 许康：《中国管理科学历程》，河北科学技术出版社，2000年版，第79页。
⑤ 马建忠：《适可斋记言》，中华书局，1960年版，第1页。
⑥ 马建忠：《适可斋记言》，中华书局，1960年版，第11页。

此基础上，德国还实行"官先创造而交商经理，或商先创造而官为经理"的"官商合作"模式。最后，由于"利入甚微，制造经理之费难于取偿"，因此，法国实行"官商合办"。这种官商合办的方式又有几种不同的实现形式："有官租地与商而取其值，权其利息之厚薄以定租地之久暂，限满归官者；有商自造自理而官微津贴者；与商股难集而官代为偿其息以鼓舞之者；有需股甚厚难以纠集，而告贷于人难以取信，于是官为具保者。"[①] 这种对西方经验的直接介绍，有助于国人认识西方管理的实际情况，对于向西方学习，探索建立适合中国的管理组织形式，提高管理实效，发挥了积极的作用。

　　盛宣怀是另一位对"官督商办"经营管理形式进行过思考的重量级人物。盛宣怀不仅对于"官督商办"有过深入的思考，而且由于他所处的地位和所拥有的资源，使得他有能力将他的思考付诸实际行动，成为"官督商办"最为坚定和成功的执行者，这是盛宣怀超越同时代其他思想家的地方。1872年盛宣怀在时任直隶总督李鸿章的支持下，为中国第一家"官督商办"性质的企业"轮船招商局"（之所以称"局"而不是"公司"，即反映了该企业的"官督"性质；"招商"则表示该企业资金渠道的多元化，体现商办特征）制定了"章程"。第二年，他又对章程进行了完善。在《轮船招商章程》中，盛宣怀提出"委任宜专""商本宜充""公司宜立""轮船宜分先后分领""租价宜酌定""海运宜分与装运"等管理原则，并提出应选用"精明殷实可靠"的人员担任管理者，以便更好开展沟通协调，确保"官督商办"的顺利实施。1874年，盛宣怀在湖北兴办矿务，在其制定的《湖北煤矿试办章程八条》中，对"官商民"三者的利益分成进行了明确，"商以资本获官利，而更有余利六成以及之"，"民以开挖获工食，而更有修堤实惠以及之"，"官则坐取其厘税，而更有余利三成以及之"，从而使得"官督商办"原则更具操作性。"官督商办"经营管理方式，使民族工商业在发展早期可以获得一定程度的政府保护，在外国资本环伺的环境下，这是有利于民族工商业成长的。轮船招商局正是凭借着"官督"的优势，通过削价策略，在同怡和、太古等英国公司竞争时，"和""战"三番交替，最终迫使英商签订"齐价合同"。这在当时是非常难得的。

　　当然，对于"官督商办"也有持不同意见的思想家，著有《盛世危言》的郑观应就是其中的代表。郑观应对于"官督商办"的认识，经历了一个从支持到批判的转变历程。在早期，郑氏主张"用官办以助商力之不逮"；甲午战败后，认为应该成立公司"全以商贾之道行之，绝不拘以官场传统"。经历了辛丑之变后，他又认识到官督商办"名为保商实剥商，官督商办势如虎"。郑观

---

① 马建忠：《适可斋记言》，中华书局，1960年版，第11页。

应对于"官督商办"认识的变化,正是"取经"西方途中的国人渐趋于冷静与理性的反映,这是对西方新文明认识的深化和对自身实际"自省"之后的结果。

其次,企业形式和企业具体管理方式,也是这个时期洋务派思想家讨论的重要内容。企业(firm)是一种自古及今就存在的经济组织形式,有着不同的形式。公司制(corporation)是现代企业的主要形式,是以股东为成员组合起来的法人组织,也称之为股份公司。在中国近代民族工商业发展的最初阶段,股份制公司这一现代企业形式就引起了中国学者的关注。容闳这位一生坚持"西学东渐"理想的人("予意以为,予之一身既受此文明之教育,则当使后予之人,亦享此同等之利益,以西方之学术,灌输于中国,使中国日趋于文明富强之境"[①]),力图使西方现代文明传播于中国,使中国变成西方国家那样的现代国家,也是对中国股份制公司进行设计并加以实践的第一人。他运用留学美国时学习到的现代经济学知识,以及在香港、上海等地外资企业工作的经验,参照流行于欧美的现代股份公司模式,对洋务运动企业的经营方针、范围、规模、股票的额度、股息的分配、股东的权利以及经理人员选用等问题,进行了思考。1867年,时为候补同知的容闳为轮船招商局拟订了《联设新轮船公司章程》。这是中国最早的股份公司方案,具体内容大致如下[②]:

1. 本银40万两,分为40000股,每股百两,分4年交清。

2. 先设长江航线轮船2艘;如生意畅旺,再加2艘。开辟沿海航线,一走天津—烟台—牛庄,一走福州—香港。

3. 公司"司事人"等从股东中抽签公举,每股享有1签。

4. 每年12月15日,公司众人(应指股东)会集,由主事人报告本年生意如何,及来年计划,并将本年账簿呈众阅验。如有利息,照股摊派,限5日内派清。

5. 年终核算,若亏本至1/4,则将所剩之本照股摊还散局;若公司众人均欲再做,则妥议续行,照股摊补所亏之本。薛福成对股份公司也大加推崇,甚至做出了理想化的评价。他认为:"官商绅民各随贫富为买股多寡。利害相共,故人无异心。上下相维,故举无败事。由是纠众智以为智、众能以为能、众财以为财,其端始于工商,其究可赞造化。"[③]

另一方面,这一时期的思想家还对工厂的具体管理方式进行了探讨,一些思想和举措在洋务派兴办的各个新式企业中得到实践运用。徐建寅是其中对企

---

① 容闳:《西学东渐记》,生活·读书·新知三联书店,2011年版,第22页。
② 张后铨:《招商局史·近代部分》,中国社会科学出版社,2007年版,第20页。
③ 许康:《中国管理科学历程》,河北科学技术出版社,2000年版,第84页。

业管理方式进行过深入考察、系统研究与全面介绍的最为重要的人物。"徐建寅多年在洋务军工企业任职，以技术专家的科学精神对待工作，搞好管理，积累了丰富的经验，又亲自翻译和考察过外国的科技和管理成就，这样全面的人才可谓凤毛麟角。"① 徐建寅在任驻德国使馆参赞时，对法德两国的工厂管理进行过深入的考察，认识到欧洲工厂之所以井然有序，全在于有着严格的规章制度，因此特意收集整理了《伏耳铿厂管工章程》《救火章程》《病会章程》等一些欧洲工厂的管理制度，并将这些制度进行翻译，通过《格致汇编》期刊在国内发表推介。另外一位与徐建寅一样热衷于向国内介绍欧洲工厂管理制度的是英国传教士傅兰雅（John Fryer，1839—1928）。傅兰雅利用1878年回英休假的机会，造访了英国当时几乎所有管理有方的工厂企业，收集了不少先进的厂规厂纪、章程条约，经其翻译，在1880年的《格致汇编》上连载发表。同时，他还出版了《历览记略》一书，以日记的形式介绍了包括英国工厂及其管理制度等信息在内的英国情况。总之，无论是徐建寅还是傅兰雅，他们对欧美工厂生产管理情况及其管理制度的系统介绍的努力，对于刚刚起步，急需规范化和制度化建设的中国近代工商企业而言，无疑发挥了极为重要和有益的启蒙作用。

在洋务运动时期，随着近代工商业的兴建与发展，在向西方学习的过程中，中国以近代工业为主要对象的管理思想开始萌发诞生。这一思想既产生于当时的时代土壤之中，反映了迅速发展中国民族工商业的迫切需要，又不可避免地受制于时代之累。在君主专制制度和资本主义制度的双重压迫之下，洋务派兴办的各种"实业"无法冲破时代的思想、制度、经济和社会之困，只能在夹缝中求生，蹒跚前行，步步惊心。在这一大背景下，以洋务派的各种"实业"为主要研究与实践对象的早期工厂管理思想的发展，自然也打上了时代的深刻烙印。尽管这一时期的管理思想存在着各种不足，但不可否认的是，这一时期的洋务派思想家们在洋务派当权者的大力支持下，立足中国实际，积极虚心向西方学习。他们认真务实思考中国"实业"中存在的各种问题，大胆推陈出新，不断尝试改进，就对管理实践和管理思想的发展而言，在某种程度上实际已经突破了"器物"层面的思考，进入了制度的建设与文化的学习层次。这确实在一定程度上搅动了当时中国思想界的一潭死水，开一时新风，为西方先进的科学文化知识进入中国搭建了"桥梁"，创造了条件、提供了可能。西方先进科学文化源源不断进入中国之后，进一步促动着中国社会包括工厂管理在内的各方面发生着指向"现代性"的变革，古老的中国与现代的世界，因为洋务派学者的努力而发生了更紧密的联系，他们的管理思想为后来管理思想的科学化发

---

① 许康：《中国管理科学历程》，河北科学技术出版社，2000年版，第99页。

展奠定了良好的基础，为推动中国管理学的发展做出了积极的历史贡献。

二、近代中国科学化管理理论的发展阶段（1916—1949年）

1911年辛亥革命爆发，开创了完全意义上的近代民族民主革命，打开了中国进步的闸门，开启了中国全方位现代化转型及建设现代国家的历史进程，为民族工商业的发展奠定了政治基础，使中国民族工商业在辛亥革命后得到了进一步的发展壮大。1915年陈独秀在上海创办《青年》杂志（1916年9月更名为《新青年》），由此掀开了新文化运动的序幕，在向"德先生""赛先生"学习，批判旧道德、旧文化，建立新道德、新文化的过程中，中国迎来新一轮向西方学习的高潮，科学与民主成为一个时代的风尚。在这一时代潮流的推动下，1916年科学管理的奠基之作，泰勒的《科学管理的一般原理》经时任上海德大纱厂经理穆湘玥（字藕初，1876—1943）译介，以《工厂适用学理管理法》之名由中华书局出版，科学管理理论由此进入中国，开启了中国管理思想科学化发展的新阶段。科学管理理论进入中国之后，得以迅速在中国工厂中实践运用，推动了中国工商管理科学化的发展。另一方面，科学管理理论在中国传播的过程中，对工厂之外的其他行业的管理实践也产生了广泛而深刻的影响，特别是在行政管理领域更是影响深远，直接推动了中国行政学的创立和行政管理现代化的初步尝试。

穆湘玥出生于上海，是一个具有传奇色彩的人物，12岁时入棉花行当学徒，14岁在夜校学习英文，1890年考入海关工作，1904年与李叔同、马相伯等人一道创建"沪学会"，倡导新学。1909年他自费负笈美国，先后进入威斯康星大学、伊利诺伊大学学习，1913年毕业后继续入德克萨斯农工学院学习，1914年获农学硕士学位。就在穆湘玥学成即将回国之际，一个偶然的机会得以与"科学管理理论之父"弗雷德里克·泰勒相识。虽然两人从未谋面，但从往来书信（见附图1）可见，泰勒对穆湘玥期许甚深，视为忘年之交，不仅将自己的成名作《科学管理的一般原理》委托穆湘玥翻译，而且还随信附赠了日本学者星野行所翻译的该书的日文译本《学理的事业管理法》以供穆湘玥参考。

穆湘玥于1914年夏天回到中国后，即着手泰勒著作的翻译工作，但因他同时也忙于创办德大纱厂的各种事务，分身乏术，无法专心于翻译工作，只有"请求董东苏君，分劳合译"，终于在1916年由中华书局以《工厂适用学理管理法》之名出版。遗憾的是，该书的作者泰勒于1915年3月逝世，因此未曾见到该书中文译本的问世。

泰勒来信原文如下：

```
                                                    May 4th 1914
Mr. H. Y. MOH
    College Station, Texas.
My Dear Sir:
    Answering your letter of April 23rd, it will give me the
verygreatest pleasure to have you translate my book—The
Principles ofScientific Management-into Chinese.
    I am sending you, under separate cover copy of each of mybooks
and also copy of the translation of The Principles of
ScientificManagement into Japanese, which may interest you.
    Will be very greatly interested to hear of the success of
yourtranslation into Chinese.
    If you happen to be near Philadelphia it will give me
greatpleasure to see you at my house and also to show you the
applicationof the Principles of Scientific Management in some of
the shops inPhiladelphia.
    I might add that this book has been translated into the
followinglanguage:——Italian, French, German, Russian,
Lettish,Dutch, Spanish and Japanese .

                                            Yours sincerely,
                                            Fred. W. Taylor .
```

附图1　泰勒给穆湘玥的回信

穆湘玥对泰勒的科学管理理论推崇备至。他认为，所谓的科学就是指工作的计划性和有序性，"是有条理可据有线索可寻的东西，无论做任何事情都须要有条不紊，预先立下一个方案，按着一定计划，朝着一定方向逐步进行……一个人所以要科学，也就是要训练自己的思想有条理。凡是有这种思想的人，也就是平常所说的'科学大脑'"[①]。在科学和管理之间，穆湘玥认为，管理更重要于科学，"因为在最不科学的国度和团体里，也是少不了管理的"，因此在实际工作中，"科学"和"管理"最好能实现"协同"，以并行不悖、相互运用为原则。如果这一原则无法贯彻，"则管理应当特别注意"。穆氏认为："吾国工业不兴，实以缺乏管理人才故。"因此他将泰勒的科学管理理论视之为振兴中国工业的良方，认为美国实业界管理方法的精良与高效，实在是由于有像泰勒这样的管理学者的大力指导。他希望泰勒的管理学说经他译介进入中国后，能"诚得一般有志改进家，熟按此书所载方法，引申触类变通化裁而妙用之，无论个人与家庭，社会与国家，种种事业，参用此项新管理法，无不立收奇效，是

[①] 穆藕初著，赵靖主编：《穆藕初文集》，北京大学出版社，1995年版，第574页。

又私衷所馨香祷祝者矣。"① 由此可以看出，穆湘玥对在中国实施科学管理所抱有的莫大信心和良好祝愿。

当穆湘玥还在国内翻译泰勒的《科学管理的一般原理》之时，身在美国求学的杨铨（1893—1933）就将自己对作为泰勒科学管理理论核心概念的"效率"的初步认识，寄回国内，以《人事之效率》为题在中国科学社社刊《科学》第1卷第11期（1915年11月号）上发表，指出"效率之名，新语也，其源出于科学实业，晚近始有美人泰乐（F. W. Taylor）施之人事"。他认为人类社会进步，"皆此效率思想驱之使然"；但中国人历来不以效率为然，这是我们强盛不如人的原因。因此，他要大力宣扬"泰乐氏之效率主义"。杨铨在文中提出了"增进个人效率之道七则，以贡国人"，具体包括："效法"（学习）"竞争""忠事"（忠于事业）"专心""奖酬""愉快""舒徐"（即放松，"行事得法，舒徐有节"）。杨铨于1918年从哈佛大学商学院毕业，获MBA学位，是我国最早的MBA学位获得者之一。在当年11月，也就是杨铨回国后的次月，他在《科学》期刊上发表了《科学的管理法在中国之应用》一文，对泰勒的科学管理理论进行了更为全面的介绍。他认为，"组织既兴，则管理法随之"。管理法具体可分为三类：第一是"习行之管理法"（无条理之管理法），就是凭经验、习惯办事；第二是"有条理之管理法"（统系之管理法），强调管理过程中的记录、档案；第三是"科学的管理法"，"纯以实事为根抵"，"其攻管理之难题也，穷源尽流察其因果，易其境以观其变，限其因以求其同"。"根事实求进步，据实验筹将来"。1922年，杨铨应商务印书馆之邀，做题为《科学管理法之要素》的演讲，并刊发于当年《科学》第10号上。该文再次对泰勒的科学管理理论进行了阐述，指出："科学管理法近七八年来美国人士日益注意，不惟商店工厂奉若准绳，即行政各机关亦恒采用此种管理方法"，并将业务、会计、选择及训练工友和待遇工友四项工作总结为科学管理法的主要内容。至于科学的管理法之原理，杨铨则认为是"图功报酬，惟公惟允，并须兼顾工人之体力。总之，科学管理法之精神，在计算时间动作，均一一有细密之根据。"他对在中国施行这种科学的管理方法始终抱有极大的信心和希望："我甚希望有一种中国式的科学的管理法出现也。"杨铨不但如是倡言，更是身体力行，在实际工作中贯彻科学管理的精神与方法。1928年杨铨在担任组建中的"中研院"总干事时，"竭智尽忠，备尝艰辛"，辅佐院长蔡元培组建"中研院"，为"中研院"的建立做出了极大的贡献。蔡元培后来对杨铨在组建"中研院"中的贡献做出如下评价："中央研究院之得有今日，先生之力居多。""我素来宽容而

---

① 穆藕初著，赵靖主编：《穆藕初文集》，北京大学出版社，1995年版，第220页。

迂缓，杨君精悍而机警，正可以他之长补我之短。"① 从中可见杨铨在管理上之专业与干练。

在泰勒科学管理理论甫入中国之时，除了穆湘玥和杨铨两位专业人才的积极推广之外，曾世荣和张廷金的论著对科学管理理论在中国的传播也起到了一定的推动作用。曾世荣（1899—1996）是民国时期我国著名的铁道管理专家，他在1922年7月出版的《科学》第7卷第1期上发表了《日本铁道车辆换算法》一文，重点对铁路时间表及车流编制相关问题进行了讨论，向国人介绍了科学管理原理在日本铁路管理中的实践情况。曾世荣毕生致力于在我国宣传泰勒的科学管理理论，被誉为"中国推介科学管理法的先驱者和实行者"②。张廷金（1886—1959）毕业于哈佛大学，获电机学硕士学位，1920年由其编译的《科学的工厂管理法》在商务印刷馆出版发行，被列为王云五主编的"百科小丛书"之一。该书是张廷金撷取泰勒、法约尔、欧慕生（即今译之埃默生）等科学管理理论早期贡献者的主要观点汇编而成，其中"与爱默生（欧慕生，H Emerson，1853—1931）的著作有较多的关系"③。该书为我们系统介绍了欧美科学管理理论的基本内容。通过该书，我们得以窥见当时科学管理理论最新成果之一斑。

从欧美留学归国的学者对于科学管理理论在中国早期的传播发挥了重要的作用。"20世纪20年代，在国外学习过经济学、商学、工商管理等专业的回国人员，已积累到了一定数量，跻身于政府经济管理部门、工商企业管理层或学校经济管理系科教师等岗位，可以适当发挥所学所长了。"④ 但使科学管理理论进一步普及开来，走出学术界，走向现实需要，被更多人认识与使用，在实践中发挥作用，却离不开当时正在草创期的现代大专院校以及艰难成长中的工商业界的贡献。

现代高等院校集学术研究、人才培养和社会服务功能于一体，"在引进和传播西方科学管理方面，高等学校的作用不可忽视"⑤。1913年，辛亥革命成功后，国民政府发布《教育部公布大学规程》，这一规程根据1912年10月的《大学令》第2条"大学分为文科、理科、法科、商科、医科、农科、工科"的原则，对民国大学学科设置进行了具体规定。"法科分为法律学、政治学、经济学

---

① 中国蔡元培研究会：《蔡元培全集》（第8卷），浙江教育出版社，1997年版，第512页。
② 许康：《五四前后关于科学管理的其他译著》，载于《科学学与科学技术管理》，1995（08）。
③ 许康：《中国管理科学历程》，河北科学技术出版社，2000年版，第182页。
④ 许康：《中国管理科学历程》，河北科学技术出版社，2000年版，第198页。
⑤ 许康：《中国管理科学历程》，河北科学技术出版社，2000年版，第198页。

三门（系），"商科分为银行学、保险学、外国贸易学、领事学、税关仓库学、交通学六门（系）"。在"交通学门（系）"的课程设置中，出现了"铁道管理法""商船管理法"两门课程，这是与"管理"明确有关的课程首次在我国政府文件中出现，标志我国高等院校管理学教育迈出了第一步。1913年上海工业专门学校在它的土木科（铁道）及电气机械科设置了"工厂管理法"课程，将高校管理学课程从"交通"领域进一步拓展到工业生产领域，这一拓展是"（该校）以后增设铁路管理专科、走向工管结合的萌芽"①。1917年上海工业专门学校意识到"中国铁路、机电事业日益发展，本校土木、电机两科创办近二十年，成就显著，唯管理人才为中国近日之所最需者，则尚不可多得"，所以"本校亟应添设管理科"。1918年，经北洋政府交通部批准，上海工业专门学校设立"铁路管理科"（四年制），这是"中国高校有管理系科的开始"②。1928年，上海工业专门学校更名为铁道部交通大学（上海本部），铁路管理科随之升格为"交通管理学院"。1928年又改称为"铁道管理学院"。1931年2月，学院改组为"管理学院"，下设铁道管理、财务管理、公务管理、实业管理四科，院长为钟伟成。交通大学管理学院是我国第一个专门从事管理学研究的院系，它"期在培养成各项科学管理专门人才，以应政府及社会各界建设之需要"③。到1934年左右，"该院的课程设置已经形成体系，而且与国际接轨"④，主要是以美国伊利诺伊大学和宾夕法尼亚大学有关学科的课程设置为参考，紧追当时管理学研究与人才培养的国际前沿。"一二年级授以原理方面，三四年级偏重于应用方面。"交通大学管理学院的成立极大地推动了我国管理学专业研究和高层次人才的培养。在交通大学管理学院成功实践的基础上，北京大学、清华大学、中央大学、厦门大学、西南联合大学等高校，先后根据社会发展需要，结合自身办学传统和师资力量，纷纷开展管理专业人才的培养工作，在此过程推动了我国行政管理学⑤、工商管理学等管理学分支学科的发展和专业人才的培养，一时间形成了管理学"一干多枝"的良好发展态势，为我国管理学的发

---

① 交通大学校史编写组：《交通大学校史（1896—1949）》，上海教育出版社，1986年版，第76页。

② 许康：《中国近代行政学教育史稿》，中国社会科学出版社，2007年版，第147页。

③ 交通大学校史编写组：《交通大学校史（1896—1949）》，上海教育出版社，1986年版，第83页。

④ 许康：《中国近代行政学教育史稿》，中国社会科学出版社，2007年版，第148页。

⑤ 详细情况可参阅许康编著的《中国近代行政学教育史稿》（中国社会科学出版社2007年版）和杨沛龙的《中国早期行政学史：民国时期行政学研究》（社会科学文献出版社2014年版）书的有关内容。

展和人才培养奠定了坚实的基础。

民族工商界对科学管理理论在中国的传播，也发挥了重要的作用。穆湘玥的《工厂适用学理管理法》一书，就是由当时民族工商业巨子张謇做的序。辛亥革命后，特别是第一次世界大战时期，中国民族工商业得到一定程度的发展，极大地刺激了传统社会业已存在的行业公所、会馆等旧式工商业团体的现代化转型，以按地区、跨行业为新特点的"商会"开始大量出现。统计数据显示，截至1930年10月全国共有商会2246个，基本覆盖全国所有地区。这些商会的共同宗旨是"振商""保商"，谋求中国民族资本主义工商业的发展，保护与增进工商业者的公共利益。这些商会通过上联政府有关部门和官员，下聚各工商企业，在纵向上打通了政商沟通渠道，强化了政商联系，维护了民族工商业利益，促进了民族工商业的发展。更为重要的是，作为工商业从业者自治组织的各种商会，有利于各工商业从业者加强横向联系合作，强化行业自律，共同研究与解决公司企业发展中面临的问题与挑战。在此过程中，以商会为兴办主体，整合各种社会力量，集产、学、研功能于一体，着力解决工商业企业生存与发展中面临的现实困难与问题的各种学术社团开始出现，对科学管理理论的实践与发展做出了积极的贡献。其中，最为重要的社团就是成立于1930年6月29日的"中国工商管理协会"（The China Institute Of Scientific Management，根据英文译名，该协会又可称之为"中国科学管理学会"）。该协会由时任国民政府实业部部长孔祥熙授意其副手穆湘玥于1930年5月23日在中国工商业中心城市上海发起创立，意在参照埃德加·斯诺（E. Snow，1905—1972）等人建立的"中国工业合作协会"（Indusco），创建由中国人自己负责的类似组织。筹备之初，就得到了社会各界的积极响应，筹委会人员包括了刘鸿生（1888—1956）、陆费逵（1886—1941）、荣宗敬（1873—1938）、陈万运（1885—1950）等商界巨子和潘旭伦（1893—1985）、杨铨（1903—1933）、刘湛恩（1895—1938）等学界名流，可谓集政商学三界人才一时之选，蔚为大观。

除此之外，筹备期间还得到了全国商会联合会、中国经济学社、浙江大学、复旦大学商学院等社会组织的支持和帮助，成为重要的筹备团体。经过月余的紧张筹备，1930年6月29日下午3时，协会在上海银行公会召开成立大会，孔祥熙以会议主席身份出席会议。会议投票通过协会会章，选举产生协会理事会，同意聘请曹云祥（1881—1937）为协会干事长（总干事）。协会选举情况见附表1所示。

附表1　中国工商管理协会大会选举情况

"先由各会员用双记名票选，投入票柜，选举出潘序伦、李权时、张祥麟等4位为检票员。"

计当选理事15人，比例分配恰为官：产：学 = 5：5：5

得票情况如下：

孔祥熙（57票）	穆藕初（53票）	刘鸿生（53票）	寿景伟（50票）
潘序伦（48票）	杨杏佛（43票）	胡庶华（41票）	陆费逵（40票）
李权时（40票）	荣宗敬（37票）	王云五（35票）	潘公展（33票）
赵晋卿（31票）	徐寄广（31票）	钱承绪（30票）	徐永祚（27票）
刘湛恩（27票）	马寅初（26票）	朱成章（24票）	聂潞生（20票）
夏莜芳（20票）	邹秉文（19票）	林康侯（15票）	王晓籁（14票）
徐佩琨（14票）	范旭东（13票）	吴蕴初（12票）	盛灼三（12票）
陆伯鸿（11票）	刘大钧（10票）		

注：得票30及以上的15人最终当选为协会理事。

协会成立以后，通过翻译出版管理类书籍、创办学术期刊、举办学术活动、提供企业咨询服务等方式，积极传播与实践科学管理理论。在出版方面，在云祥的主持下，先后共编印出版了《科学管理法的原则》（王云五演讲，黄孝先记录，1930年出版），《科学管理的实施》（法意德著，曹云祥译，1931年出版），《工商问题的研究》（刘鸿生著，1931年出版），《演讲录选编》（协会学术活动演讲集成，1933年出版）。1934年5月30日，由协会创办的学术期刊《工商管理月刊》创刊（见附图2）出版，孔祥熙题写"刊名"并题词"通惠南针"以为鼓励。曹云祥在《发刊词》中指出"沿至今日，则管理已成为一种专门科学，而为实业要素的中心"，深刻揭櫫了管理之于现代工商业的重要性。《工商管理月刊》创刊发行以来，登载了大量诸如《科学管理中工作时间和工作状况》（屠哲隐）、《实行科

附图2　《工商管理月刊》创刊号封面

学管理的步骤与必具的条件》（翟克恭）、《中国实行科学管理应注意的几点》（程守中）、《康元厂科学管理实况》等科学管理方面的研究论文，在宣传科学管理理论、加强学术交流、培养年轻学者等方面发挥了学术期刊学术平台的积极作用。1937年"八一三"淞沪战役后，《工商管理月刊》被迫停刊，此间共发行27期，对科学管理理论在中国的早期传播做出了积极的贡献。

最后，协会还充分利用科学管理专业优势，积极服务工商企业发展，利用各种渠道，在实践中宣传推广科学管理理论。协会还设立了服务部，旨在能深入企业，帮助其解决实际中的困难。"中国工商管理协会为中国惟一研究管理科学的机关，兹愿以科学的方法，扶助公司及工厂，解决组织与设计上的困难。"其提供的服务包括行政与组织、人事管理、生产管理、财务管理、销售管理、事务管理、成本会计等几类，开创了中国企业管理咨询服务的先河。协会在为工商企业提供管理咨询服务的同时，还积极开展科学管理理论的普及工作，利用位于南京的"中央广播电台"广播，分别于1936年5月25日、6月1日、6月8日晚8点半至9点，由唐泽焱主任干事担任主讲人，以"科学管理的起源与内容""中国军政机关实施科学管理的必要"以及"实施科学管理的步骤"为题，分三次进行广播演讲，向社会宣讲普及科学管理理论。同时，开办由曹云祥为校长、唐泽焱为秘书长的夜校，招收具有初中学历，对工商管理有兴趣的工商机关职员进行管理知识培训，开设的课程包括科学管理概论、人事管理、生产管理、事务管理等16门，每期授课18周。

总之，中国工商管理协会通过上述各项活动的开展，极大地促进了科学管理理论在中国的传播与实践，为民族工商业现代管理体系的建立完善以及管理现代化水平的提升做出了积极贡献。当然，中国工商管理协会只是那个时期众多致力于推广与践行科学管理理论同类组织中的代表与典型。正是众多的、大大小小规模不一的，集产、学、研功能为一体的科学管理组织的活动与努力，才使得源自欧美的科学管理理论能在中国得到推广与实践，为中国管理的科学化发展和科学化管理理论的演化奠定了基础、提供了条件。这些组织在中国科学管理理论发展的关键时期，做出了积极的历史贡献。

科学管理理论在中国的传播，对我国社会各行业的管理实践产生了深刻的影响。在科学管理理论进入中国之后，民族工商业界掀起了学习实践科学管理理论的热潮，当时包括荣宗敬（1873—1938）、荣德生（1875—1952）兄弟的"荣氏集团"，卢作孚（1893—1952）的民生公司，范旭东（1883—1945）"范氏企业"和刘鸿生（1888—1956）的大中华火柴公司等在内的中国几乎所有的著名民族工商业企业，都在不同程度上推广实践着泰勒的理论，科学管理理论在中国工商企业以不同形式得到实践，极大提升了我国企业管理的规范化、科学化和现代化水平。其中，王云五在商务印书馆推行科学管理的实践可谓最具代表性，是进行科学管理的"模范生"。1930年9月9日，王云五结束了对日本、美国、英国、法国等9国管理实践的考察回国，旋即于11日向商务印书馆董事会提出了他所拟订的《采行管理科学计划》，系统性提出了商务印书馆的管理改革计划，"敲响了向科学管理要效益的锣鼓"[1]。王云五的改革计划包括以下12个方面，具体为：预算；强调成本会计；强调统计；企业内部管理；工作分析；工作研究；时间标准和奖金制；标准化；改进供销；组织和训练；劳资关系；改良技术、产品。通过科学管理改革，商务印书馆的整体面貌发生了极大的改观，企业生存与竞争能力显著提升。商务印书馆在随后1932年的大劫难[2]之后能起死回生，获得更大的发展，在某种程度上离不开王云五推行科学管理所奠定的基础。就此，王云五先生在总结商务印书馆之所以能在上海重新复业的原因时指出："一部分固然是由于一·二八巨劫的刺激，大部分还是由于制度的更新使人有努力自效的希望。"[3] 就此一端，即可见科学管理理论在当时我国企业管理中所发挥的重要作用。

这里需要顺便说一下，科学管理理论进入中国后，不仅对民族工商业企业产生了积极影响，而且对我国公共事务管理领域也影响深远，直接推动了我国现代行政管理及其相关理论的产生与发展。聚焦科学管理理论所追求的"效率"目标，中国开启了现代行政管理的建设与研究之路。[4] 那个时期对于行政问题的研究以及实践，无论从广度、深度还是成果质量而言，都对今天的行政研究与实践具有极大的参考与启发意义，其中的丰富内容与深刻价值还有待今天的学人虚心发现和挖掘，以补中国行政学说史之阙。

综上所述，1916年之后，随着泰勒科学管理理论进入中国，迅速在中国掀起了推广与学习科学管理理论的热潮，这是与世界同步的进程。中国之所以能在科学管理理论创立不久就及时学习与推广，其根本原因在于科学管理理论创立之时，恰是中国民族工商业获得短暂发展之际，科学管理理论对"效率"目标的追求以及"时间研究""动作研究"等具体科学管理方法的运用，对于成

---

[1] 许康：《中国管理科学历程》，河北科学技术出版社，2000年版，第298页。
[2] 1932年1月28日，日本帝国主义侵略者悍然攻击上海，发动"一·二八"事变。在日军的狂轰滥炸之下，几天之内，商务印书馆包括总馆、仓库、东方图书馆等在内的建筑被夷为平地，损失1600万元，是商务印书馆500万元股本的3倍之多，可谓遭到灭顶之灾。在王云五先生的调度指挥下，商务印书馆总馆于当年8月1日即行复业，可谓当时的商业奇迹。
[3] 王云五：《谈往事》，中华书局，2015年版，第83页。
[4] 详细情况可参阅许康编著的《中国近代行政学教育史稿》一书相关内容，中国社会科学出版社，2007年版。

长期的中国民族工商业而言就显得非常及时和重要,指导着它们走向科学化、制度化、规范化管理的现代道路,通过效率的提升,以增强自身的生存与竞争能力。正是这种渴望科学理论指导的强烈需求,推动着科学管理理论在中国的迅速传播与实践。反过来,在科学管理理论的指导之下,中国民族工商业迎来了发展的"小阳春",一大批在当时具有国际知名度与竞争力的民族工商业企业在帝国主义、封建主义和官僚资本主义多重压迫下艰难崛起,缔造了民族工商企业发展的短暂辉煌。科学管理理论与中国民族工商业相互成就的传奇,对于今天中国化管理理论的创新与发展,仍然具有重要的借鉴意义。

第三节　1949年后中国管理学的发展

1949年10月1日中华人民共和国成立,中国历史由此翻开了崭新的一页,中华民族发展进步从此开启了新纪元。中华人民共和国的建立和社会主义改造的完成,为中国社会主义现代化建设奠定了根本的政治前提和制度基础。在中国共产党的坚强领导下,中国开启了独立自主建设中国式现代化国家,实现中华民族伟大复兴的历史新征程。在这一波澜壮阔、不断前行的历史进程中,中国管理学与历史进程相适应,与时代要求相统一,积极回应实践需要,走过了曲折发展、日臻完善的发展过程,在自身取得丰硕理论成果的同时,也大力推动和促进了管理实践科学化、现代化、高效化的发展和各类各层次管理人才的培养,为我国社会主义现代化建设做出了积极贡献。"归结起来,70年来新中国处于一个具有快速工业化、渐进市场化、全球信息化等突出特征的现代化进程中,这个进程改变了中国经济社会文化环境,这种变化的环境在与组织及相关社会成员的相互作用中,促进了中国管理实践和中国管理学的发展。"[①] 总体而言,1949年以来,中国管理学的发展大致经历了探索奠基阶段(1949—1977年)、恢复转型阶段(1978—1992年)、完善提高阶段(1993—2011年)和全面创新阶段(2012年至今)四个阶段,具体情况如下。

一、探索奠基阶段(1949—1977年)

中华人民共和国建立后,受当时国内国外环境的制约与影响,中国模仿苏联逐步建立起以中国共产党领导为核心的、中央集权的、多级政府构成的计划经济管理体系,通过"统一财经""土地革命""调整工商业""统购统销"等措施,构建了一个强大的宏观调控体系和对国有经济、供销合作社合作经济实

---

① 黄群慧:《新中国管理学研究70年》,中国社会科学出版社,2020年版,第14页。

行直接计划管理的经济体制，对国民经济和社会发展进行指令性计划，开始了计划经济体制下的社会主义现代化建设。在这一阶段的第一个时期，也就是1949—1956年期间，随着苏联援建中国的156个项目的全面上马开工，中国全面学习与模仿苏联管理方法与制度，在管理实践中加以推行。在企业管理中，强调集中统一领导，推行苏联的"一长制"模式和"马钢宪法"①，在计划管理、技术管理、经济核算制、质量管理、生产责任制等方面奠定了生产导向型管理的基础。在苏联专家的帮助和指导下，中国工厂企业建立了一些生产技术规程和管理制度。随着这些规章制度建设的完成和逐步推广实施，新中国企业的管理科学化与现代化水平得到极大提高，苏联专家和苏联模式在工业企业改进工艺、提高效率、节约成本、增加产量等方面发挥了重要作用。在推行苏联管理模式的同时，我国企业也从自身实际出发，通过民主与生产两方面的改革，破旧立新，努力改变新中国工业企业百废待兴的局面。在工厂民主改革方面，推广建立工厂管理委员会，实行民主管理，同时建立厂长负责制；在生产改革方面，逐步建立健全工厂管理机构，实行科学分工，完善生产管理和技术管理的责任制度，推行经济核算制，贯彻按劳分配原则，尤其是开展生产竞赛运动，促进了劳动生产率的提高。

这一时期管理理论的发展，主要集中表现在以下两个方面：第一，运筹学理论在管理科学与工程学领域得到重视与研究。1956年中国科学院成立了运筹学研究小组，许国志、刘源张编写了新中国最早的《运筹学》，华罗庚编著了《统筹法》，向全国不同行业推广数量管理，取得了不错的实践效果和经济效益②。第二，企业经济学研究取得新成绩。中国经济学界的孙冶方、顾准、卓炯等少数学者，是这一时期强调价值规律作用，对商品经济开展研究的少数理论先驱。他们的研究成果为企业内部进行经济核算提供了理论依据。

---

① 马钢宪法，即苏联马格尼托哥尔斯克钢铁联合公司的管理模式。马格尼托哥尔斯克钢铁公司（Magnitogorsk Iron and Steel Works）是俄罗斯最大的钢铁联合企业，于1929年创立，1932年首次出铁，1933年开始生产钢和钢材。卫国战争期间，为军事工业生产装甲钢、炮弹钢，当时苏联坦克用的装甲板有50%来源于该公司。马格尼托哥尔斯克在2014年全球企业2000强中排名第670位。

② 运筹学起源于20世纪30年代，在英国被称之为operational research，在美国则被称之为operations research，简称OR，可直译为"运用研究"或"作业研究"，系指用数学的方法研究经济、民政和国防等部门在内外环境的约束条件下合理分配人力、物力、财力等资源，使实际系统有效运行的技术科学。它可以用来预测发展趋势，制订行动规划或优先可行方案。1925年《科学》月刊刊发了由清华大学教授，美国麻省理工学院航空工程硕士钱昌祚撰写的《军力集中之算学解说》一文，该文对军事运筹学的著名理论——兰彻斯特战斗理论进行了介绍。根据管理科学史专家许康先生考证，该文是我国对运筹学最早的介绍。

1956—1966年是我国独立自主，艰辛探索建立社会主义管理模式，建设社会主义管理理论，推动社会主义管理人才培养的时期。1956年毛泽东同志发表了著名的《论十大关系》，对盲目照搬苏联经验与模式的做法提出了警告与批评。从那时起，我国为克服和扭转机械学习与模仿苏联模式所带来的弊端，针对管理实践中存在的问题，从实际出发，开始了独立自主探索与中国国情相适应的社会主义企业管理模式，"鞍钢宪法"和《工业七十条》就是这一探索实践的具体成果。"鞍钢宪法"是1960年3月毛泽东同志在《中共中央转批鞍山市委关于工业战线上的技术革新和技术革命运动开展情况的报告》的批示中提出来的，其主要内容包括：将政治挂帅和群众性技术革命作为工厂管理的指导思想；在领导体制上建立和完善党委领导下的厂长负责制；实行"两参一改三结合的管理制度"[1]。"'鞍钢宪法'在发达国家也引起了企业管理人士的关注，许多企业管理学家认识到，'鞍钢宪法'的精神实质是'后福特主义'（Post-Fordism），即对福特式的僵化的、以垂直命令为核心的企业内分工理论的挑战。"[2] "鞍钢宪法"是当时中国探索国营工业企业民主管理和科学管理相结合方法的产物，是对社会主义条件下工厂管理新模式、新方法艰辛探索的重要成果。

1961年，中央组织了企业管理调查组，对北京第一机床厂等企业的管理实践与经验开展了系统的调查研究，以调研成果为基础，制定了《国营工业企业工作条例（草案）》（又称《工业七十条》）。《工业七十条》包括总则、计划管理、技术管理、劳动管理、工资奖励、经济核算制、财务管理、协作、责任制度、党委领导下的厂长负责制、工会和职工代表大会、党的工作11个部分。该条例是"新中国成立以来第一部关于企业管理的章程，系统总结了国有企业管理的各个方面的经验和教训，对我国企业管理实践和管理理论发展具有重要的意义。"[3] 在此基础上，由马洪同志主持，中国科学院经济研究所和有关大专院校的同志编写的《中国社会主义工业企业管理》一书于1964年出版发行，该书是中国社会主义企业管理学的奠基之作。随后，由中国人民大学等单位编撰的管理学教材也相继出版发行，为我国社会主义管理学学科建设和人才培养奠定

---

[1] 1956年12月至1960年2月，毛泽东同志系统研究《政治经济学教科书》时，深入思考了社会主义公有制建立后的管理问题，认为，"私有制问题基本解决以后，最重要的问题是管理问题"，强调，"对企业的管理，采取集中领导和群众相结合，干部参加劳动，工人参加管理，不断改革不合理的规章制度，工人群众、领导干部和技术人员三结合。"这一思想后来成为"鞍钢宪法"的主要内容之一。

[2] 陈佳贵：《新中国管理学60年》，中国财政经济出版社，2009年版，第3页。

[3] 黄群慧：《新中国管理学研究70年》，中国社会科学出版社，2020年版，第14页。

了良好基础。

1966—1978 年是我国社会主义管理实践、理论建设与人才培育全面停滞时期。1966 年"文化大革命"爆发，国民经济和社会发展陷入停滞和混乱，我国独立自主探索社会主义管理的实践与探索遭受严重挫折，学科建设与人才培养处于长期停滞状态。

二、恢复转型阶段（1978—1991 年）

1978 年 12 月，党的十一届三中全会胜利召开，果断结束"以阶级斗争为纲"，实现党和国家工作重心的战略转移，开启了改革开放和社会主义现代化建设新时期。党和国家工作重心从阶级斗争转移到经济建设上来，为我国管理实践和研究的恢复发展提供了先决条件。改革开放，建设社会主义商品经济，推动着我国管理实践与理论研究逐步从计划经济下的管理向有竞争的商品经济（市场经济）体制下的管理转变，从生产导向型管理向生产经营型管理转变，从封闭自主性管理向开放兼容性管理转变。这一阶段的管理实践与研究得到了全面的恢复与转型发展。1978 年 3 月，全国科学大会审议通过的《1978—1985 年全国科学技术发展规划纲要（草案）》将"技术经济和生产管理现代化的理论和方法的研究"列为第 107 项，这是新中国第一次在操作层面上正式就推进管理学研究工作制订计划，极大地促进了管理实践与研究的恢复与发展。1983 年，时任国家经济委员会副主任、党组副书记的袁宝华提出我国管理学建设"以我为主、博采众长、融合提炼、自成一家"的十六字方针，为改革开放背景下建设中国的管理学指明了方向。这一阶段的主要成就体现在以下几个方面。

第一，管理学研究与学术机构得到恢复发展。机械工业部在 1978 年 9 月举办了我国首个"质量月"活动，将当时风靡美国和日本的全面质量管理（TQM）引入中国，随后于 1979 年成立了专门负责推进全面质量管理工作的"中国质量管理协会"，全面质量管理的思想与方法随之在我国流行开来，得到广泛运用。1978 年 11 月，中国管理现代化研究中心成立。1979 年，中国企业管理协会在北京成立。1980 年，中国管理科学研究会、中国数学会运筹学会、中国系统工程学会相继成立。1981 年，中国工业企业管理教育研究会成立（1995 年 3 月更名为中国企业管理研究会）。在各类管理研究会相继成立的同时，学术期刊也得到恢复发展，为管理学学术研究与交流搭建了重要的平台。1979 年 1 月由中国社会科学院主管的，中国第一份管理学学术期刊《经济管理》创刊。1985 年，国务院发展研究中心主管主办的《管理世界》和国务院办公厅主管、中国行政管理学会主办的《中国行政管理》两份期刊创刊。这两份期刊逐渐发展成为我国经济管理和公共管理领域的权威刊物，对相关领域的学术研究与交流发挥着重要的影响力。

第二，管理学研究成果丰硕。这一阶段的学者，一方面立足国内管理的现实需要，针对实际问题积极开展理论研究；另一方面，乘对外开放的东风虚心向外国学习，积极引进国外先进的管理知识，充实与发展国内管理学研究。1978年9月，钱学森与许国志、王寿云三人共同撰写的《组织管理的技术——系统工程》一文在《文汇报》上发表，该文被许多研究中国管理学发展史的学者视为"中国管理科学研究的关键标志"[1]。钱学森与乌家培共同发表的《组织管理社会主义建设的技术——社会工程》一文也被认为"是管理学研究领域的开启之作"[2]。蒋一苇于1979年发表的《企业本体论》一文，被视为这一阶段本土理论研究最具代表性的成果。文章在我国经济体制改革刚刚起步尚有争论的背景下，提出了企业是现代国民经济的基础和国民经济有机体的细胞，细胞的活力决定着国民经济有机体的健康，经济体制改革应该以企业为本位、为基点的观点。这一观点为面向商品经济（市场经济）的中国企业和中国企业管理学奠定了理论基础。同时，蒋一苇还主持开展了一项针对当时我国5家最具代表性的国有大型企业的经营管理经验的调查研究，并根据调研所得撰写出版了《首都钢铁公司经营管理考察》等5本专著，对我国国营企业管理的现状、经验和问题进行了全面系统的研究总结。1983年12月，朱基编写的《管理现代化》出版，该书"比较系统地叙述管理理论和管理组织的历史发展，同时又结合当前经济管理实践中存在的问题，提出管理思想现代化和管理体制改革的任务，介绍现代化管理方法和管理手段的应用"[3]。该书对推进现代管理思想和方法在国内的传播发挥了积极的影响。

在引进国外先进管理理论方面，80年代初，由我国著名经济学家马洪主编的"国外经济管理名著丛书"开始由中国社会科学出版社陆续出版发行，这套由37本著作构成的丛书是我国最早系统介绍国外管理学名著的系列丛书，选题范围广泛，涉及几乎所有的现代管理学研究领域，既包括西方资本主义国家的管理学著作，也包括苏联和东欧社会主义国家的管理学著作。这套丛书的翻译出版发行，极大地推进了我国管理学"放眼世界、吸收引进"的速度和深度，影响了几代管理学人。同时，我国政府通过开展各种类型的管理人才培训，促进了西方先进管理思想和方法在我国的传播与运用。1979年1月，中国和美国

---

[1] 蔺亚琼：《管理学门类的诞生：知识划界与学科体系》，载于《北京大学教育评论》，2011（04）。

[2] 蔺亚琼：《管理学门类的诞生：知识划界与学科体系》，载于《北京大学教育评论》，2011（04）。

[3] 朱基：《管理现代化》，企业管理出版社，1985年版，第1页。

两国政府签订了《中华人民共和国国家科学技术委员和美利坚合众国商务部科技管理和科技情报合作议定书》，根据该议定书相关协议内容，成立了中国工业科技管理大连培训中心（现为中国大连高级经理学院），这是新中国成立以来首个引进西方国家现代管理教育的办学机构。1980年9月，大连培训中心启动中美政府第一个五年合作计划，主要培训对象为国家大中型企业的厂长经理，培训方式主要是为6~10个月的"微缩MBA"项目和为期3个月的"专题研讨班"。之后，该中心持续运作，为我国改革开放和社会主义现代建设事业培养了大批管理与研究人才。

第三，管理学人才培养得到恢复发展。"在这一阶段管理学教育从'恢复元气'走向'生机勃勃'。"① 从1979年开始，一些大学和科研院所相继恢复了管理学的本科与研究生教学研究工作。1984年4月，教育部首先批准了清华大学、武汉大学、上海交通大学、天津大学四所高校成立管理学院或经济管理学院，同年又批准西南交通大学、哈尔滨工业大学、同济大学等高校成立或恢复管理学院，管理学教育由此走上恢复发展的快速通道。从80年代开始，中国人民大学陆续出版了《中国工业企业管理学》系列教材，开始探索具有中国特色的社会主义管理学课程体系建设。1986年2月，国家自然科学基金委员会成立，并设立管理科学组，为管理学研究持续提供了大量的资助。1990年，国务院学位委员会批准我国9所大学试办MBA，开辟了管理学教育与研究的新领域。

第四，管理创新实践不断深化。1984年初，国务院召开的全国经济工作会议提出："整顿好的企业要把重点转到企业技术进步和管理现代化上来。"随后，国家经济委员会将管理现代化总结为管理思想现代化、管理组织现代化、管理方法现代化、管理手段现代化和管理人才现代化"五化"，并推荐了18种经过实践检验、效果良好、具有推广价值的现代化管理方法，即通常所称的"现代化管理18法"，并确定了20家企业作为全国第一批管理现代化企业。管理现代化实践的不断深入与拓展，为管理学的发展提供了源源不断的经验与素材，有力地促进与支撑了管理学的发展。

三、完善提高阶段（1992—2011年）

1992年1月18日至2月20日邓小平同志前往南方视察，发表了重要的南方谈话。"1992年邓小平同志的南方谈话，则是标志着新时期的历史发展进入

---

① 黄群慧：《新中国管理学研究70年》，中国社会科学出版社，2020年版，第19页。

新阶段的解放思想的宣言书。"① 中国改革开放事业在南方谈话的正确指引下，全面加速提质，步入了新的历史发展阶段。当年 10 月中国共产党召开了第十四次全国代表大会，将社会主义市场经济确立为中国经济体制改革的目标。1993 年，党的十四届三中全会审议并通过了《中共中央关于建立社会主义市场经济体制若干问题的决定》，揭开了整体推进建设中国特色社会主义市场经济的历史序幕。② 改革创新的时代，呼唤新的理论涌现，以给予现实科学的指导和规划。如火如荼的改革实践，为理论创新提供了丰富的素材和强劲的动力。在波澜壮阔的新发展历程中，管理学迎来新的发展时期，学科体系不断完善、研究水平不断提升，学科自觉意识不断增强。

在管理学学科建设方面，1992 年 11 月，中国技术监督局颁布国家标准的《学科分类与代码》（GB/T137492），将管理学列为工程技术科学的一个一级学科，下设管理思想史等 11 个二级学科和 48 个三级学科。这一学科分类标准首次确认了管理科学在整个科学知识系统中的地位，并正式提出了管理科学的学科层次结构，有效促进了管理科学不同分支学科的发展。1997 年，在国务院学位委员会与教育部颁布的《授予博士、硕士学位和培养研究生的学科、专业目录》（下简称《学科目录》）中，将管理学科升格为一个大门类，正式成为我国第 12 个独立的学科门类，其下有 5 个一级学科、14 种学科、专业。1999 年，中国高校首次颁授管理学学位，管理学相关专业的学生从此不再被授予经济学学位。2000 年 9 月，中国工程院正式成立了由 32 名院士组成的工程管理学部，新中国首批工程管理院士就此诞生。这一阶段管理学科学发展的另一个显著特征就是公共管理学科的迅速崛起与全面发展。如果说 20 世纪七八十年代是管理科学与工程学科（Management Science & Engineering）的时代，九十年代是工商管理学科（Science of Business Management）的时代的话，那么世纪之交至今则是公共管理学科（Public Administration）的时代。促成公共管理学科异峰突起，迅猛发展的根本原因在于：以市场化为导向的中国改革进程，要求政府必须对计划经济体制下自身全能式的运作方式与资源分配方式进行改革，重新合理定位自身在市场经济中的功能角色，创新履职方式，建设以高效提供公共服务为取向的服务型政府，保障市场在资源配置中决定性作用的发挥。随着改革开放的不断深化，这一要求日显紧迫和必须。正是在强大的改革需求的直接推动下，公共管理学科在世纪之交迎来了发展的"黄金时代"。1997 年，在国务院颁布的《学科目录》中，在管理学门类下，增设公共管理一级学科，并将行政管理

---

① 彭森等：《中国经济体制改革重大事件》，中国人民大学出版社，2008 年版，第 383 页。
② 吴敬琏：《当代中国经济改革教程》，上海远东出版社，2010 年版，第 63 页。

正式纳入公共管理学科。通过这一调整，行政管理（行政学）与政治学在学科归属上分离，成为公共管理学科下的 5 个二级学科之一（附表 2），标志着公共管理作为独立学科在我国得到正式确立。

附表 2　1997 年研究生专业目录关于公共管理二级学科的专业设置

专业代码	学科门类、专业类、专业名称
12	管理学
1204	公共管理
120401	行政管理
120402	社会医学与卫生事业管理
120403	教育经济与管理
120404	社会保障
120405	土地资源管理

资料来源：教育部学位管理与研究生教育司《授予博士、硕士学位和培养研究生的学科、专业目录（1997）》。

在此基础上，国务院学位委员会和教育部分别于 1998 年和 2012 年对本科专业目录进行了调整和修订，促进学科建设和人才培养向着专业化、规范化和科学化的方向发展。在 1998 年教育部颁布的《普通高等学校本科专业目录》中，增加了公共管理学学科门类，并下设 5 个一级学科和 18 个二级学科、专业。公共管理一级学科下包括行政管理、公共事业管理（由原来的教育管理、体育管理、文化艺术事业管理、卫生事业管理、环境经济与管理 5 个传统专业整合而成）、劳动与社会保障和土地资源管理 4 个专业。

2012 年，教育部根据经济社会和学科发展的现实需要，进一步对 1998 年《普通高等学校本科专业目录》进行修订，优化学科结构。修订后的公共管理类二级学科在 1998 年专业目录的基础上增加了城市管理专业，把 1998 年以来全国各高校新增设的公共管理、公共安全管理、国防教育与管理、应急管理、高等教育管理、职业技术教育管理等专业统一合并为公共事业管理专业，将公共政策学和行政管理合并为行政管理专业（附表 3）。2012 年新版的本科专业目录使公共管理学科的本科专业结构更加规范，本科人才培养体系更加明确。公共管理在本科人才培养迅速发展的同时，公共管理专业硕士教育也迈出了重要一步。1999 年国务院学位委员会正式批准在中国开始试点举办公共管理专业硕士（Master of Public Administration，MPA），此后不长的时间里，公共管理专业硕士教育迅速发展起来。目前，全国共有 240 所院校开办 MPA 教育，为国家各级各类党政机关培养了大批政治合格，具备先进公共管理理念，掌握前沿公共管理技术与方法的高层次、复合型、专业化人才，有力保障与推动了我国政府治理与改革。

附表3 2012年本科专业目录对公共管理类二级学科专业的设置及新旧对比

2012年本科专业目录		1998年本科专业目录	
专业代码	学科门类、专业类、专业名称	专业代码	学科门类、专业类、专业名称
1204	公共管理类	1103	公共管理类
120401	公共事业管理	110302	公共事业管理
		110309W	公共管理
		110315S	公共安全管理
		110312S	国防教育与管理
		110318S	应急管理
		110306W	高等教育管理（部分）
		040337W	职业技术教育管理
120402	行政管理	110301	行政管理
		110307W	公共政策学
120403	劳动与社会保障	110303	劳动与社会保障
120404	土地资源管理	110304	土地资源管理
120405	城市管理	110308W	城市管理

资源来源：教育部《普通高等学校本科专业目录新旧专业对照表（2012）》。

在管理学研究方面，这一阶段开始了从学习引进西方成熟管理学知识为主，向研究追踪管理学前沿和针对中国本土管理问题研究为主的"研究定向"转移。一方面，中国学者具备了追踪国外管理学研究前沿的条件和基础，能利用一切机会和平台，积极主动参与国际学术交流，吸收引进国外最新管理学知识的"时差"逐渐缩短；在互联网技术的帮助下，某些管理学领域已经实现了同步发展。中国管理学研究的国际化程度不断提高，各种先进的研究方法和研究范式被广泛应用于我国管理学研究之中，研究的规范性和科学性水平不断增强，越来越多的研究成果得到国际学术界的认可，得以在国外顶级学术期刊发表。另一方面，国内管理学理论研究也发展迅速，高质量研究成果大量涌现，直接推动了国内管理学专业学术期刊的大发展大繁荣。国家自然科学基金委员会管理科学部认定的管理类 A 级重要期刊达 22 种，其中《管理世界》《中国工业经济》《中国管理科学》《科学学研究》《中国软科学》《公共管理学报》《管理学报》等期刊在管理学界具有较重要的影响力。这些高水平学术期刊的创办与发展，不仅是我国管理学研究高质量成果不断大量涌现的直接反映，同时也为管理学成果的发表和管理学学术共同体搭建了学术交流的平台，有力促进了我国管理学研究向多领域纵深发展。

这一阶段管理学研究的另外一个重要成果，就是我国管理学者在学习西方管理学知识，借助西方管理学理论与方法进行中国情境下管理问题研究的过程中，逐步形成了构建"中国管理学"的本土化学科意识；"中国式管理"研究热烈开展，取得了较为丰硕的成果。"在中国知网上以'中国式管理'为关键词进行检索就可以发现，2001 年以后中国式管理开始升温，2004 年以后在学界成为气候。现实中对中国式管理的推崇和普及，要比学界更火热。"① 管理学在本土化发展过程中，形成了两种不同的研究路径：其中，一部分学者在吸收与学习西方管理学一般原理与方法的过程中，试图用中国传统文化与价值观作为选择与借鉴西方管理学原理与方法的"尺度"，努力实现西方管理学一般原理与方法同中国文化的表达方式与概念系统在某种程度上的"协调""融合"与"创新"，推动西方管理学从概念意涵到逻辑表述的"中国化""在地化"，构建"管理的中国理论"（Chinese Theories of Management）；另一部分学者则积极扎根中国管理实践，通过借助西方管理学理论和研究方法对中国本土的管理实践进行研究和总结，努力构建一整套基于中国管理实践（情境）的由中国叙事体系、概念体系、逻辑体系组成的"中国管理的理论"（Theories of Chinese Management）。这两种研究路径针对中国管理现象和问题提出了中国自己的理论，着力对中国独特的管理现象和问题给出解释和寻求问题的解决方案。由此形成了"中国式管理学"研究的两个主流路径范式②。从研究的具体内容来看，"中国式管理学"研究可以被具体划分为如下不同支流③。

（一）观念诠释派

这一学派以西方管理学的概念体系与逻辑思路为基础，将中国传统文化中

---

① 刘文瑞：《管理学在中国》，中国书籍出版社，2018 年版，第 56 页。
② Bareny J. B, Zhang S, The future of Chinese management research: a theory of Chinese management versus a Chinese theory of management [J] Management and organization Review, 2009, 5 (1): 15 - 28.
③ 罗纪宁：《创建中国特色管理学的基本问题之管见》，载于《管理学报》，2005 (01)。

的管理思想与元素放置在西方管理学理论框架中进行诠释，从而构建了一套以西方主流管理思想为理论内核，外借中国传统学术术语加以表达的"中西融合"的理论。该学派试图以现代西方管理思想为尺度和标本，在中国传统学术体系中寻找与之相适应的"对等物"。该学派典型的研究逻辑是"西方现代管理理论和方法如何如何，中国古代有哪些观点与之对应"。

（二）观点罗列派

该学派的基本思路是根据西方管理学经验主义学派的研究思路与方法，将庞杂的中国传统管理思想进行归纳和总结，试图将其概念化和原则化，使之呈现为某些清晰、直白的原则与观点。其中胡祖光参照西方管理学过程学派，将管理职能划分为计划、组织、领导、控制等过程的做法，把中国管理学（东方管理学）概括为用人、治法、纳言、决策、组织、激励、指挥、处事、考核、变革、修身、廉政、教化等13项重要事务的理论，是这一学派的典型代表。

（三）理念模型派

该学派主要是试图借助中国传统文化因素，构建一个不同于西方管理范式的中国本土化管理理论。根据学者的不同学科背景，该学派又可以细分为哲学社会科学系和理工学系两条不同的研究路径。其中，哲学社会科学系研究路径，试图从哲学文化角度概括中国管理学的基本理路与体系，最具代表性的是华裔美籍学者成中英教授提出的"C理论"和复旦大学苏东水教授提出的"东方管理学派体系"等；理工学系研究路径则试图把现代西方系统科学方法和中国传统哲学的系统整体观融合，提出新的管理理论，具有代表性的理论有成思危的"复杂性系统管理理论"和席酉民的"和谐管理理论"等。

（四）应用原则派

该学派从实践应用角度出发，从中国传统文化中系统总结与提炼用于直接指导管理实践的思维方式、技术、方法等内容，以此有效提升管理的实践成效。该学派强调理论的实用取向，直面管理中的现实问题，从中国传统文化中汲取管理的智慧与技术，为问题的解决和管理效能的提升贡献中国智慧。因此，尽管该派理论在理论严谨性、完整性等方面还存在着一定的不足，但由于该派理论在联通传统文化与现代管理实践之间所具有的独特优势和对现实管理的直接助力，瑕不掩瑜，使得该派理论成为影响最广、接受度最高的理论。其中，最具代表性的理论是中国台湾学者曾仕强提出的"中国式管理的M理论"。

四、全面创新阶段（2012年至今）

2012年11月，中国共产党第十八次全国代表大会胜利召开，中国特色社会主义进入新时代。党的十八届三中全会通过的《中共中央关于全面深化改革若干重大问题的决定》，对经济体制、政治体制、文化体制、社会体制、生态文明体制、国防和军队改革及党的建设制度改革做出部署，将我国全面深化改革的总目标确定为完善和发展中国特色社会主义制度，推进国家治理体系和治理能力的现代化，提出经济体制改革是全面深化改革的重点，核心问题是处理好政府和市场的关系，使市场在资源的配置中起决定性作用和更好发挥政府作用。在党的十八大和十八届三中全会正确决定的指引下，中国改革开放伟大事业由局部探索、破冰突围向系统集成、全面深化深刻转变，进入了全面深化新阶段。在经济发展进入"新常态"，由高速增长阶段向高质量发展阶段转变的新时期，贯彻"创新、协调、绿色、开放、共享"新发展理念，推动经济发展质量变革、效率变革和动力变革成为关系我国发展全局的一场深刻变革。这一全新的历史条件，为我国管理学和管理实践的创新发展提供了前所未有的机会，管理学和管理实践在这一阶段实现了全面的创新发展。

在新时代，中国管理学界已经深刻认识到我国管理学的发展不能仅仅停留在对西方管理学的引进吸收，或者用西方管理理论描述、解释与预测中国管理实践，即不能简单地将西方管理学的理论框架和研究范式运用于中国情境开展演绎研究；而是需要扎根中国大地，立足中国管理实践，从中国实际出发，以中国传统文化精神与元素为支撑，加强基础理论研究，推进中国本土化管理理论的创新发展与实践探索，增强中国管理理论的国际交流与互鉴，不断提升中国管理理论在国际学术界的认可度和影响力。

为此，一方面，中国管理学界大力推进以中国管理实践为素材的案例研究，试图通过案例研究对丰富多样的中国管理实践进行深入研究与经验总结，以提出具有中国特色的管理理论。案例研究被广泛应用于管理学不同分支学科。2016年，教育部学位与研究生教育发展中心、全国公共管理专业学位研究生教育指导委员会设立"中国研究生公共管理案例大赛"。该赛旨在引导我国研究生尤其是MPA学生更加关注我国公共管理的实践发展，提高其综合运用公共管理理论和公共政策分析方法，科学有效地解决实际公共管理问题的能力；同时，进一步推动与引导案例研究法在公共管理教育中的使用，强化高校与政府、非政府等公共组织的联系和沟通，使公共管理教育更贴近时代、贴近现实，确保人才培养的质量。另一方面，中国管理学者们开始更加重视对中国情境进行具体分析，提出中国管理理论创新研究的方向和领域，极大地推动了中国本土化管理理论的建设与发展。其中，具有代表性的研究成果包括，魏江等学者通过对中国战略管理制度环境的独特性、组织网络形态的无界性、全球竞争的深度融合性、商业伦理重塑的紧迫性、创新创业范式的突破性和信息技术的全面渗透性等情境因素的研究，提出了组织双元性、网络优能力、全球化整合、商业模式创新等中国战略管理研究若干前沿研究领域。[①] 谭力文等学者在文献计量的基础上对中国组织行为学的研究焦点、发展趋势进行了分析，提出要推动科学信念和学科范式的转换，注重理论原型构建，创新管理研究方法，以此推动具有中国特色组织行为学研究的发展。[②] 在公共管理学领域，以崔运武等为代表的学者坚持"将知识书写在云南的红土地之上"的学术信念，着力对中国政府治道变革进程中所遇到的现实问题开展研究，取得大批以指导现实改革实践为导向的高质量成果，为推动地方政府治理的改革与实践，提升地方政府治理体系与治理能力现代化水平做出了重要的理论贡献。同时，这些学者在对中国公共管理现实问题的研究与思考过程中，逐步构建了基于中国地方政府治理实践的以公共事务管理为核心的，在概念体系、叙述体系和逻辑体系等方面不同于西方公共管理理论的"中国公共管理理论"，该理论体系为公共管理理论的本土化建设做出了一定贡献。再一方面，国内外学术期刊和出版机构也十分重视对中国本土化管理理论研究成果的发表与推介，某些期刊甚至开辟中国管理学研究专栏，对中国管理理论创新研究起到很好的推动作用。2017年，由黄群慧等编纂的《中国管理学年鉴》出版，"旨在为中国管理学发展奠定文献基础，这表明中国管理学开始注重整体学科积累，表明管理学学科走向成熟"[③]。

第四节　中国管理学的未来展望

中国管理学在近百年的发展历程中，走过了一条从向西方管理理论吸收学习到借鉴模仿再到融合创新，推动中国本土化管理理论建设的发展之路，充分展示了中国管理学的学术自觉与学术自信。中华人民共和国的建立和社会主义革命的完成，为独立自主建设社会主义管理学奠定了根本的政治前提、经济基础和制度框架，管理学在新的时代背景与制度结构下获得发展的新生命。改革开放和中国特色社会主义现代化建设事业的稳步推进，为中国管理学的发展提

---

① 魏江、邬爱其、彭雪蓉：《中国战略管理研究：情境问题与理论前沿》，载于《管理世界》，2014（12）。

② 谭力文、伊真真、效俊央：《21世纪以来国内组织行为学研究现状与趋势——基于CSSCI（2000—2013）文献的科学计量分析》，载于《科技进步与对策》，2016（01）。

③ 黄群慧：《新中国管理学研究70年》，中国社会科学出版社，2020年版，第20页。

供了广阔的实践平台、交流空间和创新契机，高速发展的经济、迅速变迁的社会、逐渐扩大的国际合作交流不仅激发了中国管理学者借助西方管理理论研究中国管理问题的热情，也激发了中国学者建设中国本土化管理理论的浓厚兴趣，中国本土化管理理论的研究探索迅猛发展，成果不断涌现。新时代以来，中国社会主要矛盾的变化和国内外发展环境与条件的深刻调整，实现中华民族伟大复兴的战略全局和世界百年未有之大变局的历史新维度，赋予了中国管理学发展的新价值、新使命与新任务。

2017年3月5日，中共中央印发《关于加快构建中国特色哲学社会科学的意见》，强调要按照立足中国、借鉴国外，挖掘历史、把握当代，关怀人类、面向未来的思路，体现继承性、民族性，原创性、时代性，系统性、专业性的要求，着力构建中国特色的哲学社会科学，为新时代中国管理学建设与发展明确了方向。当前，中国管理学的发展仍面临着诸多的问题与挑战：学科基础发展还不牢固，学科积累不充分、体系不完善，教育水平与人才培养质量有待提高，科学研究水平与国际一流水平之间还存在一定的差距，尤其是中国管理理论的创新研究跟不上实践发展变化速度，管理理论对管理实践的指导性与解释性还不强，实践探索与理论研究两者之间相脱节的情况在一定程度上趋于严重。"中国管理研究有待完善、极不成熟，严重滞后于先行的中国管理实践发展。构建普适化的现代管理科学体系，促进中国管理研究和中国管理实践二者之间的趋同协调发展，是当前管理学界应该关注和需要攻克的新难题。"[①] 因此，在新发展阶段，中国管理学发展就需要立足中国特色社会主义伟大实践，坚持不忘本来、吸收外来、面向未来，善于融通古今中外各种管理学思想和理论，着力提升中国管理学研究的原创能力，增强管理学研究的现实针对性、理论解释性和实践指导性，推动构建具有一般规律，能够向中国乃至世界传播和推广的具有普适性实践基础与价值的中国本土化管理学，用中国理论总结、解释与指导中国实践，用中国智慧向世界管理学贡献中国方案。为此，需要做好以下方面的工作。

一是坚持马克思主义在中国管理学建设与发展中的指导地位。

马克思主义是我国的根本指导思想，是科学的理论、人民的理论、实践的理论，坚持以马克思主义为指导，是当代中国管理学区别于其他时代和国家地区管理学的根本标志。推进中国本土化管理理论的创新发展，必须坚持以马克思主义为指导，将马克思主义的立场、观点与方法贯穿到管理学研究与实践的

[①] 吴照云、张兵红：《中国管理科学体系的未来建构》，载于《经济管理》，2018（09）。

各方面和全过程之中，作为学习与借鉴西方管理理论的标准，成为推动管理理论"东西互鉴"的尺度，切实转化为广大管理学者清醒的理论自觉、坚定的政治信念、科学的思维方法。为构建一套中国特色社会主义管理体系与模式，形成具有中国文化特征、时代特点和制度特色的本土化管理理论，奠定坚实的思想基础和原则方法。

二是坚持以理论研究与实践创新相协同，推进中国管理学建设与发展。

实践性是科学管理理论的重要特征之一。管理的实践过程以及在这一过程中所出现的难题和面临的挑战是管理学发展的直接动力，管理学在研究问题、提出对策、总结经验的过程中不断实现着进步与发展，而高质量的管理理论反过来又有力助推着管理实践。因此，理论研究与实践创新的协同互促良性关系的建立与巩固，是确保中国本土化管理学建设与发展的重要路径之一。这就要求，一方面管理学建设与发展要树立正确的理论研究实践导向，坚持马克思主义"实践是检验真理的唯一标准"的认识论，"研究成果和理论能否推动中国管理实践或者全球管理实践才是研究者关注的焦点，而不是单纯的发表论文、论著等"[①]，以实践问题为导向、以推动实践为目标、以实践检验为标准开展管理学研究，确保实践成为理论发展之源。实践源远流长，理论之树才能常青。另一方面，一定要扎根中国管理现实情境开展理论研究。西方管理学作为一种近代科学理论，它对于不同历史文化背景下的管理实践具有一定的科学指导性和解释性，但西方管理学自身特定的历史文化背景和沿革历程，又使得这种指导性和解释性在不同的文化历史圈层的国家与地区中呈现出了一定的有限性，不具有普适价值。这种有限性对于中国这样具有悠久历史和独特文化，且独立自主进行中国式现代化道路探索的国家而言就尤为明显。因此，广大管理学工作者，在建设与发展中国本土管理理论的过程中，就需要牢固树立"把论文写在祖国大地上"的信念，在学习借鉴西方管理学一般知识与原理的过程中，要更密切关注建设中国特色社会主义，推进国家治理体系和治理能力现代化进程中所产生的管理新问题新要求，走出书斋、走出象牙塔，走近正在发生改变的现实，深入了解现实问题与需求，以中国实践推动中国理论研究，以扎实研究助力中国实践，将理论研究的重点聚焦于中国管理实践的现实问题，独立自主针对实践问题开展研究，努力构建体现中国传统文化特质，以中国话语体系、叙事体系和逻辑体系为主线主轴的中国本土管理理论，提升本土管理理论的理论严谨性和实践相关性的契合度，不断增强中国本土管理理论对实践的解释性、

---

① 吴照云、张兵红：《中国管理科学体系的未来建构》，载于《经济管理》，2018（09）。

指导性与预测性，提高科学化水平。

三是坚持以学科建设和人才培养并重，推进中国管理学的建设与发展。

西方管理学从诞生以来已经走过了一百多年的发展历程。西方资本主义因素在这一百多年来所经历的高速经济发展、科技进步和社会变迁，为管理学的发展提供了强大的动力与支撑。中国本土化的管理理论的建设与发展，相比于西方管理学而言，具有起步晚、学科基础弱、社会支撑条件不充分等不利因素。因此，建设与发展中国本土化管理理论是一个漫长和持续的工作，需要几代管理学学者不断接续奋斗才可能实现，管理学人才的培养在这一过程中就显得尤为重要。只有人才赓续有序，不断辈出，才能一棒接一棒地把中国本土化管理理论建设与发展的事业往前推进。新时代条件下，建设与发展中国管理学就需要坚持学科建设和人才培养并重，在加强中国本土化管理理论研究、推进学科建设的同时，也要注重管理学的人才的培养，确保中国本土化管理理论研究后续有人。这就要求，一方面要统筹好"研究型"管理人才和"实践型"管理人才的培养，按照"复合型"人才培养要求开展新时代管理学人才培养，确保专心从事于理论研究的管理学人能具备厚实的理论基础，掌握科学的研究方法，拥有贯通理论研究与管理的实践的能力，可以立足中国管理实践开展理论研究。同时，也能确保一线管理人员具备较多的理论知识，能以理论指导实践，提高管理的效率和效果，并拥有某种程度的观察实践、总结实践，将实践经验上升为理论的能力与水平。另一方面，要统筹处理好人才培养的"一般性"和"专业性"相协调的问题。管理理论就本质而言，具有一般性特征，从亨利·法约尔（Henri Fayol）开始的一般管理理论学派，就试图将管理理论总结归纳为具有内在逻辑的一般原则与原理，以突破管理理论"工商企业"狭小的适用场景，构建一种适用于不同组织和行业的"一般管理理论"。但随着现代社会的发展，专业分工越来越细密，组织和行业的专业化程度越来越高，对于管理的专业化要求也越来越强，因此专业性的管理人才培养就显得越发重要。如何使管理人才既掌握一般管理理论，厚植理论基础，又能娴熟于不同组织与行业对管理的特殊性要求，做到"通专结合"，是当前管理人才培养亟待解决的问题。在中国学科与人才培养分类中，管理学虽然是一个学科门类，但现实中不同管理学分支之间存在着极大的差异，工商管理、管理科学与工程、公共管理、财务管理等不同的管理学分支学科有着不同的人才培养目标、要求与方式，因此在培养标准设定、人才培养方式、学术评价体系设定等具体方面应该更加体现不同分支学科的学科特征特质，根据本学科特点，在遵行管理理论一般原理与方法的基础上，探索与总结本学科人才培养的模式与方法，为提升人才培养的专业化水平奠定基础。